U1010849

国家社会科学基金项目（批准号：13BMZ003）

中国自治区自治条例研究

历史与文本

张文山　著

法律出版社 LAW PRESS · CHINA

目　录

绪论

民族区域自治制度，是实现民族平等和各民族共同繁荣，维护国家统一，践行中华民族复兴的制度保证，是中国的基本政治制度。这一制度的基石就是5个民族自治区，即蒙古族、维吾尔族、壮族、回族、藏族公民实行区域自治的省级行政区域。5个自治区的面积是434.793万平方公里，约占国土面积的45%，其中陆地边境线有14，600公里（中国陆地边境线22，000公里）、海岸线1500公里（中国海岸线18，000公里）；少数民族人口41，082，661人，占中国少数民族总人口约39%。可以说，5个民族自治区是真正环绕中国的“长城”，自治区安定则国家安定，自治区强大则国家强大。

一、民族区域自治与自治条例

（一）民族区域自治制度是自治条例的载体

中国法律体系中独具特色的一种法典形式就是自治条例。它具有特殊的法律功能，是保障民族区域自治制度在民族自治地方具体实施的基本规范，独特性在于，只有“民族自治地方的人民代表大会有权依照当地民族的政治、经济和文化的特点，制定自治条例……”[1]

现代汉语中的“民族”一词，是一个外来词，所对应的是英语中的nation。一般英语词典中对该词的解释是：居住在一个确定的领土范围内，拥有相同的语言、传统，为一个统一的政府所领导的人类群体。在这个意义上，nation既可以译为“国家”，也可以译为“民族国家”。

在古汉语语境里虽然也有“民”“族”的字，但绝不是现代汉语语境里“民族”的定义。古代中国人的语境里，还没有不同族群必须分隔、分立的价值概念。也没有族群（种族、民族）优劣的概念。“夷夏之辨”，是“中原人”与“周边人”的区别，并不是种族优劣之辨，而是儒家之礼教化与否之辨。

民族问题成为中国的社会问题之一，是在近代社会才凸显出来的，尤其是从西方引入了“民族”概念以后，才逐渐强势起来。梁启超在1903年，把瑞士—德国的政治学家、法学家J.K.布伦奇利的“民族”概念引入中国后，“民族”一词就在汉语语境中普遍使用，尽管其确切的含义至今仍有争论，但作为表述少数民族的专有概念已是约定俗成的。

中国进入近代以后，内忧外患，以孙中山为首的革命党人举起了“推翻帝制，建立共和”的民主革命大旗，为了动员力量，在同盟会宣言（1905年8月）中，他提出了“驱除鞑虏，恢复中华，建立民国，平均地权”的政治纲领。《同盟会宣言》中说：“满洲政府穷凶极恶，今已贯盈。义师所指，覆彼政府，还我主权。”还说：“中国者，中国人之中国，中国人任之。驱除鞑虏之后，光复我民

---

〔1〕 参见《宪法》第116条。

族的国家。"[1]这是孙中山在辛亥革命前的民族主义思想。然而，"驱除鞑虏，恢复中华，建立民国，平均地权"的政治纲领，只是革命初期为了动员革命而已，从内容而言是片面的、激进的。从孙中山成长的背景不难看出，对一个出生在中国的最南端，青少年求学于香港与南洋，后又长期奔走于国外的人来说，他对中国各民族尤其是西北、北方的少数民族的情况知之甚少，其所面临的只是满族当政的清政府而已，"驱除鞑虏，恢复中华"自然成为其革命的首要目标了。当然，这也反映出当时的孙中山对国内民族与民族问题的认知程度。

当他的革命活动深入到必须要正确面对中国实际情况时，修正其最初提出的政治纲领便势在必行。所以，在《同盟会宣言》发表后1年的1915年12月21日，在题为《三民主义与中国前途》的讲演中，就已意识到有人对"驱除鞑虏"的理解有些偏激。于是，他郑重申明："惟是兄弟曾经听见人说，民族革命是尽灭满洲民族，这话大错。民族革命的缘故，是不甘心满洲人灭我们的国，主我们的政。定要扑灭他的政府，光复我们民族的国家。这样看来，我们并不是恨满洲人，是恨害汉人的满洲人。假如我们实行革命的时候，那满洲人不来阻害我们，决无寻仇之理。他当初灭汉族的时候，攻城破了，还要大杀十日，才肯封刀，那就不是人类所为。我们决不为此。"[2]

辛亥革命后，在谈到发动革命的原因时，孙中山指出："中国之革命发于甲午以后……而成于辛亥，卒颠覆君政，大革命非

[1] 宋庆龄主编:《孙中山选集》(上)，人民出版社1956年版，第69页。
[2] 宋庆龄主编:《孙中山选集》(上)，人民出版社1956年版，第74页。

突然发生也。自满主中国以来，民族间不平之气，抑郁已久……以至于辛亥，然后颠覆满洲，始告厥成。故知革命之目的，非仅颠覆满洲而已。乃在满洲颠覆以后，得从事改造中国。依当时之趋向，民族方面，由一民族之专横宰制，过渡于诸民族之平等结合……"[1]特别强调："专就满汉而论，因为全国人明白了满、汉的界限，知道满人和汉人的地位不公平，所以发起辛亥的革命。"[2]这清楚地表明以孙中山先生为代表的革命派发动革命的最终目的，不仅要推翻清朝政府，而且要建立一个民族平等团结的国家。

"五族共和"是孙中山解决国内民族问题的主要思想。1912年1月，各省代表选举孙中山先生为临时大总统，在就职宣言中，他说："……国家之本，在于人民。合汉、满、蒙、回、藏诸地为一国，如合汉、满、蒙、回、藏诸族为一人，是曰民族之统一。"[3]汉、满、蒙、回、藏是当时中国的五个人数较多的民族。其中满族人数并不比蒙、回、藏族人多，但由于他们在辛亥革命中没有起什么阻力，而且满洲皇室自动退出皇帝位，拥护共和，因此他得到了共和政府的优厚待遇，并且可以暂居皇宫，仍列于全国第二位。以红、黄、蓝、白、黑五色的共和国国旗，表示五族平等共同统治国家。其中红色代表汉族，黄色代表满族，蓝色代表蒙族，白色代表回族，黑色代表藏族。国旗充分体现了孙中山先生民族平等团结的主张，向全世界宣示中国是一个民族平等的共和国。同时，"五族共和"成为中华民国立国的法律依据而具有法律效力。

---

〔1〕 宋庆龄主编：《孙中山选集》（上），人民出版社1956年版，第520页。
〔2〕 宋庆龄主编：《孙中山选集》（上），人民出版社1956年版，第547页。
〔3〕 宋庆龄主编：《孙中山选集》（上），人民出版社1956年版，第82页。

北洋政府时期，在国内民族问题方面，基本上是继承了孙中山“五族共和”的思想与主张。北洋政府1912年（民国元年）8月，首先公布了《蒙古待遇条例》。这是根据蒙古王公那彦图等拟定的《蒙古待遇条件》11条草拟的，经袁世凯政府议决、参议院表决通过。在讨论过程中，除了对原订第8条所述“蒙古高级行政机关，应以蒙古世爵人民治理”一条，以“应归官制任用法另议”为由取消；将原订第11条所述“未尽事宜，俟后再行提议”予以删除外，其余9条全部通过。[1]在实施《蒙古待遇条例》的同时，还设置了管理蒙藏事务机构。1912年3月，袁世凯就任临时大总统后，清王朝于1906年（光绪三十二年）由理藩院改设的理藩部（专管蒙藏事务），被宣布废除了。4月21日，发布大总统令：“现在五族共和……自不能如帝政时代，再有藩属名称。此后蒙藏回疆等处，自应统筹规划，以谋内政之统一，而冀民族之大同。民国政府于理藩不设专部，原系视蒙藏回疆与内地各省平等，将来各该地方一切政治，俱属内务行政范围。现在统一政府业已成立，其理藩部事务，著即归并内务部接管……”[2]1914年5月1

〔1〕《蒙古待遇条例》的具体内容是：(1) 嗣后各蒙古，均不以藩属待遇，应与内地一律。中央对于蒙古行政机关，亦不用理藩、殖民、拓殖等字样；(2) 各蒙古王公原有之管辖治理权，一律照旧；(3) 内外蒙古汗、王公、台吉世爵各位号，应予照旧承袭，其在本旗所享有之特权，亦照旧无异；(4) 唐努乌梁海五旗、阿尔泰乌梁海七旗，原系副都统及总管治理，应就原来副都统及总管承接职任之人，改为世爵；(5) 蒙古各地呼图克图、喇嘛等原有之封号，概仍其旧；(6) 各蒙古之对外交涉及边防事务，自应归中央政府办理。但中央政府认为关系地方重要事情者，得随时交该地方行政机关参议，然后施行；(7) 蒙古王公世爵俸饷，应从优支给；(8) 察哈尔之上都牧权，牛羊群地方，除已垦设治之处，仍旧设置外，可为蒙古王公筹划生计之用；(9) 蒙古通晓汉文并合法定资格者，得任用京外文武各职。上述内容载于《中国大事记》，载《东方杂志》（第9卷），第4号，1912年10月1日。

〔2〕内蒙古档案馆藏档：代号440，档号23。

日，袁世凯废除《中华民国临时约法》，公布《中华民国约法》，集大权于一身，实行个人独裁统治。5月4日，改蒙藏事务局为蒙藏院，这是北洋政府管理国内少数民族的中央机构，凡蒙藏地方和回部的典仪、宗教、封叙、边卫、交涉、咨照、会商、劝业、民治等行政事务一律归其主管。5月17日，正式公布蒙藏院官制。第1条规定："蒙藏院直隶于大总统，管理蒙藏事务"；第4、5条规定："总裁一人，总理院务，监督所属职员。副总裁一人，辅助总裁，整理院务"；第14条规定："蒙藏院各司之分科职掌，由总裁定之"，但蒙藏院之权限，必须"承大总统之命"，才能"办理蒙藏之行政事务"。

南京国民政府时期就国内民族问题而言，一是继承了孙中山提出的"民族"概念；二是仍然坚持民族平等与"五族共和"的理念，提出了"五族联邦制"的构想。国民政府1931年5月12日公布的《中华民国训政时期约法》，第1条规定："中华民国领土为各省及蒙古西藏。"第6条规定："中华民国国民无男女、种族、宗教、阶级之区别，在法律上一律平等。"1936年5月2日《中华民国宪法草案》（史称"五五宪草"）第5条规定："中华民国各民族均为中华民族之构成份子，一律平等。"1946年12月25日，国民大会通过了《中华民国宪法》。第一章第5条规定："中华民国各民族一律平等。"第二章第7条规定："中华民国人民，无分男女、宗教、种族、阶级、党派，在法律上一律平等。"第三章第26条规定："国民大会以左列代表组织之：……二、蒙古选出代表，每盟四人，每特别旗一人。三、西藏选出代表，其名额以法律定之。四、各民族在边疆地区选出代表，其名额以法律定之。"第十二章第119条规定："蒙古各盟旗地方自治制度，以法律定之。"第120条规定：

“西藏自治制度，应予以保障。”从上述来看，国民政府在宪法和法律层面，规定了各民族享有的权利，保障“中华民国各民族一律平等”。

1.民族自决权的引入及其向民族区域自治的转变

国内少数民族实行民族区域自治的主张，是中国共产党在革命战争时期提出的，经历了一个由机械地引入到自觉地改变的过程，是循着“民族自决权→联邦共和国→民族区域自治”这一轨迹逐步形成的。

所谓自决权，又称民族自决权或民族自决原则，是一项重要的国际法原则。自决权的萌芽，可以追溯到中世纪末欧洲民族国家形成时期，一般认为列宁与威尔逊是这一原则的主要推手。在民族主义思想普遍流行的当时，自决权自然从一开始就是民族运动的产物。

法国资产阶级，在大革命中正式提出了民族自决权的概念。它主要是为迎合新兴资产阶级的需要。这是因为，资产阶级反对封建专制主义的斗争是同民族运动联系在一起的，大革命时期的欧洲土地是封建的，关卡林立市场分割。他们要建立商品生产社会，必然要夺取国内市场。夺取国内市场，则必须使具有共同精神文化传统，说同一语言的人所居住的地域，用国家的形式统一起来。因此，“建立最能满足现代资本主义这些要求的民族国家，是一切民族运动的共同趋向（意向）”。[1]

在第一次世界大战前，民族自决原则，是用来解决欧洲、特别是东欧民族问题的一项原则，基本上适用于欧洲的范围。在俄

[1]《列宁全集》（第20卷），人民出版社1998年版，第397页。

国无产阶级革命的斗争中，列宁制定和论述了无产阶级关于民族问题的纲领，进一步发展了民族自决原则。列宁领导的俄国社会民主工党结合俄罗斯的具体国情，把民族自决权写在党纲上，是因为强大的民族民主运动，在当时的世界各地被掀起。俄国是一个封建军事的帝国主义国家，它在几百年内，依靠野蛮的征服兼并了许多土地，奴役着众多的民族。被大俄罗斯帝国压迫、奴役的民族中，一些在历史上曾经建立过自己强盛的国家，有着完整独特的民族文化和广阔的聚居区域，资本主义的发展甚至高于俄国中部，如波兰和芬兰。俄国共产党人承认、推行民族自决权，目的就是摧毁沙皇俄国的殖民压迫制度，把这些民族从殖民统治中解放出来，获得自由和独立。俄罗斯苏维埃人民委员会，在1917年11月2日宣布：给予受沙皇专制压迫的俄罗斯各民族“自由的自决权，直至分离和组成一个独立的国家”。美国总统威尔逊1919年1月8日在国会，发表了著名的“十四点”政治纲领，也提出了民族自决原则，主张以民族自决原则来重建欧洲秩序，处理战后东欧的少数民族问题。1919年，战胜的协约国同战败的德国及其盟国签订了一系列和约，分别承认了捷克斯洛伐克、匈牙利、奥地利和南斯拉夫的国家独立。

民族自决原则随着民族解放运动的发展，在第一次世界大战和十月革命后，得到了更广泛的传播。民族自决原则，成为国际法上的一项基本原则，是在第二次世界大战结束后得到确认的。《联合国宪章》第1条第2项宣布：“发展国际间以尊重人民平等权利及自决原则为根据之友好关系，并采取其他适当办法，以增强普遍和平。”第76条（丑）规定，托管制度之基本目的之一为：“增进托管领土居民之政治、经济、社会、及教育之进展；并以适合各领土及其人民之特殊情形及关系人民自由表示之愿望为原则，且按照各托管协定之条款，增进其趋向自治或独立之逐渐发展。”

在民族自决原则的影响下，亚洲、非洲、拉丁美洲的大批民族获得了民族解放和国家独立，殖民地国家和人民的民族解放斗争的结果，就是导致了殖民主义统治体系的土崩瓦解。整个国际社会的结构和国际关系都随之发生了极其深刻的变化。民族自决原则也由国际法的一项重要原则，发展成为国际人权法的一项重要权利。

民族自决权作为国际人权法的一项重要权利，是在许多国际文件里确认的。联合国大会在1950年12月4日，在通过的421（C）号决议中，第一次写入民族自决权是一项基本人权。于1952年联合国大会通过的《关于人民与民族的自决权》指出：“人民与民族应先享有自决权，然后才能保证充分享有一切基本人权。”1960年第十五届联合国大会通过的《给予殖民地国家和人民独立宣言》宣布：“必须立即和无条件地结束一切形式和表现的殖民主义，所有人民都有自决权，依据这个权利，他们自由地决定他们的政治地位，自由地发展他们的经济、社会和文化。”此后，1966年通过的《公民权利和政治权利国际公约》和《经济、社会及文化权利国际公约》，都在第1条规定：“所有人民都有自决权。他们凭这种权利自由决定他们的政治地位，并自由谋求他们的经济、社会和文化的发展。”联合国人权委员会专门报告员H.C.埃斯皮尔（H.C.Espial）也认为，民族自决作为国际法的原则并不表明它不能同时是国际人权法上的一项权利，《给予殖民地国家和人民独立宣言》及《国际人权公约》为国际法接受民族自决，是在殖民主义和异族统治下的人民的一项权利这一事实奠定了基础。[1]1970年的《国际法原则宣言》也规定："一个民族自由决定建立自主独立国家，与某一独立国家自由结合或合并，或采取任何其他政治地位，均属该民族实施自决权之方式。"

民族自决权作为国际人权法上的一项权利，涉及两方面的内容：一是权利的主体，即哪些人可以享有民族自决权利；二是权利的客体，即民族自决权包括哪些内容。

民族自决权的主体是"人民"（peoples），而不是"民族"（nation）。在1952年《关于人民与民族的自决权》的决议中，"人民自决权"和"民族自决权"的概念，是两者并用的。1960年的《给予殖民地国家和人民独立宣言》中使用了"人民自决权"（Right of Peoples to Self-determination）这一概念。在《国际人权公约》中也是使用了"人民自决权"的概念。因此，"民族自决权"称为"人民自决权"更为贴切，只不过在汉语语境中，这一概念使用已久，人们习惯于沿用这一提法罢了。

作为民族自决权主体的人民，是指三种情况下的人民：一是处于西方殖民主义统治之下，正在为争取民族解放和国家独立而斗争的人民；二是处在外国军事侵略或占领下的国家的人民；三是主权国家的全体人民。由于大多数殖民地人民已经取得了解放并建立了独立国家，而处于外国军事占领下的人民在当今世界已属特殊情况，因此，民族自决权的主体是主权国家的全体人民。

民族自决权的客体是决定建立独立自主的国家，或与某一独

---

〔1〕 参见A.乔伊斯：《人权的新政治》，第159页。转引自韩德培主编：《人权的理论与实践》，武汉大学出版社1995年版，第68页。

立国结合与合并，或采取其他任何政治地位的国家或地区。

在联合国制定的国际人权文件中，对“少数民族”的权利和“人民”的权利是分别作出规定的。《国际人权公约》第1条规定的民族自决权并不专指少数民族，所以在《公民权利和政治权利国际公约》的第27条，对少数民族的权利作了专门规定：“在那些存在着人种的、宗教的或语言的少数人的国家中，不得否认这种少数人同他们的集团中的其他成员共同享有自己的文化、信奉和实行自己的宗教或使用自己的语言的权利。”桑伯利认为：“《公民权利和政治权利国际公约》第1条对民族自决权和第27条对少数民族权利的并列规定，为仔细研究国际法为人民和少数民族分别规定了什么权利，提供了一个机会。”[1]1960年的《给予殖民地国家和人民独立宣言》第2条宣布：“所有人民都有自决权。”宣言第6条同时规定：“任何旨在部分地或全面地分裂一个国家的团结和破坏其领土完整的企图，都是与联合国宪章的目的和原则相违背的。”这就意味着，任何国家由于不理解民族自决权的真正含义，以主张他国的少数民族享有民族自决权为借口，分裂他国的国家统一和领土完整都是违反国际法的，即排除了主权国家内的少数民族享有民族自决权的可能性。

此外，一些区域性的人权文件，对于民族自决权利和少数民族的权利也是分别规定的。欧安会1975年8月1日，通过的《欧洲关于指导与会国间关系原则的宣言》第7部分规定，在存在少数民族的与会国，它们将尊重属于这些少数民族人们在法律面前之

---

〔1〕 帕特里克·桑伯利：《自决，少数民族，人权：国际文件的考察》，载《国际法比较法季刊》1989年第38期。

平等权利；将为他们提供确定享受人权和基本自由的充分机会，并将本着此精神保护他们在这一方面的合法权益。宣言第8部分规定，与会国将始终按照联合国宪章的宗旨和原则，按照国际法，尊重各国人民的平等权利和他们的自决权。桑伯利指出："最后条款中少数民族的权利在等级上明显低于人民的权利。"[1]

民族自决权包括"外部自决"和"内部自决"两个方面，它们各自有不同的内容和适用范围。

民族自决权的"外部自决"方面，只适用于殖民地人民和遭受外国军事侵略和占领的人民。它是指这些人民有摆脱殖民统治或异族统治，建立或恢复独立国家的权利。这是民族自决权最初的含义。列宁指出，民族自决"就是民族脱离异族集体的国家分离，就是组织独立的国家"。"从历史和经济的观点来看，马克思主义者的纲领上所说的'民族自决'，除了政治自决、国家独立、建立民族国家以外，还能有什么别的含义。"[2]民族自决权的"外部自决"方面，不适用于已经建立了独立国家的人民。印度代表曾就《国际人权公约》第1条有关自决权的规定发表声明，认为："自决权……一词，只适用于处在异族统治下的各民族，它不适用于主权的独立国家或人民或国家的一部分——这是国家完整性的核心。"这种代表了广大发展中国家对民族自决权的普遍看法，无疑是正确的。

民族自决权的"内部自决"方面是民族自决权在发展过程中产生的新内容，它只适用于那些已经建立了独立国家的人民。

---

〔1〕 帕特里克·桑伯利：《自决，少数民族，人权：国际文件的考察》，载《国际法比较法季刊》1989年第38期。

〔2〕 《列宁全集》（第20卷），人民出版社1998年版，第379、400页。

按照《国际人权公约》及其有关国际文件的规定，民族自决权的“内部自决”，其含义有三：一是“自由决定他们的政治地位”，即每个国家的人民都有权选择适合他们自身情况的社会、政治、法律制度，自由决定适合他们自身情况的社会、政治、法律制度，自主决定他们国家的国体和结构形式，任何国家不得干涉；二是“自由谋求他们的经济、社会和文化的发展”，即在谋求经济、社会、文化发展的过程中，实行市场经济还是计划经济、实行公有制还是私有制、保持和发展本民族的传统文化还是完全因袭别国的文化，这些都有由各国人民自主决定，任何国家和组织都无权干涉；三是“自由处置其天然财富及资源”，即各国人民对其天然财富及资源拥有永久主权，包括拥有权、使用权和处置权等，这是该国人民生存和发展的物质基础，是他们得以享受其他各项人权和基本自由的前提条件，任何国家都不得任意侵占或剥夺。

由此可知，主权国家内的少数民族不享有民族自决权，而只享有民族自治权。二者之间的区别是：其一，民族自决权是国际法上的概念，而民族自治权则是属于国内法的范畴；其二，享有民族自决权的是作为国际法主体的一国的全体人民，享有民族自治权的是一国的某一成员——少数民族，他们不是国际法的主体；其三，民族自决权具有国家主权的性质，而民族自治权则是少数民族管理本民族内部事务的自主权，属于国家主权管辖的范围。

1922年7月，《中国共产党第二次全国代表大会宣言》提出：统一中国本部，建立一个真正民主共和国；尊重边疆人民的自主，促成蒙古、西藏、回疆三自治邦，再联合成为中华联邦共和国。[1]1931年11月《中华苏维埃共和国宪法大纲》第14条规定："中国苏维埃政权承认中国境内少数民族的民族自决权，一直承认到各弱小民族有同中国脱离，自己成立独立的国家的权利。蒙古，回，藏，苗，黎，高丽人等，凡是居住在中国地域内，他们有完全自决权：加入或脱离中国苏维埃联邦，或建立自己的自治区域。中国苏维埃政权在现在要努力帮助这些弱小民族脱离帝国主义、国民党军阀、王公、喇嘛、土司等的压迫统治而得到完全自主，苏维埃政权更要在这些民族中发展他们自己的民族文化和民族语言。"[2]直至抗日战争时期，为了建立抗日民族统一战线的需要，党的民族纲领才由主张联邦制转向主张实行民族区域自治。1938年9月，在党的扩大的六届六中全会上，毛泽东所作的题为《论新阶段》的报告中说：允许蒙、藏、苗、瑶、彝、番等各民族与汉族有平等权利，在共同对日原则下，有自己管理事务之权，同时与汉族联合建立统一的国家。陕甘宁边区政府在1941年5月，颁布了《陕甘宁边区施政纲领》，第17条规定："依据民族平等原则，实行蒙、回民族与汉族在政治经济文化上的平等权利，建立蒙、回民族的自治区，尊重蒙、回民族的宗教信仰与风俗习惯。"[3]这是在党的正式文件中第一次出现"民族的自治区"的提法。（需要注意的是，这里的"民族的自治区"，与今天所指的"民族区域自治"是不同的。）但是，1945年6月，党的第七次全国

---

〔1〕参见《中国共产党第二次全国代表大会宣言》。

〔2〕中国社会科学院民族研究所民族问题理论研究室编：《党的民族政策文献资料选编》，民族出版社1981年版，第30页。

〔3〕中国社会科学院民族研究所民族问题理论研究室编：《党的民族政策文献资料选编》，民族出版社1981年版，第332页。

代表大会通过的党章总纲中仍然是“联邦共和国”的提法。[1]抗日战争胜利后，1945年10月23日，《中共中央关于内蒙工作方针对晋察冀中央局的指示》提出，“对内蒙的基本方针，在目前是实行区域自治。首先从各旗开始，争取时间，放手发动与组织蒙人的地方自治运动，建立自治政府（在乌盟、锡盟等纯粹蒙古区域可以自治政府的形式出现，在绥东、察南等蒙汉杂居地带，则以蒙汉联合政府的形式出现），准备建立内蒙自治筹委会的组织，统一各盟旗自治运动的领导，党内亦应有统一领导与政策”。[2]这个指示第一次确定了中国共产党在大区域范围内实施民族区域自治制度的方针、原则，为内蒙古自治区的诞生奠定了基础。

但是，民族区域自治是否被确立为中国共产党的民族工作的纲领，在当时仍然是模糊的。1946年1月16日，国民政府在重庆召开了政治协商会议（老政协），在中共代表团提出的《和平建国纲领草案》中，在地方自治一条内有一款：“在少数民族区域，应承认各民族的平等地位及其自治权。”1946年2月18日，中共中央指示：“国民党现利用所谓内蒙独立问题大造谣言，已引起国内外注意，我们对蒙古民族问题应取慎重态度，根据和平建国纲领要求民族平等自治，但不应提出独立自决口号。”1947年3月23日，

---

〔1〕 中国共产党第七次代表大会通过的党章总纲第三段这样表述：“中国共产党在目前阶段的任务是：对内，组织与团结中国的工人、农民、小资产阶级、知识界和一切反帝反封建的人们以及国内各少数民族同自己一道；对外，联合全世界无产阶级、被压迫人民及一切以平等待我之民族，为解除外国帝国主义对于中国民族的侵略，为肃清本国封建主义对于中国人民大众的压迫，为建立独立、自由、民主、统一与富强的各革命阶级联盟与各民族自由联合的新民主主义联邦共和国而奋斗，为实现世界的和平与进步而奋斗。”

〔2〕 中共中央统战部编：《民族问题文献汇编》，中共中央党校出版社1991年版，第964页。

中共中央关于内蒙自治问题的指示，在同意组织内蒙统一的民族自治政府的同时，强调“在大会宣言中应确定内蒙自治政府非独立政府，它承认内蒙自治区仍属中国版图，并愿为中国真正民主联合政府之一部分”。这些已体现在内蒙古人民代表会议的宣言和内蒙古自治政府施政纲领中。不过，这次代表大会的一个基本口号仍是“团结自己，战胜敌人，实现自治，争取自决”。这时党中央一度考虑提出我们的宪法草案，曾征求过意见，内蒙党委给党中央复电所提意见第1条仍是“承认中国境内各民族的自决权，建立各民族自由联合的平等的民主的联邦”，第2条则为“在目前实行民族的区域自治”。1947年10月10日，《中国人民解放军宣言》的八条政策中还有一条“承认中国境内各少数民族有平等自治及自由加入中国联邦的权利”。而1948年8月3日，在内蒙干部会议上的领导讲话中还说：“在全国解放后，则将‘按照自愿和民主的原则，由中国境内各民族组成中华民主共和国联邦’。内蒙自治政府，将是这个联邦在国境北部的主要组成部分。”[1]直到新中国成立前夕，周恩来向第一届人民政协代表作报告，郑重地提出民族政策以自治为目标，不要超过自治范围，不要搞多民族联邦制。到政协正式通过《中国人民政治协商会议共同纲领》(以下简称《共同纲领》)，决定实行民族区域自治，才算最后解决这个问题。《共同纲领》第51条规定：“各少数民族聚居的地区，应实行民族的区域自治，按照民族聚居的人口多少和区域大小，分别建立各种民族自治机关。凡各民族杂居的地方及民族自治区

〔1〕 龚育之：《关于民族区域自治与联邦制问题对一篇论文的评注》，载学习时报网：www.studytimes.com.cn，最后访问时间：2005年8月10日。

内，各民族在当地政权机关中均应有相当名额的代表。”至此，民族区域自治载入起临时宪法作用的《共同纲领》，完成了由党的民族政策向国家基本制度的转变，后来又载入历部宪法。

从“民族自决权→联邦共和国→民族区域自治”的转变过程来看，有一个指导思想始终没有改变，这就是统一战线的思想。如果说提出“民族自决权”这一不切合中国实际的解决民族问题的纲领和主张，是由于早期的中国共产党还处在幼年时期，绝大多数党的领导成员都是青少年，对马克思主义民族理论还停留在肤浅的、机械的理解阶段，只是接受当时俄国苏维埃宪法的影响，而且是对多民族国家的中国国情还缺乏真正的了解。后来无论是提出“联邦共和国”的主张还是“民族区域自治”的主张，其指导思想就是统一战线的思想和理论了。从六届六中全会开始，由“民族自决”转向“联邦共和国”，引起转变的机缘是抗日战争的爆发，为建立抗日统一战线，中国共产党提出各民族共同抗日，并实现建立统一联合的三民主义的新共和国。但是，在党纲政纲未来纲领的层面上，在相当长一段时期里，并没有完全放弃民族自决和联邦制的提法。

2.民族区域自治的早期实践

实行区域自治，作为中国共产党主张解决国内民族问题的政策，由来已久。1924年，由毛泽东、朱德署名的《红军第四军司令部布告》中，开始提出了“统一中华”，“满蒙回藏，章程自定”的主张。1931年11月，中华苏维埃第一次全国代表大会通过的《中华苏维埃共和国宪法大纲》和《关于中国境内少数民族问题的决议案》都明确规定：中国境内的少数民族有权“在中华苏维埃共和国之内成立自治区域”。[1]据此，红军第十五军团解放了宁夏同心、海原等县之后，建立了预海县回民自治政府。这是革命史上建立的第一个民族自治政权，是战争年代，中国共产党领导少数民族实行民族区域自治的最初尝试。1938年10月，毛泽东在党的六届六中全会上的报告中指出：“允许蒙、回、藏、苗、瑶、彝各民族与汉族有平等权利，在共同对日原则之下，有自己管理自己事务之权，同时与汉族联合建立统一的国家。”这些主张和设想，为后来制定民族区域自治政策奠定了基础。1941年5月，经中共中央政治局批准的《陕甘宁边区施政纲领》规定：“依据民族平等原则，实行蒙、回民族与汉族在政治经济文化上的平等权利，建立蒙、回民族的自治区，尊重蒙回民族的宗教信仰与风俗习惯。”[2]这是以法的形式第一次对“民族区域自治”的表述。在这一原则的指导下，当时的陕甘宁边区政府，分别在关中地区的正宁县和边定县建立了回民自治乡，在城川县建立了蒙古自治区（自治区是县辖区，相当于乡一级行政机构）。1946年4月，陕甘宁边区第三届参议会第一次会议通过的《陕甘宁边区宪法原则》中进一步规定：“边区各少数民族，在居住集中地区，得划成民族区，组织民族自治政权，在不与省宪抵触原则下，得订立自治法规。”[3]

1945年10月，针对部分蒙古族上层人士在锡林郭勒盟苏尼特右旗策划“内蒙古独立”的情况，中共晋察冀中央局派出乌兰夫、奎璧、克力更、陈炳宇等蒙、汉族干部前往苏尼特右旗解决“内蒙

---

〔1〕 张希坡、韩延龙主编：《中国革命法制史》（上），中国社会科学出版社1987年版，第30~38页。

〔2〕 杨永华：《陕甘宁边区法制史稿》，陕西人民出版社1992年版，第111~112页。

〔3〕 杨永华：《陕甘宁边区法制史稿》，陕西人民出版社1992年版，第141页。

古人民共和国临时政府”问题。乌兰夫等人在苏尼特右旗与各方面人士广泛交换意见，介绍中国共产党的民族政策，宣传以民族区域自治方式解决内蒙古民族问题的主张，并指出：内蒙古独立的主张不仅行不通，而且将对内蒙古的民族解放运动产生不利影响，同时提出对临时政府进行改组的建议。经深入的宣传教育，绝大多数青年知识分子和上层人士接受了乌兰夫等人的主张。通过重新选举，乌兰夫当选为临时政府主席，奎璧等5名中共党员当选为政府委员。政府改组顺利完成后，依乌兰夫提议，临时政府机构、人员迁至张北，不久即行解散。

在成功地解决了“内蒙古人民共和国临时政府”问题后，中共晋察冀中央局根据乌兰夫的建议，制定了在内蒙古地区建立区域性自治政权，联合蒙古族各阶层以及各民族人民，全面开展内蒙古自治运动的工作方针，并很快得到了中共中央的批准。中央指出：“关于内蒙工作，同意你们先成立内蒙古自治运动联合会，宣布纲领，发动蒙民，准备将来建立内蒙自治政府的方针。”1945年11月26日至29日，在张家口隆重召开内蒙古自治运动联合会成立大会，内蒙古8个盟36个旗的代表参加了大会。中共晋察冀中央局、晋察冀军区及相邻解放区也派代表到会祝贺。选举产生了乌兰夫等21人组成的联合会执行委员会和常务委员会，会议通过了《内蒙古自治运动联合会目前工作方针》《内蒙古自治运动联合会会章》以及发展经济、兴办教育、建立人民自卫武装等议案。

根据中共中央的指示，1946年3月在承德，内蒙古自治运动联合会和东蒙古人民自治政府各派出7名代表召开会议，共商自治运动统一问题。经5次预备会议，双方代表进行了反复协商，最终在自治运动的方向、政策和领导权等重大问题上达成了共识。4月3日，内蒙古自治运动统一会议正式举行，即著名的“四三”会议。与会代表一致通过的决议中确定：内蒙古民族运动的方针是中国共产党领导的区域自治，内蒙古自治运动联合会为统一的自治运动领导机关；解散东蒙古人民自治政府，建立联合会东蒙总分会和西蒙总分会，分别领导东西部各盟旗工作，自治运动联合会统一领导内蒙古民族武装部队，扩大联合会组织机构。会议还就蒙汉杂居地区的政权建设、与相邻解放区的关系等问题作出了相应规定。“四三”会议的召开，使内蒙古民族解放运动形成了统一的力量，结束了内蒙古东西部地区政治上长期分裂、隔绝的状态，为内蒙古自治运动的全面开展，民族区域自治的实现和自治政府的成立奠定了基础。

1947年，随着内蒙古地区的解放，开展了内蒙古自治运动。于1947年5月1日，成立了内蒙古自治政府，建立了中国第一个省级区划的、规章制度比较健全的民族自治地方，它标志着党的民族区域自治政策进入了比较成熟的阶段。为新中国成立后，全面推行民族区自治，奠定了坚实的基础。

3.自治条例的早期表述与出现

自治法规在法律文件中的最早表述，是1946年4月23日陕甘宁边区第三届参议会第一次大会通过的《陕甘宁边区宪法原则》：“边区各少数民族，在居住集中地区，得划成民族区。组织民族自治政权，在不与省宪抵触原则下，得订立自治法规。”〔1〕边区宪法性文件规定，自治法规是民族自治政权享有的自治立法

〔1〕 韩延龙、常兆儒编：《中国新民主主义革命时期根据地法制文献选编》（第1卷），中国社会科学出版社1981年版，第13页。

权，其制定的基本原则是“不与省宪抵触”。

最早出现的、具有自治条例性质的法律文件，是于1947年4月23日，内蒙古人民代表会议表决通过的《内蒙古自治政府施政纲领》和《内蒙古自治政府暂行组织大纲》。

《内蒙古自治政府施政纲领》明确规定：“内蒙古自治政府是内蒙古蒙古民族各阶层联合内蒙古区域内各民族实行高度自治的区域性的民主政府；内蒙古自治政府以内蒙古各盟（包括盟内旗、县、市）、旗为自治区域，是中华民国的组成部分。”〔1〕

两部法律文件中关于民族区域自治的基本内容有：第一，内蒙古自治政府是根据中国共产党领袖毛泽东的主张，即“允许各少数民族有民族自治的权利”的民族政策成立的；自治政府以内蒙古各盟（包括所辖市、县）、旗为“自治区域”，是在统一的中国领土之内实行自治，写明内蒙古自治区是中国的“组成部分”。第二，内蒙古自治政府及所属盟（包括所辖市、县）、旗政府“以民主集中制为组织原则”，由内蒙古各民族人民选举产生参议会；“参议会为权力机关”，参议会选举自治政府委员及政府主席、副主席；“自治政府为最高行政机关”，内蒙古自治区各级政府是“民主政府”。第三，内蒙古自治政府是“内蒙古蒙古民族各阶层联合内蒙古区域内各民族”而组成的民族团结政府；这表明了以实行自治的蒙古民族为主体，同时实行区域内“各民族一律平等，建立各民族间的亲密合作团结互助的新民族关系，消除一切民族间的隔阂与成见”。第四，各民族“自由发展本民族的经济

---

〔1〕 内蒙古自治区档案馆编：《内蒙古自治运动联合会档案史料选编》，档案出版社1989年版，第231页。

生活”，“自由发扬本民族的优良历史文化与革命传统”，以“共同建设新内蒙古”。第五，内蒙古自治政府有权“建设与发展内蒙古人民自卫军”，“政府与军队协力发展人民自卫武装”，这是在当时解放战争正激烈进行的形势下，根据毛主席“成立维护群众利益的少数民族自己的军队”的指示而制定的，后演变为自治机关自治权利中的“可以组织本地方维护社会治安的公安部队”的条款。[1]在《内蒙古自治政府施政纲领》和《内蒙古自治政府暂行组织大纲》中，关于民族自治地方、自治机关、自治机关的自治权利、民族关系等的规定，体现了民族区域自治制度最基本的内容和特点，为建国后在全国其他少数民族聚居区实行民族区域自治提供了成功的范例和宝贵的经验。

从两部法律文件的内容来看，尽管没有使用“自治条例”的名称，但就其规范内容的性质而言，就是现行宪法、民族区域自治法和立法法关于自治条例应规范的内容。所以，我们认为它应该是“自治条例”最早出现的文本。

（二）宪法中关于自治条例的规定

1.共同纲领

《共同纲领》是中华人民共和国成立初期的施政纲领，是团结全国人民建设新民主主义中国的大宪章，在1954年《中华人民共和国宪法》颁布以前，实际上起了临时宪法的作用。在第一章“总纲”的第9条确立了新中国民族政策的基本原则，其规定：“中华人民共和国境内各民族，均有平等的权利和义务。”第六章是

〔1〕 内蒙古自治区档案馆编：《内蒙古自治运动联合会档案史料选编》，档案出版社1989年版，第231页。

“民族政策”专章，有4个条款（第50条至第53条），其中第51条专款规定：“各少数民族聚居的地区，应实行民族的区域自治，按照民族聚居的人口多少和区域大小，分别建立各种民族自治机关。凡各民族杂居的地方及民族自治区内，各民族在当地政权机关中均应有相当名额的代表。”

这是新中国成立前夕首次在宪法性文件中确立民族区域自治制度，成为新中国建立民族区域自治的法律依据。令人遗憾的是，在这部重要的宪法性文件中没有规定民族自治机关的自治权，也就没有有关自治条例的条款。

2.1954年宪法

1954年宪法乃是对于一百多年以来中国人民革命斗争的历史经验的总结，也是对于中国近代关于宪法问题的历史经验的总结和中华人民共和国成立以来新的历史经验的总结。民族区域自治制度在这部宪法中得到了完整的表述（用专节6个条款，即第67条至第72条），自治条例首次在宪法中加以规定，这对于进一步发展和完善民族区域自治制度有着重要意义。第70条第4款明确规定：“自治区、自治州、自治县的自治机关可以依照当地民族的政治、经济和文化的特点，制定自治条例和单行条例，报请全国人民代表大会常务委员会批准。”1954年9月15日，刘少奇在中华人民共和国第一届全国人民代表大会第一次会议上作的《关于中华人民共和国宪法草案的报告》中，特别指出：“民族自治地方的自治机关，不仅行使一般的地方国家机关的职权，而且能够依照宪法和法律规定的权限管理本地方的财政，依照国家的军事制度组织本地方的公安部队，可以制定自治条例和单行条例以适应当地民族的政治、经济和文化的特点。”[1]并强调：“中华人民共和国成立以来，已经废除了民族压迫制度，建立了国内各民族平等友爱互助的新关系，各少数民族地区的政治、经济和文化的事业开始逐步发展，人民生活开始逐步改善。我国已经成为自由平等的民族大家庭。”宪法草案总结了这方面的经验，对于民族区域自治，对于各少数民族的政治、经济和文化建设，作了比共同纲领更进一步的规定。

3.1975年宪法

1975年宪法是新中国宪法史上的一部倒退的宪法，是十年“文化大革命”灾难的产物，关于民族区域自治的问题，只有两个条款，即第4条第1款：“中华人民共和国是统一的多民族的国家。实行民族区域自治的地方，都是中华人民共和国不可分离的部分。”和第四节“民族自治地方的自治机关”的第24条（此节只有1条3款）。虽然该条第2款规定：“民族自治地方的自治机关除行使宪法第二章第三节规定的地方国家机关的职权外，可以依照法律规定的权限行使自治权。”但具体有关自治权的条款不见了，当然也没有关于自治条例的规定。这对民族区域自治制度是一个极大的破坏。

4.1978年宪法

特殊的历史环境，决定了1978年宪法只能是一部过渡性质的宪法，是一部“拨小乱未反正”的宪法。

这次修宪的指导思想仍然是：“新宪法应该高举毛主席的伟大旗帜，完整地准确地体现马克思列宁主义关于无产阶级专政的

〔1〕《人民日报》1954年9月16日，第1版。

学说，完整地、准确地体现毛主席关于无产阶级专政下继续革命的学说，充分地反映中国共产党的十一大路线和华主席为首的党中央抓纲治国的战略决策，总结同‘四人帮’斗争的经验，清除‘四人帮’的流毒和影响，巩固和发展无产阶级文化大革命的胜利成果。这是这次修改宪法的指导思想，也是广大群众对新宪法的根本要求。”〔1〕关于民族区域自治问题，在这部宪法中用了一节3个条款（第38条至第40条）表述，其中第39条第2款恢复了1954年宪法的规定，“民族自治地方的自治机关可以依照当地民族的政治、经济和文化的特点，制定自治条例和单行条例，报请全国人民代表大会常务委员会批准”。这是有关自治条例和单行条例的表述，第二次出现在宪法条文中。就此而言，相对1975年宪法是一个进步，但仅是“拨小乱”而已，因为叶剑英在大会所作的《关于修改宪法的报告》中，只字未提民族区域自治问题。所以说，这部宪法尽管恢复了1954年宪法中关于自治条例和单行条例的规定，但就民族区域自治制度而言，这部宪法也未达到“拨乱反正”的目的。因此，只能说它是过渡性的宪法。

5.1982年宪法

在民族区域自治制度上，真正“拨乱反正”并有所发展的宪法，是1982年宪法，即现行宪法。1982年宪法制定的背景是，“1978年12月中国共产党十一届三中全会以后，党和国家领导全国人民全面清理‘文化大革命’的错误，深入总结建国以来的历史经验，恢复并根据新情况制订一系列正确的方针和政策，使国

---

〔1〕 叶剑英：《1978年3月1日在中华人民共和国第五届全国人民代表大会第一次会议上〈关于修改宪法的报告〉》，载《人民日报》1978年3月8日，第1版。

家的政治生活、经济生活和文化生活发生了巨大的变化。现行宪法在许多方面已经同现实的情况和国家生活的需要不相适应，有必要对它进行全面的修改。中国共产党去年召开的十一届六中全会通过的《关于建国以来党的若干历史问题的决议》和今年召开的第十二次全国代表大会的文件，得到全国人民的拥护，为宪法修改提供了重要的依据”。

“这次宪法的修改、讨论工作前后进行了两年之久，是做得相当认真、慎重和周到的。1980年9月10日，第五届全国人民代表大会第三次会议接受中共中央的建议，决定成立宪法修改委员会，主持修改现行宪法。宪法修改委员会和它的秘书处成立以后，经过广泛征集和认真研究各地方、各部门、各方面的意见，于今年2月提出《中华人民共和国宪法修改草案》讨论稿。宪法修改委员会第二次会议，用九天的时间对该讨论稿进行了讨论和修改。全国人大常委会委员、全国政协常委会部分委员、各民主党派和人民团体领导人，中共中央各部门、国务院各部门、人民解放军各领导机关以及各省、自治区、直辖市的负责人，也都提出了修改意见。4月，宪法修改委员会第三次会议又进行了九天的讨论并通过了宪法修改草案，由全国人大常务委员会公布，交付全国各族人民讨论。”所以，1982年宪法才是“完成了指导思想上的拨乱反正，确立了全面开创社会主义现代化建设新局面的正确纲领”。〔1〕

这部宪法关于民族区域自治的规定，不但恢复了1954年宪法

〔1〕 彭真：《1982年11月26日在第五届全国人民代表大会第五次会议上〈关于中华人民共和国宪法修改草案的报告〉》，载《人民日报》1982年12月6日，第1版。

中一些重要的原则，而且根据国家情况的变化增加了新的内容。宪法在“国家机构”的第六节“民族自治地方的自治机关”中规定：民族自治地方的人民代表大会常务委员会中应当有实行区域自治的民族的公民担任主任或者副主任；自治区主席、自治州州长、自治县县长由实行区域自治的民族的公民担任；自治机关在国家计划的指导下，自主地安排和管理地方性的经济建设事业；自治机关自主地管理本地方的教育、科学、文化、卫生、体育事业；国家在民族自治地方开发资源、建设企业的时候，应当照顾民族自治地方的利益；国家从财政、物资、技术等方面帮助各少数民族加速发展经济建设和文化建设事业，国家帮助民族自治地方从当地民族中大量培养各级干部、各种专业人才和技术工人。宪法关于民族自治地方自治权的规定，体现了国家充分尊重和保障各少数民族管理本民族内部事务的民主权利的精神。

自治条例和单行条例在1982年宪法中作出了最完整的表述，它是对1954年宪法的一个划时代意义的发展。《宪法》第116条规定：“民族自治地方的人民代表大会有权依照当地民族的政治、经济和文化的特点，制定自治条例和单行条例。自治区的自治条例和单行条例，报全国人民代表大会常务委员会批准后生效。自治州、自治县的自治条例和单行条例，报省或者自治区的人民代表大会常务委员会批准后生效，并报全国人民代表大会常务委员会备案。”

（三）《民族区域自治法》中关于自治条例的规定

1.从“自治法规”“单行法规”到“自治条例和单行条例”名称的变迁

立法权是民族区域自治的标志，是自治权的重要内容。

从现有文献来看，立法权在民族区域自治的早期实践中就已确立，《陕甘宁边区宪法原则》规定："边区各少数民族，在居住集中地区，得划成民族区。组织民族自治政权，在不与省宪抵触原则下，得订立自治法规。"然而，这里的"自治法规"是一个概括性的规定，是一个抽象的概念。也就是说民族自治政权有立法权，但立法权包括哪些，或者说民族自治政权的立法权的权限是什么，是不是民族自治政权的所有立法都是"自治法规"，显然，对这个问题的认识在当时是不清晰的、模糊的。

《共同纲领》规定民族区域自治制度虽然用了5个条款，但没有自治权的条款，当然也就没有规范自治立法权了。

为了实施《共同纲领》，1952年8月8日，中央人民政府委员会第十八次会议批准了《中华人民共和国民族区域自治实施纲要》（以下简称《实施纲要》）。可以说，这是《共同纲领》一部重要的配套法规，弥补了共同纲领的缺陷，设"第四章：自治权利"，用11个条款（第14条至第24条）来规范自治机关的自治权。其中第23条规定："各民族自治区自治机关在中央人民政府和上级人民政府法令所规定的范围内，依其自治权限，得制定本自治区单行法规，层报上两级人民政府核准。

凡经各级地方人民政府核准的各民族自治区单行法规，均须层报中央人民政府政务院备案。"

《实施纲要》不但规定了自治机关的立法权是自治权的内容，同时也规定了自治立法权的报批程序，使民族区域自治制度开始走向实施。

可是，这里使用的概念是"单行法规"，虽然相比"自治法规"来说具体一些，但仍然是一个抽象的概念，而不是一个具体的概念。

这次会议同时批准的《关于地方民族民主联合政府实施办法的决定》，也是使用“单行法规”的概念，在关于“人民政府”一节的（七）规定：“人民政府在中央人民政府和上级人民政府法令所规定的范围内，得制定适合于境内各民族情况的单行法规，层报上两级人民政府核准。凡经各级地方人民政府核准的单行法规，均须层报中央人民政府政务院备案。”

1954年宪法真正确立自治立法权的具体权限，明确了自治立法权是“制定自治条例和单行条例”。这样，自治条例的概念才第一次在宪法中“亮相”。

2.《民族区域自治法》中关于自治条例的规定

《民族区域自治法》是以基本法的形式，规定了民族区域自治制度的基本内容，是民族区域自治制度的表现形式和法律保障，在中国法律体系中具有重大意义。《民族区域自治法》根据1982年宪法关于民族区域自治制度的规定，在全面地总结建国以后实行民族区域自治过程中的正、反两方面经验的基础上，以国家基本法的形式将这些经验加以确认，并形成法律条文，以规范的文字固定下来。《民族区域自治法》的内容涵盖民族自治地方政治、经济、文化、社会等各个方面。《民族区域自治法》在法律效力上，是一部仅次于宪法的基本法，不只是一部仅仅在民族自治地方实施的法律，而是一部全国各族人民和一切国家机关都必须遵守、执行的法律。

1984年5月《民族区域自治法》的制定和2001年2月该法的修改，是这一时期民族法制建设的突出成果。修改后的《民族区域自治法》则明确规定：“民族区域自治制度是国家的一项基本政治制度。”自治条例在《民族区域自治法》中得到了充分的表述。

（1）具体条文。

《民族区域自治法》第19条规定：“民族自治地方的人民代表大会有权依照当地民族的政治、经济和文化的特点，制定自治条例和单行条例。自治区的自治条例和单行条例，报全国人民代表大会常务委员会批准后生效。自治州、自治县的自治条例和单行条例报省、自治区、直辖市的人民代表大会常务委员会批准后生效，并报全国人民代表大会常务委员会和国务院备案。”从条文来源看，基本上就是将《宪法》第116条原封不动地转抄过来。它的意义在于将宪法条文转变成基本法的条文，明确了制定自治条例是自治机关的一项法定权力。《民族区域自治法》规定，民族自治地方的人民代表大会除享有一般地方国家权力机关的权力外，还有权依照当地民族的政治、经济和文化的特点，制定自治条例。这就是这一条文从宪法中移入民族区域自治法的意义所在。

（2）条文分析。

从条文来看，至少有四层含义：一是制定自治条例是自治机关自治权的重要权能，是一项法定的权力，是一般地方国家权力机关不能享有的权力；二是民族自治地方的人民代表大会，是制定自治条例的主体；三是依照当地民族的政治、经济和文化的特点，是民族自治地方人民代表大会制定自治条例的基本原则；四是规定了批准生效的程序，即自治区的自治条例，报全国人民代表大会常务委员会批准后生效。自治州、自治县的自治条例报省、自治区、直辖市的人民代表大会常务委员会批准后生效，并报全国人民代表大会常务委员会和国务院备案。

（四）立法法中关于自治条例的规定

2000年7月1日起正式生效的《立法法》，是我国法的体系中一部重要的宪法性法律，标志着各种法律、法规、规章的制定，各种部门法领域的立法调整，从此有了一个直接的法律根据。自治条例也是立法法规范的内容之一。

1.具体条文

《立法法》在第四章和第五章中，规范自治条例内容的涉及14个条款，它们是：

第75条　民族自治地方的人民代表大会有权依照当地民族的政治、经济和文化的特点，制定自治条例和单行条例。自治区的自治条例和单行条例，报全国人民代表大会常务委员会批准后生效。自治州、自治县的自治条例和单行条例，报省、自治区、直辖市的人民代表大会常务委员会批准后生效。

自治条例和单行条例可以依照当地民族的特点，对法律和行政法规的规定作出变通规定，但不得违背法律或者行政法规的基本原则，不得对宪法和民族区域自治法的规定以及其他有关法律、行政法规专门就民族自治地方所作的规定作出变通规定。

第77条第1款　地方性法规案、自治条例和单行条例案的提出、审议和表决程序，根据中华人民共和国地方各级人民代表大会和地方各级人民政府组织法，参照本法第二章第二节、第三节、第五节的规定，由本级人民代表大会规定。

第78条第3款　自治条例和单行条例报经批准后，分别由自治区、自治州、自治县的人民代表大会常务委员会发布公告予以公布。

第79条　地方性法规、自治区的自治条例和单行条例公布后，及时在本级人民代表大会常务委员会公报和中国人大网、本地方人民代表大会网站以及在本行政区域范围内发行的报纸上刊载。

在常务委员会公报上刊登的地方性法规、自治条例和单行条例文本为标准文本。

第87条　宪法具有最高的法律效力，一切法律、行政法规、地方性法规、自治条例和单行条例、规章都不得同宪法相抵触。

第90条第1款　自治条例和单行条例依法对法律、行政法规、地方性法规作变通规定的，在本自治地方适用自治条例和单行条例的规定。

第92条　同一机关制定的法律、行政法规、地方性法规、自治条例和单行条例、规章，特别规定与一般规定不一致的，适用特别规定；新的规定与旧的规定不一致的，适用新的规定。

第93条　法律、行政法规、地方性法规、自治条例和单行条例、规章不溯及既往，但为了更好地保护公民、法人和其他组织的权利和利益而作的特别规定除外。

第96条　法律、行政法规、地方性法规、自治条例和单行条例、规章有下列情形之一的，由有关机关依照本法第97条规定的权限予以改变或者撤销：

（1）超越权限的；

（2）下位法违反上位法规定的；

（3）规章之间对同一事项的规定不一致，经裁决应当改变或者撤销一方的规定的；

（4）规章的规定被认为不适当，应当予以改变或者撤销的；

（5）违背法定程序的。

第97条第1、2项　改变或者撤销法律、行政法规、地方性法规、自治条例和单行条例、规章的权限是：

（1）全国人民代表大会有权改变或者撤销它的常务委员会制定的不适当的法律，有权撤销全国人民代表大会常务委员会批准的违背宪法和本法第75条第2款规定的自治条例和单行条例；

（2）全国人民代表大会常务委员会有权撤销同宪法和法律相抵触的行政法规，有权撤销同宪法、法律和行政法规相抵触的地方性法规，有权撤销省、自治区、直辖市的人民代表大会常务委员会批准的违背宪法和本法第75条第2款规定的自治条例和单行条例。

第98条第3项　行政法规、地方性法规、自治条例和单行条例、规章应当在公布后的30日内依照下列规定报有关机关备案：

自治州、自治县的人民代表大会制定的自治条例和单行条例，由省、自治区、直辖市的人民代表大会常务委员会报全国人民代表大会常务委员会和国务院备案；自治条例、单行条例报送备案时，应当说明对法律、行政法规、地方性法规作出变通的情况。

第99条　国务院、中央军事委员会、最高人民法院、最高人民检察院和各省、自治区、直辖市的人民代表大会常务委员会认为行政法规、地方性法规、自治条例和单行条例同宪法或者法律相抵触的，可以向全国人民代表大会常务委员会书面提出进行审查的要求，由常务委员会工作机构分送有关的专门委员会进行审查、提出意见。

前款规定以外的其他国家机关和社会团体、企业事业组织以及公民认为行政法规、地方性法规、自治条例和单行条例同宪法或者法律相抵触的，可以向全国人民代表大会常务委员会书面提出进行审查的建议，由常务委员会工作机构进行研究，必要时，送有关的专门委员会进行审查、提出意见。

有关的专门委员会和常务委员会工作机构可以对报送备案的规范性文件进行主动审查。

第100条　全国人民代表大会专门委员会、常务委员会工作机构在审查、研究中认为行政法规、地方性法规、自治条例和单行条例同宪法或者法律相抵触的,可以向制定机关提出书面审查意见、研究意见;也可以由法律委员会与有关的专门委员会、常务委员会工作机构召开联合审查会议,要求制定机关到会说明情况,再向制定机关提出书面审查意见。制定机关应当在两个月内研究提出是否修改的意见,并向全国人民代表大会法律委员会和有关的专门委员会或者常务委员会工作机构反馈。

全国人民代表大会法律委员会、有关的专门委员会、常务委员会工作机构根据前款规定,向制定机关提出审查意见、研究意见,制定机关按照所提意见对行政法规、地方性法规、自治条例和单行条例进行修改或者废止的,审查终止。

全国人民代表大会法律委员会、有关的专门委员会、常务委员会工作机构经审查、研究认为行政法规、地方性法规、自治条例和单行条例同宪法或者法律相抵触而制定机关不予修改的,应当向委员长会议提出予以撤销的议案、建议,由委员长会议决定提请常务委员会会议审议决定。

第102条　其他接受备案的机关对报送备案的地方性法规、自治条例和单行条例、规章的审查程序,按照维护法制统一的原则,由接受备案的机关规定。[1]

---

〔1〕 参见郑淑娜主编:《〈中华人民共和国立法法〉释义》,中国民主法制出版社2015年版。

2.条文分析

立法法是目前为止，所有法律中对自治条例规范条款最多、最全面的一部基本法。从以上条款来看，关于自治区自治条例主要包括以下几个方面：

（1）制定自治条例的原则（也称为立法原则）。

一是依照当地民族的政治、经济和文化的特点，制定自治条例。二元社会结构和社会经济发展的不平衡是中国的基本国情，同样，文化的多样性、生产方式的多元性、宗教信仰和生活方式的多样性、人口发展的不平衡也是少数民族内部和少数民族之间的基本国情，立法法确立的这一原则反映了中国和中国少数民族的实际情况，是自治区自治条例立法的出发点。

二是不违宪原则（第87条）。宪法具有最高的法律效力，宪法是一切法律制定的“母法”，自治条例也不能例外，故自治条例不得同宪法相抵触。

三是变通原则（第75条第2款）。在不得违背法律或者行政法规的基本原则下，自治条例可以依照当地民族的特点，对法律和行政法规的规定作出变通规定，但不得对宪法和民族区域自治法的规定以及其他有关法律、行政法规专门就民族自治地方所作的规定作出变通规定。《民族区域自治法》第20条规定：“上级国家机关的决议、决定、命令和指示，如有不适合民族自治地方实际情况的，自治机关可以报经该上级国家机关批准，变通执行或者停止执行；该上级国家机关应当在收到报告之日起六十日内给予答复。”这一原则是对《民族区域自治法》的重大发展，它的意义在于拓展了自治立法权的空间，使变通原则由行政行为延伸到法律和法规。

四是批准生效原则（第75条第1款）。立法法明确了自治区的自治条例，报全国人民代表大会常务委员会批准后生效；自治州、自治县的自治条例，报省、自治区、直辖市的人民代表大会常务委员会批准后生效。

（2）规定了自治条例的立法程序。

一是提出审议表决程序（第77条）。自治条例法案的提出、审议和表决程序，根据中华人民共和国地方各级人民代表大会和地方各级人民政府组织法，参照本法第二章第二节、第三节、第五节的规定，由本级人民代表大会规定。

二是公布程序与标准文本（第79条）。自治条例报经批准后，分别由自治区、自治州、自治县的人民代表大会常务委员会发布公告予以公布。自治区的自治条例和单行条例公布后，及时在本级人民代表大会常务委员会公报和中国人大网、本地方人民代表大会网站以及在本行政区域范围内发行的报纸上刊载。在常务委员会公报上刊登的自治条例文本为标准文本。

（3）确定了自治条例的效力问题。

一是空间效力范围（第90条）。立法法明确了自治条例适用的属地主义原则，自治条例依法对法律、行政法规、地方性法规作变通规定的，在本自治地方适用自治条例的规定。

二是时间效力范围（第92、93条）。立法法确立了特别规定与一般规定不一致的，适用特别规定；新的规定与旧的规定不一致的，适用新的规定的法律适用原则。特别规定除外，自治条例不溯及既往。

（4）合宪审查问题。

宪法是国家的根本大法，具有最高的法律效力。“从本质上讲，无论是中央国家机关的权力，还是民族自治地方自治机关的自治权，都是来源于宪法。权力的合法性，首先是合宪性；否则，就失去了权力行使的基础。在现代国家里，实施宪法就是正确处理国家权力与地方权力、国家权力与公民权利之间的关系。民族自治地方的自治机关，在行使自治权的过程中与上级国家机关出现争议、矛盾和不一致时，需要平衡化解争议。但平衡争议并不能理解为折中和调和或各打五十大板，要理出一个是非曲折的头绪，首先就是要看是否违反宪法和民族区域自治法的原则。”〔1〕立法法所规定的自治条例的合宪审查包括：

一是用列举的方式规定5种必须予以改变或者撤销的情形（第96条）。

二是合宪性审查的权限问题（第97条）。全国人民代表大会有权改变或者撤销自治区制定的自治条例和单行条例；全国人民代表大会常委会有权改变或者撤销自治州、自治县（旗）制定的自治条例。

三是提出自治条例审查的主体（第99条）。认为自治条例同宪法或者法律相抵触的，可以向全国人民代表大会常务委员会书面提出进行审查要求和建议的主体是国务院、中央军事委员会、最高人民法院、最高人民检察院和各省、自治区、直辖市的人民代表大会常务委员会和其他国家机关和社会团体、企业事业组织以及公民。

四是审查的程序（第100条）。向全国人民代表大会常务委员

〔1〕 张文山：《论自治权的法律保障机制》，载《中南民族大学学报》2004年第4期。

会书面提出对自治条例进行审查要求和建议的，由常务委员会工作机构进行研究，必要时，送有关的专门委员会进行审查、提出意见。具体审查程序是：第一程序——全国人民代表大会专门委员会在审查中认为自治条例同宪法或者法律相抵触的，可以向制定机关提出书面审查意见，也可以由法律委员会与有关的专门委员会召开联合审查会议，要求制定机关到会说明情况，再向制定机关提出书面审查意见。制定机关应当在两个月内研究提出是否修改的意见，并向全国人民代表大会法律委员会和有关的专门委员会反馈。第二程序——全国人民代表大会法律委员会和有关的专门委员会审查认为自治条例同宪法或者法律相抵触而制定机关不予修改的，可以向委员长会议提出书面审查意见和予以撤销的议案，由委员长会议决定是否提请常务委员会会议审议决定。

五是报送备案程序（第102条）。其他接受备案的机关对报送备案的自治条例的审查程序，按照维护法制统一的原则，由接受备案的机关对此进行规定。

二、自治区自治条例的性质与位阶

（一）自治区自治条例的性质

民族自治地方自治机关行使自治权的重要内容，就是依法制定自治条例，而自治条例在中国法律体系中有着特殊地位。其“特殊”在于自治条例又分为两个层次：自治区自治条例和自治州、自治县（旗）自治条例。按照《民族区域自治法》和《立法法》的规定，自治区自治条例由自治区人民代表大会制定，报全国人民代表大会常务委员会批准后生效；自治州自治条例和自治县自治条例由自治州和自治县的人民代表大会制定，报省、自治区、直辖市的人民代表大会常务委员会批准后生效，并报全国人民代表大会常务委员会备案。

由此，决定了两者的性质与位阶不同，自治区自治条例具有国家法的性质，其法律位阶在行政法规和地方性法规之上；自治州自治条例和自治县自治条例是地方性法规的性质，其法律位阶在行政法规之下。

此外，法是调整主体行为的社会规范，规范的主体不同，法的性质也不同。那么，自治条例规范的主体是什么？主体行为是什么？这是一个必须要回答的问题。

首先，自治机关是自治条例规范的主体。自治区自治条例规范的主体是自治区人民代表大会与人民政府；自治州自治条例和自治县自治条例规范的主体是自治州和自治县的人民代表大会与人民政府。显然，自治条例不属于私法范畴，应归类于公法范畴，在中国的法律语境中，其性质应属于行政法律。自治条例不保护私人利益，不调整自然人（包括法人）之间的关系，它是关于自治机关的组织、基本职权和工作制度以及自治权行使活动基本原则的规范。自治区自治条例调整的关系涉及的是中央与地方的关系，自治州与自治县自治条例则是地方关系中自治州、自治县与上级国家机关的关系。

其次，主体行为是指自治机关行使自治权与如何行使的行为，前者是自治机关的作为与不作为问题，后者是依法行政问题。

自治权是民族区域自治的核心，行使自治权，是民族区域自治制度的行为表现，自治权的大小、有无，是民族区域自治制度是否真正实现的唯一标准。能否积极主动行使自治权，是考核自治机关自治能力的标准。民族区域自治的原则和制度安排，要求自治机关及其组成机构要依法履行其相应的职责，自治机关在自治民族实现区域自治的权利和民族地区的社会、经济、文化发展中发挥着主导和决定作用，承担着更加积极的角色。

特别是在当下，推进民族地区现代化建设、全面深化改革，实现国家治理方式的现代化与促进民族团结，维护国家统一的进程中，自治机关的作用更加凸显。加强自治机关建设，优化自治机关结构，转变自治机关职能与管理和激励方式，规范自治机关及组成人员的行为，完善自治机关决策体制，以现代政府的原则和标准，提升自治机关的服务和管理水平。

自治机关不作为是以消极的方式表现出来的行政行为，导致自治机关执行政策态度不积极，在行动上表现为消极观望、有选择性执行或强烈抵触；面对重大问题、突发性问题和复杂问题信心不足，畏缩不前；缺乏应对和解决新问题的能力和办法，导致行动上不作为、不主动。民族区域自治制度实施的主体是自治机关，如何在宪政体制下，依法、主动、创造性地行使自治权，既是自治机关的法定权力，也是自治机关的职责与义务。自治机关的不作为弱化了行政主体的服务和管理水平，导致自治机关依法履行职责能力和行政管控能力下降。

在现代社会，正当程序是权力的运行轨道，依法行政是自治权力的运行方式。自治权作为公权力，权力运行法制化是由其性质决定的，用法律和规则再造权力运行、规范自由裁量，从整体上明确自治权力的运行轨迹，明确划定自治机关各部门的权责边界，建立职能科学、权责法定、执法严明、公开公正、廉洁高效、守法诚信的自治机关，使自治权力的行使于法有据、依法行使、受法制约，防止权力滥用，确保自治权力不越位、不错位、不缺位。

（二）自治区自治条例的法律位阶

法律位阶，是指所制定的法律在国家的法律体系中处于什么样的地位，这是大陆法系国家法律体系有机结构的特征。它的上位法是什么，下位法是什么，与其他法律、法规是什么样的关系等。法律位阶的价值在于，当和其他法律条款出现竞合时，确定其效力优先的问题。每一个法律文件，都在法律位阶中占据一个位置，其内容就不会与其他法律、法规相冲突；这样，不同部门的法律才会相互一致，相互协调、配合，执行起来才能准确体现立法者的立法意图。如果没有解决好法律位阶问题，则可能与国家的其他法规产生不必要的冲突，拟定的法律草案难以获得审议批准；即使颁布了，在实施中也会因其内容与上位法相矛盾而失去其应有的效力，或者不能反映现实社会发展的要求，致使在执行中无法实施。在当下的法律环境中，法条相互冲突的事例不胜枚举。

在我国立法上，关于自治条例（这里的自治条例是指自治区自治条例）与地方性法规[1]，两者是并列关系，还是种属关系，哪一个的法律位阶更高，这是研究自治条例法律位阶的意义所在。

民族自治条例与地方性法规这两种规范性立法文件在民族自治地方同时存在，对于民族自治地方，地方性法规与民族自治条例的关系应该如何，这是我国关于民族自治地方立法中的重要问题，绝不是纸上谈兵，因为这涉及民族自治地区法制建设的有

---

〔1〕 2015年《立法法》修改前只有省、自治区、直辖市的人民代表大会及其常务委员会有权制定地方性法规，修改后的《立法法》规定自治州参照设区的市可以制定地方性法规，但要经省、自治区人民代表大会常务委员会批准后实施。

效性。自《民族区域自治法》颁布以来，到《立法法》的颁布与修改，无论在理论层面还是立法层面对上述问题均没有定论。学者的观点大致分为以下三种：

第一种，在我国的立法层面上，自治条例与地方性法规在法律上是两个截然不同的概念。如北京大学教授史筠认为："在我国的法制体系中，'地方性法规'同'自治条例'是两个不同的概念"；[1]另有学者认为："将自治条例和单行条例作为地方性法规的组成部分的做法是不可取的"，其理由在于"宪法依据不同、立法机关不同、制定法规或条例的职权依据不同、内容不同，宪法在使用这些概念的时候为并列使用"。[2]

第二种，认为自治条例和一般的地方性法规"都属于广义的地方性法规"。[3]

第三种，认为"自治条例在我国的法律体系中属于地方立法的组成部分"。[4]

第一种观点根据我国现行宪法、法律的规定，认为二者并列，并非种属关系；第二种观点也并没有否认我国现行宪法、法律的规定，只不过在学理上将地方性法规分为一般的地方性法规和广义的地方性法规，但是，在我国的《立法法》上已经明确地方性法规的特定含义，在学理上再对地方性法规做扩大解释不合时宜；

---

〔1〕 史筠：《关于制定自治条例的几个问题》，载《民族研究》1993年第6期。

〔2〕 杨临宏：《关于自治条例和单行条例设定行政处罚的思考》，载《当代法学》1999年第3期。

〔3〕 王培英：《论自治条例单行条例的法律地位》，载《云南大学人文社会科学学报》2001年第6期。

〔4〕 汪全胜：《关于自治条例若干问题的探讨》，《青海民族学院学报》2001年第1期。

第三种观点与第二种观点的表述没有区别，只不过没有用“地方性法规”而是用了“地方立法”，但是这种表述避免了第二种观点中与现行法冲突的尴尬。

以上这三种观点，我认为没有实质性的区别，均是肯定了两者的并列关系。就现行法律来说，宪法和法律已经非常清楚地规定了地方性法规的定义，以及地方性法规和自治条例的并列关系，因此，就中国的法律体系来说，地方性法规和自治条例的法律适用冲突不可避免。

关于上述自治条例与地方性法规是并列关系还是种属的问题，学者们有不同的观点，但没有实质性的差别。因为，此问题在我国的法律上已经明确规定。对于自治条例与地方性法规何者效力更高的问题，法律并没有实质性的规定，自治条例与地方性法规是并列关系，有发生冲突的可能性（因为至今自治区自治条例没有制定，冲突的可能性是由学理判断而来）。所以，两者的法律位阶孰高孰低，必须要有所定论。在此问题上，学者基本上都承认自治条例的法律地位或者位阶比地方性法规高，如果地方性法规与自治条例出现竞合，必然是自治条例的效力优先。然而，地方性法规服从自治条例的原因却有很大的差异，主要有以下三种观点：

一是认为自治条例具有法律的地位，因此比地方性法规的位阶高。史筠教授持此观点，他认为，“必须报全国人大常委会批准后才能生效的自治区自治条例，在我国法制体系中的地位，属于必须由全国人大常委会审议通过的这一类法律范畴，自治区的自治条例，同国务院提请全国人大常委会审议通过的法律，在我国法制体系中居于同等地位”。[1]

二是认为自治法规可以变通法律规定，其法律效力等级高于一般地方性法规而具有法律性质，但是“必须指出的是，我们说自治法规具有法律性质，是仅仅就其等级而言的，不能理解为自治法规也具有法律的适用范围，换言之，自治法规仅仅是在本民族区域自治地方内、在其变通的法律规定的事项上具有法律效力”。[2]

三是认为自治条例仍然是地方的立法，但是法律地位比地方性法规高。持此观点的学者认为：由于“制定机关不同”，自治条例的立法主体更加宽泛，包括了地方性法规所不涉及的立法主体，如相当于地市一级的自治州以及相当于县一级的自治县的人大及其常委会；由于“立法权限不同”，自治条例根据宪法、民族区域自治法、立法法等法律的授权，可以变通或者补充法律的规定，因此“自治条例的立法权限范围大于一般地方性法规的权限”。由于“制定程序不同”，自治条例在地方的法规中居于最高地位，因为自治条例“无论是哪一级，均需报上级人大常委会批准”。[3]因此，地方性法规由于是由地方的人大通过的法规，在级别上低于自治条例。

更有学者认为：“当自治条例、单行条例与地方性法规的规定内容不一致时，在民族自治地方适用自治条例、单行条例的规定，不论该地方性法规颁布在自治条例、单行条例之前还是之后，地

[1] 史筠：《关于制定自治条例的几个问题》，载《民族研究》1993年第6期。

[2] 王培英：《论自治条例单行条例的法律地位》，载《云南大学人文社会科学学报》2001年第6期。

[3] 汪全胜：《关于自治条例若干问题的探讨》，载《青海民族学院学报》2001年第1期。

方性法规要服从自治条例、单行条例的规定。”[1]

上述第一种观点认为自治区自治条例具有与法律同样的地位，将自治区自治条例与地方性法规明确为上位法与下位法的关系，使地方性法规作为下位法服从于自治条例。但是把自治条例认为是“法律”，违背了一般的立法原则。在我国的法律体系中“法律”的法定含义非常清楚，是指全国人大或者其常委会审议通过，由国家主席签署的规范性文件。而自治区自治条例始终是自治区人大的立法产物，就算要经过全国人大常委会批准后生效，但是最后是由自治区的人民代表大会常务委员会予以公布生效。由此可见，自治条例与法律泾渭分明，自治条例仍然是法律的下位法。

上述第二种观点的逻辑为，在民族自治地方，自治条例具有变通法律规定的权限，在具体的变通事项上具有一般法律的效力。因而，自治条例是在民族自治地方的特定范围与变通事项上，比地方性法规要具有更高的效力。但是，该观点忽略了一个基本常识，能够使法律某些条文的含义扩大或者缩小甚至失效，而且相当于法律的效力的只有立法解释，即便是司法机关在适用法律的过程中，对法律作出某种司法解释，也不能相当于法律。原因在于，司法解释违反了法律，不仅需要被撤销，即便要以此为依据时，也是不予适用。自治条例中出现一些根据民族自治地方的特点与实际，变通某些法律条文的条款，其实只是一种适用法律的过程，它比司法解释更具灵活性，但是必须要遵守三个原

---

〔1〕 郑建华:《对自治条例单行条例法律地位的再认识》，载《前沿》2001年第8期。

则：一是，自治条例的变通规定不得违背法律或行政法规的基本原则；二是，不得对《宪法》和《民族区域自治法》的规定作出变通；三是，不得对其他有关法律、行政法规专门就民族自治地方的规定作出变通规定。

上述第三种观点，始终认为自治条例只是地方的立法，不属于"法律"的范畴，不可能以上位法和下位法的关系来定义自治条例与地方性法规的关系，但是基于自治条例的立法依据、立法主体、立法程序等原因，在民族自治地方，自治条例比地方性法规的效力高。其理由是：

首先，"立法依据不同"，其实质是授予的立法权限范围不同。地方性法规的立法权的根据是《宪法》第100条及《立法法》第72条、第73条、第74条，自治条例的立法权的根据是《宪法》第115条、第116条以及《立法法》第75条。自治条例与地方性法规的立法依据仅是根据的法律条文不同，而法律依据是相同的。两者本质的区别就在自治条例的立法授权中有变通和补充法律的权限，而地方性法规没有此项授权。以"是否变通、补充法律法规"的标准无法判断自治条例作为一个整体与地方性法规的法律位阶高低。

其次，"立法主体不同"。自治条例的立法主体比地方性法规的立法主体范围广，自治条例有自治区、自治州、自治县三种立法主体。就自治区自治条例而言，其立法主体是自治区人民代表大会；而地方性法规则是自治区人民代表大会或自治区人民代表大会常务委员会，在此层面又是地方性法规的立法主体多于自治条例。于是，相同的立法主体制定的自治条例与地方性法规之间的比较，这在中国现行法律体系下是一个不可回避的法律冲突问题。自治区自治条例与自治区地方性法规之间、自治区自治条例与自治区内的较大的市的地方性法规之间发生冲突，解决的机制与自治条例的本身特点没有关系。因此，立法主体的差异并不能成为自治条例的法律位价比地方性法规高的理由。

最后，“立法程序不同”不是自治条例比地方性法规法律位价高的依据。自治条例立法程序严格是因为自治条例有“变通、补充规定权”。虽然，自治条例的立法权限比地方性法规大，却不能以此来判断自治条例比地方性法规的法律位价高。因此，以立法程序不同来判断自治条例与地方性法规的关系是行不通的。

上述观点是见仁见智，各自都有各自的理据。然而，法律位阶的研究，不能概而论之，确认自治条例的法律位阶，必须要区分自治区自治条例、自治州自治条例和自治县（旗）自治条例，三者并不处于同一法律位阶。就自治区自治条例而言，它具有国家法的属性，其法律位阶应高于行政法规和地方性法规，在自治区的法域内效力也最高，任何本级地方性法规、行政规章、自治州自治条例和单行条例、自治县自治条例和单行条例都不得与其抵触。

三、研究自治区自治条例的意旨（寓意）

自治区自治条例的制定启动于1957年，[1]5个自治区先后十几次、甚至几十次地易其稿，虽然都没有最终完成，但经过前后断断续续50多年的努力，历经几代人的工作，积累了丰富的经验与教训，这也是一笔宝贵的财富。如何总结前人的经验，寻找失

---

〔1〕 现存最早的自治区自治条例（草案）文本，是1958年《广西壮族自治区自治条例（草案）》。

败的原因，使先前的工作与后续工作有机连接，是这一问题研究的起点。所以，研究自治区自治条例的意旨，就是为制定条例寻求理论依据和具体方案。

制定条例是宪法赋予自治机关的一项法定权力，是构成民族区域自治制度的有机部分与重要内容，也是真正实施民族区域自治制度的标志。时至今日，自治州、自治县基本上完成了自治条例的制定与修改，只有5个自治区的条例，历时十几载，却始终不能出台。自治区自治条例不同于自治州和自治县的自治条例，其是民族区域自治法律制度的重要一环，它的缺失将是民族区域自治制度的一个重大缺陷。因此，研究条例的基本理论、指导思想、立法环境、立法原则、立法技术和立法程序等方面的问题，对条例的制定有重要价值，它能否制定、颁布，拷问着中国民族区域自治制度的成熟与否，也考验着我们坚定实施民族区域自治制度的决心与毅力。将自治区自治条例放在中国社会主义法律体系的框架内来审视，要有全球化的视野，平衡统一性与特殊性的关系，不能只是着眼于本地区与本民族的利益。自治条例不具备划分中央与地方事权的功能，规范的是自治权与自治机关的行使自治权的行为，明确自治机关的权利与责任，划清自治机关作为与不作为的界限，才是条例要规范的基本内容与功能。所以，自治条例不能“照抄”或“模仿”民族区域自治法的样式。

自治区自治条例的制定是完善民族区域自治制度的重要环节，是迈上自治台阶的基础。自治区自治条例不同于自治州与自治县自治条例，它调整的是中央与地方的关系，在民族法律体系中起着承上启下的作用，条例能否出台，是民族区域自治制度与民族区域自治法能否真正实施的标志。其上位链接宪法与民族区域自治法，其下位链接自治州自治条例、自治县（旗）自治条例和单行条例。

民族区域自治制度是我国一项基本政治制度，这一制度也是迄今为止被证明为解决多民族国家内民族问题的一项成功的制度，受到国际社会的关注，尤其是在全球民族主义思潮发展的今天。而自治区自治条例是中国社会主义法律体系不可或缺的组成部分，在民族法制体系中起着承上启下的作用，是自治机关行使自治权的法律依据，制定自治条例，对完善民族区域自治法律制度，实现以法治国，促进自治区政治文明建设具有深远意义。

制定自治区自治条例有利于促进民族团结、维护国家统一、打击分裂主义和国际恐怖主义。分裂主义和恐怖主义存在的根本原因就在于经济社会发展的不平衡和少数民族在政治上的不平等。制定自治条例，规范自治机关的行为，使党和国家的民族政策真正落实，才能从根本上铲除分裂主义和恐怖主义产生的土壤，促进民族团结、维护国家统一。

制定自治区自治条例，可以保障自治机关依法行使自治权，激发自治机关的能动性和创造性，有效地调整全球经济一体化所要求的统一性与民族区域自治制度所体现的特殊化的矛盾，能为推进少数民族地区的社会经济发展与现代化进程、加快实现“西部大开发”战略提供重要的制度保证。

第一章：自治区自治条例起草的历程

一、广西起草自治条例的状况

（一）广西壮族自治区自治条例起草历程

广西壮族自治区自治条例的制定，起始于广西壮族自治区成立之时。1957年7月15日，第一届全国人民代表大会第四次会议批准成立广西壮族自治区。同年9月4日，在南宁市举行的广西省第一届人民代表大会第五次会议上，成立了以韦国清为主任委员，李任仁、覃应机、陈再励、莫乃群、卢绍武为副主任委员，王浩等35人为委员的广西壮族自治区筹备委员会，启动具体的筹备工作。筹备委员会设立了法制处，负责草拟《广西壮族自治区自治条例（草案）》与《广西壮族自治区人民代表大会和人民委员会组织条例（草案）》的工作。全国人民代表大会民族委员会派出工作组亲临广西指导起草工作，并多次组织省直机关厅局负责人共同研究讨论，经综合各方面的意见，历时4个多月，进行了7次修改最终形成了条例的草案。

1958年3月5日至13日，广西壮族自治区第一届人民代表大会第一次会议在南宁召开，与会代表401人，列席代表478人。广西壮族自治区筹备委员会副主任委员、大会秘书长覃应机向大会作了《关于〈广西壮族自治区人民代表大会和人民委员会组织条例（草案）〉及〈广西壮族自治区自治条例（草案）〉的说明》的报告。13日，大会通过了这两个条例草案。

《广西壮族自治区自治条例（草案）》设序言；总则；广西壮族自治区的自治机关；广西壮族自治区的财政；广西壮族自治区的经济建设；广西壮族自治区的文化、教育和卫生建设；附则。共六章69条。

在第一章“总则”中规定：“广西壮族自治区是中华人民共和国领导下的民族自治地方”，“广西壮族自治区保障区内各民族的平等权利。根据互相尊重、各得其所，互相帮助、共同发展的方针，进一步调节各民族之间的关系。禁止对任何民族的歧视和压迫，禁止破坏各民族团结的行为”。“自治区保障区内各民族都有使用和发展自己的民族语言文字的自由，都有保持或者改革自己的风俗习惯的自由。”“保障区内各民族自治地方的自治权利；帮助区内有条件建立民族自治地方或者民族乡的其他少数民族，成立民族自治地方或者民族乡；保障散居民族成份的平等权利。”

在第二章“广西壮族自治区的自治机关”中规定：“广西壮族自治区人民代表大会是自治区的权利机关。”“广西壮族自治区人民委员会，即自治区人民政府，是自治区人民代表大会的执行机关。”“广西壮族自治区的自治机关，根据国家干部政策，遵守干部共产主义化的原则，积极培养民族干部，逐步实现民族化。”自治区的自治机关“在执行职务的时候，使用壮汉两种语言文字。”“自治区各级人民法院对于少数民族聚居或者杂居的地区执行职务的时候，应当用当地通用的语言进行审讯，用当地通用的文字发布判决书、布告和其他文件。对于不通晓当地通用的语言文字的当事人，应当为他们翻译。”“自治机关采用有利于社会主义建设、有利于民族团结的民族形式工作。”

另外，《广西壮族自治区自治条例（草案）》对自治区的财政、经济建设、文化、教育和卫生建设等方面都作了具体规定。在财政管理方面规定：自治区“根据国家财政体制的统一领导、分级管理的方针，结合自治区的特点和经济建设的需要，编制长期财政计划和年度预算，全面地、合理地使用地方财力，行使财政管理权限。”在经济建设方面规定：自治区“根据经济建设的方针任务和人民生产生活需要，在国家统一的建设方针指导下，充分利用本地区地处亚热带的优势条件和丰富的物质资源，发挥各族人民的力量，大力发展工农业生产，积极进行各项经济建设，繁荣各民族经济，使自治区成为有现代工业和现代农业的民族自治地方。”在文化、教育和卫生建设方面规定：自治区“加强社会主义内容的、民族形式的文化、教育和卫生建设事业。逐步提高各民族人民的科学文化水平。”“采取巩固提高和稳步发展的方针，逐步普及小学义务教育，大力提高中等学校教育质量；根据生产建设需要，增设中等技术学校，健全现有专科院校和民族学院，并且根据需要和条件继续发展大学教育。”“自治区注意发展山区的少数民族学校教育。”

1958年3月13日广西壮族自治区第一届人民代表大会第一次会议审议时作出决定：“将《广西壮族自治区自治条例（草案）》提交全自治区各族人民进行广泛的讨论，并责成广西壮族自治区人民委员会收集各方面的意见，加以研究修正，再提交自治区人民代表大会另一次会议讨论通过，报请全国人民代表大会常务委员会批准后实行。”[1]后因各种原因，使这项工作尚未完成。

致使《广西壮族自治区自治条例（草案）》审议批准程序中断的主要原因，是1957年下半年出现的阶级斗争扩大化对民族区域自治政策贯彻实施的影响。在1957年8月召开的广西省第一届人民代表大会第五次会议上，就把“反右派”当作会议的重要内容，特别是在民族问题上，把一些要求成立民族自治地方的干部说成是“闹民族独立”，是搞“地方民族主义”。把要求培养民族干部说成是“排斥汉族干部”，“反对民族团结”。1957年10月15日，中共中央发出《关于在少数民族中进行整风和社会主义教育的指示》后，属于文件规定的一类地区的广西少数民族地区的城乡，展开了大规模的关于资本主义和社会主义两条道路的大辩论，同时开展批判地方民族主义和反右派斗争。1957年11月，在全省专区、市、县民委主任会议上，更是提出了“结合批判民族主义，主要是少数民族干部中的地方民族主义倾向”，接着在民族地区广泛开展了批判地方民族主义运动。在大辩论中，错误地提出所谓“地方民族主义”的主要表现：一是在民族关系上，有的少数民族对汉族采取排外，主张民族单干，反对民族团结互助。二是在民族区域自治问题上，有排外情绪，建立带有分离主义的独立王国等。三是在民族干部问题上，片面强调民族化，不讲共产主义化，企图削弱党的领导等。据统计，在反右斗争中，广西有700多名少数民族干部被划为右派分子或地方民族主义分子。而1957年下半年至1958年3月，正是筹备成立广西壮族自治区，制定上述

〔1〕《关于广西壮族自治区自治条例（草案）的决议》，载《广西民族区域自治文件资料汇编》，广西壮族自治区民族事务委员会1988年编印，第254页。

两个条例草案的关键时期。在这种“左”的思想的影响下，党的民族区域自治政策的实施受到了严重干扰。可想而知，《广西壮族自治区自治条例（草案）》的出台就是“生不逢时”，中断其审批程序是必然的结果。

尽管如此，《广西壮族自治区自治条例（草案）》仍对后来民族自治地方的立法工作产生了一定的影响，正如全国人大民族委员会顾问史筠评论的：“这个条例草案虽然没有正式颁布，但是那是一份相当完备的自治条例草案。它对我们后来起草自治法，特别对延边、内蒙起草自治条例起到了重要的参考作用。”〔1〕

1980年10月，根据中共十一届三中全会的精神，经广西壮族自治区党委同意，自治区第五届人民代表大会常务委员会第五次会议决定，重新起草广西壮族自治区自治条例，并于1981年草拟了第一稿。当时正值全国人大常委会修改宪法并起草民族区域自治法，为了与宪法和民族区域自治法的规定保持一致，自治区人大常委会暂停了广西壮族自治区自治条例的起草工作。

1982年，修改后的宪法正式颁布，恢复了1954年《宪法》关于民族自治地方的人民代表大会“有权依照当地民族的政治、经济和文化的特点制定自治条例和单行条例”的规定。《民族区域自治法》于1984年5月颁布，标志着我国民族工作进入了法制化管理的轨道，为进一步完善民族区自治制度提供了法律保障。在这一形势的推动下，自治区人民代表大会常务委员会又启动了广西壮族自治区自治条例的起草工作，这一阶段前后历时3年之久，

〔1〕 史筠：《在广西壮族自治区领导干部贯彻全国民族团结进步表彰大会精神学习班上的讲话》，载《广西民族区域自治文件资料汇编》，广西壮族自治区民族事务委员会1988年编印，第82页。

工作量空前巨大，多次深入各有关地、市、县（自治县）进行调查，尽可能征求各方面的意见、建议，对具体条款反复进行研究修改，几易其稿，最终于1987年形成了《广西壮族自治区自治条例（草案）》第13稿。1987年3月，中共广西壮族自治区委员会将此草案上报中共中央。随后，中共中央办公厅将草案批转全国人大民族委员会"会商有关部门办"，即征求国务院有关部门的意见。

中共广西壮族自治区委员会在上报中共中央的文件中指出："草案是根据宪法和民族区域自治法规定的原则，同时根据广西各民族的政治、经济和文化的特点及发展的需要，以及从各自的优势，正确处理好壮族和汉族以及其他少数民族之间的关系，保障自治区内各民族平等、团结、互助的社会主义新型民族关系的发展，促进各民族的共同繁荣进步。"[1]在自治机关的组成方面，上报文件指出：该草案充分考虑到"广西是全国少数民族人口最多的自治区，为了使自治机关充分行使自主权，保障实行区域自治的民族管理本民族内部事务的权利，发挥各族人民当家作主的积极性，根据我区的实际情况和历史条件，在《自治条例（草案）》中，规定自治机关的组成人员应配备的不低于其人口比例的要求。这是因为自治区成立已近三十年了，自治机关（主要是政府）的组成人员中，壮族和其他少数民族干部所占的比例一直偏低，与其实行民族区域自治的民族地位不大相称。""现在，壮族干部和其他少数民族干部已茁壮成长，素质也不断提高，在自治机关

---

〔1〕 中共广西壮族自治区委员会《关于送审〈广西壮族自治区自治条例（草案）〉的报告》，桂报字〔1987〕4号，1987年3月25日。

组成人员中，按一定比例配备少数民族干部是可以办得到的。"[1]根据这一理由，《广西壮族自治区自治条例（草案）》中规定："自治区人民代表大会常务委员会的组成人员中，壮族公民所占比例不低于本民族人口所占的比例，其他少数民族也应有适当名额的人员，应当有壮族的公民担任主任或副主任。"同时规定："自治区主席由壮族公民担任。自治区人民政府的其他组成人员，壮族所占的比例不低于其人口所占的比例，其他少数民族人员也要尽量配备。""自治县和少数民族聚居的市、市辖区、县人民代表大会常委会中，应当有壮族的公民担任主任或副主任，市长、区长、县长由壮族公民担任。"

《广西壮族自治区自治条例（草案）》还对自治机关的自治权、对外贸易的自主权、在广西的中央企事业单位给广西让利，照顾地方利益等问题，作了比较具体的规定。"要求中央继续在财政、科学技术等方面给予支持，在政策上应比一般省更宽一些，给我区多一些自主权。"[2]

《广西壮族自治区自治条例（草案）》送审稿的这些规定，是对民族区域自治法的规定和一些原则进行具体化、操作化的立法探索，对自治机关的构成及自治权的权限也作了具体的规定。但是，全国人大民族委员会认为，1987年3月《广西壮族自治区自治条例（草案）》送审稿存在两个方面的问题："一是宪法规定自治条例要'依照当地民族的政治、经济和文化的特点'制定，而'草

---

〔1〕 中共广西壮族自治区委员会《关于送审〈广西壮族自治区自治条例（草案）〉的报告》，桂报字〔1987〕4号，1987年3月25日。

〔2〕 中共广西壮族自治区委员会《关于送审〈广西壮族自治区自治条例（草案）〉的报告》，桂报字〔1987〕4号，1987年3月25日。

案’的规定比较一般化，尚未深刻反映广西的特点；二是国务院有关部委的意见同广西的要求有较大距离，反映出对民族区域自治法所规定的精神，认识不大一致。”[1]

1987年10月，中国共产党召开了第十三次全国代表大会，提出了我国还在社会主义初级阶段的理论，进一步明确了建设有中国特色的社会主义，实行有计划的商品经济的方针。1988年4月又召开了全国民族团结进步表彰大会，明确提出了新的历史时期民族工作的方针任务。1988年6月，自治区党委、自治区人民政府举办有区直各部、委、办、厅、局以及各地、市主要领导参加的贯彻全国民族团结进步表彰大会精神的学习班，围绕如何贯彻《民族区域自治法》，推进广西改革开放以及巩固和发展广西社会主义民族关系等问题进行了讨论。根据中共第十三次全国代表大会和全国民族团结进步表彰大会的精神，在全国人大民族委员会工作组的帮助之下，1988年6月，中共广西壮族自治区委员会、自治区人大常委会、自治区人民政府成立了以中共广西壮族自治区委员会副书记陶爱英为组长的“修改自治区自治条例（草案）领导小组”，下设有各有关厅局领导参加的工作班子和写作班子，对1987年自治条例（草案）送审稿进行修改。1989年3月，自治区人大常委会副主任韦章平带领自治区自治条例（草案）修改写作班子的有关人员，赴北京向全国人大民族委员会汇报修改情况，并就起草工作中的有关问题交换意见。全国人大民族委员会有关人员与广西赴京汇报组人员对《广西壮族自治区自治条例（草案）》修改稿逐句进行讨论修改。对上级国家机关的决议、决定、

〔1〕 全国人大常委会《简报》1989年第4期。

命令、指示的变通执行或停止执行问题；自治区有权采取特殊政策和灵活措施加快经济文化建设事业的发展问题；自治机关的组成、机构编制及企事业单位招收少数民族人员问题；自治机关制定经济建设方针、政策、计划和管理地方经济建设问题；资源保护、管理及国家开发资源照顾地方和群众利益问题；自主安排基本建设问题；自治区财政体制问题；对外贸易问题等，都进行了认真讨论和修改，加大了有关经济条款的内容。这次讨论，为进一步修改自治区自治条例（草案）提供了经验。〔1〕

1988年至1990年，在全国人大民族委员会的具体指导下，几经修改，数易其稿，最终完成了第18稿的修改稿。1990年年底，中共广西壮族自治区委员会再次呈报中共中央审定。国务院法制委员会将送审稿送国务院有关部门征求意见。由于当时正处于国内形势的敏感时期，中国改革开放的方向与目标忽明忽暗，建设社会主义市场经济体系的决心还举棋不定。此时，国家政策环境与民族区域自治法的规定、中央与民族自治地方的事权划分不清，双方诉求差距甚大。特别是1992年年初，邓小平同志南方讲话和中共十四大提出：经济体制改革的目标是建立社会主义市场经济体制。于是，邓小平同志的讲话精神和建立社会主义市场经济体制的要求，如何体现在自治区自治条例的条文中就成了起草广西壮族自治区自治条例的新课题，为此自治区自治条例的起草与修改工作又不得不停下来。

自治区人大于1993年7月召开立法工作座谈会，研究了如何进一步开展自治区自治条例（草案）起草工作的问题，并于8月成

〔1〕 参见《当代广西民族工作》，广西人民出版社2000年版，第400～401页。

立了自治条例（草案）起草领导小组，下设办公室，负责具体工作。结合新形势与新需求，在调查研究和反复讨论的基础上，于当年10月形成了自治条例（草案）第19稿，由于对形势把握不准，5个自治区都在相互观望，此稿最终未报送中央。

广西壮族自治区自治条例的制定工作虽然还没有最终完成，但经过前后断断续续30多年的努力，历经几代人的工作，积累了丰富的经验，为今后的继续制定和修改工作打下了基础。

（二）广西壮族自治区自治条例1958年与1990年草案文本

《广西壮族自治区自治条例（草案）》先后完成了19个文本，对于研究者而言，1958年和1990年文本最具研究意义。1958年文本，是目前所知5个自治区中最早起草的自治条例文本，它既反映了当时起草者对民族区域自治制度与自治条例的认知程度，也反映了当时对实现民族区域自治的信心与期望，是自治区自治条例制定的肇端。而1990年文本（第18稿），是5个自治区自治条例起草文本中唯一一个呈报中共中央审定和送国务院有关部门征求意见的文本，具有里程碑意义。

1.广西壮族自治区自治条例1958年草案文本

1958年《广西壮族自治区自治条例（草案）》

序　言

广西壮族自治区是中华人民共和国领导下的民族自治地方。自治区内的各族人民，在长期相处和生活斗争中，共同创造了广西的历史和文化，对祖国的缔造作出了贡献。

自治区各族人民经过了太平天国运动和历次革命斗争，终于在中国共产党领导下的反对帝国主义、封建主义和官僚资本主义的革命斗争中，共同获得了解放。解放八年来，又取得了五大运动、三大改造的伟大胜利，以及社会主义建设的巨大成就。从而使各民族人民永远摆脱了贫困的命运，并且铲除了产生民族压迫的阶级根源，建立起社会主义制度下的民族平等、团结互助、友爱合作的新关系。

自治区各民族人民从历史的实践中，深切地体验到，必须在中国共产党的领导下，巩固各民族之间的团结，坚决走社会主义道路，才能达到共同发展、繁荣、幸福的社会主义社会。

广西壮族自治区自治条例，根据国家过渡时期的总任务和本自治地方的特点，在肯定了过去成绩的基础上，规定了自治区今后对政治、经济和文化建设的各项任务，反映了各民族人民建设社会主义社会的共同愿望。

自治区继续加强民族团结，巩固工农联盟，发挥各民族人民社会主义积极性，在中国共产党领导下，和全国人民一道，为将祖国建设成为具有现代工业、现代农业和现代科学文化的社会主义强国而奋斗。

第一章　总则

第一条　广西壮族自治区条例，根据中华人民共和国宪法第二章第五节制定。

第二条　广西壮族自治区是中华人民共和国领导下的民族自治地方。

广西壮族自治区以原广西省的行政区为自治区的行政区域。

第三条 广西壮族自治区保障区内各民族的平等权利。依据互相尊重、各得其所，互相帮助、共同发展的方针，进一步调节各民族之间的关系。禁止对任何民族的歧视和压迫，禁止破坏各民族团结的行为。

自治区保障区内各民族都有使用和发展自己的语言文字的自由，都有保持或者改革自己的风俗习惯的自由。

第四条 广西壮族自治区保障区内各民族自治地方的自治权利；帮助区内有条件建立民族自治地方或者民族乡的其他少数民族，成立民族自治地方或者民族乡；保障散居民族成分的平等权利。

自治区积极帮助区内少数民族发展经济、文化事业。

第五条 广西壮族自治区应当不断地从各民族人民中发展和壮大工人队伍，巩固在工人阶级领导下的工农联盟，团结一切爱国的、拥护社会主义的社会力量，发挥社会主义统一战线的积极作用。

第六条 广西壮族自治区在进行各项工作的时候，要充分注意不同民族不同地区的特点。在处理民族之间和民族内部问题的时候，应当尊重少数民族人民的意见，并且和人民群众有联系的代表人物充分协商。

第七条 广西壮族自治区设立人民代表大会和人民委员会。自治区人民代表大会和人民委员会是自治区的自治机关，是中华人民共和国的地方国家机关。

自治区的自治机关和其他机关，一律实行民主集中制。

第八条 广西壮族自治区在中国共产党和中华人民共和国国务院领导下，团结区内各民族人民，保证优先发展国营经济，巩固提高农业生产合作社与手工业生产合作社，继续完成对资本主义工商业的社会主义改造，加速社会主义建设。

第九条 广西壮族自治区在国家的国民经济计划指导下，根据国家在优先发展重工业的基础上，发展工业和发展农业同时并举以及勤俭建国的方针，结合自治区政治、经济、文化等方面的特点，在相当时期内，在以发展农业生产为重点的同时，积极地发展地方工业，相应地发展交通运输业和商业，加强文化，教育和卫生建设事业，在生产发展、劳动生产率提高的基础上，逐步改善人民生活。

第十条 广西壮族自治区加强对区内各民族人民的社会主义教育，加强对资产阶级分子和资产阶级知识分子的思想改造，逐步完成政治战线上和思想战线上的社会主义革命。

自治区经常地在区内各民族人民中进行爱国主义、国际主义和民族政策的教育，不断地批判大民族主义和地方民族主义思想，巩固民族团结。

第十一条 广西壮族自治区内各民族公民享有宪法规定的公民权利。

自治区保护国外华侨在自治区内的一切正当权利和利益，并且教育和领导侨眷、归侨积极参加社会主义建设。

自治区领导社会团体和合作社，适当安排缺乏劳动力和生活没有依靠的鳏、寡、孤、独者的生产、生活，并且教育各民族公民尊敬老人和革命残废军人。

自治区内各民族公民有宗教信仰自由。

第十二条 广西壮族自治区内的妇女，在政治的、经济的、文化的、社会和家庭的生活各方面享有同男子平等的权利。禁止虐待妇女的行为。发扬妇女参加劳动生产的优良传统、实行男女同工同酬。

自治区关怀妇女、儿童的身心健康，关怀青年的德育、智育和体育的发展。

第十三条 广西壮族自治区注意安排复员军人和退役军人的生产活动，加强对复员军人和退役军人的政治思想教育，发挥他们在社会主义建设中的积极作用。

第十四条 广西壮族自治区巩固人民民主专政，保卫社会主义制度。坚决镇压一切反革命现行破坏活动，肃清一切特务、间谍和残余反革命分子；依法惩办杀人、纵火、盗窃、严重破坏社会秩序、强奸和迫害妇女的罪犯；取缔会道门、严禁赌博以及一切不利于社会主义建设的非法活动。

自治区采取有效措施，加强对于已经吸收入合作社或者由社监督生产的过去的地主分子、已经放弃剥削的富农分子和过去的反革命分子的教育与管理，制裁他们任何的破坏行为。

第十五条 广西壮族自治区依照国家法律的规定，实施义务兵制度，教育各族人民履行服兵役的义务。积极支援国家武装部队，巩固祖国国防。

自治区组织人民警察，动员民兵，维护社会治安，保卫社会主义建设。

第二章 广西壮族自治区的自治机关

第十六条 广西壮族自治区人民代表大会是自治区的权力机关。

广西壮族自治区人民委员会，即自治区人民政府，是自治区人民代表大会的执行机关。

第十七条 广西壮族自治区人民代表大会代表名额和代表产生办法，按照中华人民共和国选举法的规定。

自治区人民代表大会每届任期四年。

自治区人民代表大会会议每年举行一次，在必要的时候，可以临时召开。

第十八条 广西壮族自治区人民委员会由自治区人民代表大会选举主席一人、副主席若干人和委员若干人组成。

自治区人民委员会每届任期和自治区人民代表大会每届任期相同。

自治区人民委员会会议每月举行一次，在必要的时候，可以临时召开。

第十九条 广西壮族自治区人民委员会对自治区人民代表大会负责并报告工作。

自治区人民委员会是在中华人民共和国国务院统一领导下的地方国家行政机关，服从国务院。

第二十条 广西壮族自治区人民代表大会和人民委员会的组织和工作，由广西壮族自治区人民代表大会和人民委员会组织条例规定。

第二十一条 广西壮族自治区各级人民法院依照中华人民共和国人民法院组织法的规定，行使审判权。

自治区高级人民法院院长、中级人民法院院长由自治区人民代表大会选举产生。

自治区高级人民法院对自治区人民代表大会负责并报告工作。

自治区各级人民法院的审判工作受上级人民法院监督。

第二十二条 广西壮族自治区高级人民法院、中级人民法院的组织和工作，按照中华人民共和国人民法院组织法的规定。

第二十三条 广西壮族自治区的自治机关，根据国家干部政策，遵循干部共产主义化的原则，积极培养民族干部，逐步实现民族化。

第二十四条 广西壮族自治区人民代表大会代表名额，以人口为基础，并且适当照顾居住分散或者人口特少的少数民族，使各民族都有适当的代表名额。

第二十五条 广西壮族自治区在选拔干部的时候，应当注意选拔具有一定文化程度的工农优秀分子和经过改造的、同工农群众有密切联系的优秀知识分子。

自治区应当不断提高干部的马克思列宁主义水平和业务能力，使他们成为德才兼备的干部。对于青年知识分子和其他非劳动人民出身的干部，应当鼓励他们参加劳动生产或者基层工作锻炼；对于工农出身的干部，应当帮助他们提高文化。

第二十六条 广西壮族自治区对于在少数民族地区工作的汉族干部，鼓励他们积极学习当地的民族语言文字，熟悉当地民族情况，建立和群众的密切联系，树立长期为少数民族人民服务的思想。

自治区鼓励少数民族干部积极学习汉语汉字。

第二十七条 广西壮族自治区的自治机关，在执行职务的时候，使用壮、汉两种语言文字。

自治区各级人民法院对于少数民族聚居或者杂居的地区执行职务的时候，应当用当地通用的语言进行审讯，用当地通用的文字发布判决书、布告和其他文件。对于不通晓当地通用的语言文字的当事人，应当为他们翻译。

第二十八条 广西壮族自治区的自治机关采用有利于社会主义建设、有利于民族团结的民族形式进行工作。

第三章 广西壮族自治区的财政

第二十九条 广西壮族自治区的财政是国家财政的组成部分，是一级财政。

自治区的财政由自治区和所辖各民族自治地方、市、县的财政组成。

第三十条 广西壮族自治区的财政管理，根据国家财政体制的统一领导、分级管理的方针，结合自治区的特点和经济建设的需要，编制长期财政计划和年度预算，全面地、合理地使用地方财力，行使财政管理权限。

第三十一条 广西壮族自治区根据国家的税收政策，结合区内各地区经济发展情况和民族特点，对于各项税收的税种开征、停征、税目增减、税率变更和特殊减免，以及各项支出的开支标准、定员定额、依照国家法律规定的权限，提出建议或者提出规定。

第三十二条 广西壮族自治区依照中华人民共和国国务院关于改进财政管理体制的规定，结合本自治地方的情况，管理自治区的工业、手工业、农业、林业、畜牧业、水利事业、渔业、商业、邮电、交通运输、公用事业、合作事业、城市建设、公私营企业和文化教育、卫生、科学研究等事业。

自治区加强对于区内中央企业的支援，积极帮助他们改善经营管理，完成生产计划和财务计划。

自治区内的企业和事业应当本着统一领导分级管理的原则，

确定对于企业、事业财政管理的权限，以充分发挥他们的积极性。

第三十三条 广西壮族自治区的财政收入，包括自治区所属企业和事业收入、工商各税收入、农业税收入、公债收入、各种规费收入、公产收入、行政司法罚款以及没收收入、其他杂项收入、中央企业分成收入、中央补助收入、上年结余收入。

自治区应当从增加生产、扩大物资交流方面培养财源，积极组织收入，逐步扩大积累，以适应自治区经济、文化等建设事业发展和支援国家建设的需要。

第三十四条 广西壮族自治区的财政支出，包括自治区所属工业、手工业、农业、水利、林业、水产、气象、商业、交通运输、邮电、公用事业、城市建设、文化、教育、干部训练、科学、新闻出版、通讯广播、体育、卫生、优抚救济、行政经费、其它支出、上解支出、预备费。

自治区的财政支出，依照本条例第八条规定原则，进行统筹安排，合理使用，厉行节约，以保证各项建设计划的顺利实现。

第三十五条 广西壮族自治区在充分发挥各民族自治地方、市、县管理财政的积极性和保证自治区重点建设的原则下，确定自治区和各民族自治地方、市、县的财政管理权限和收支范围。

自治区保障区内各民族自治地方行使财政管理权限，并且根据各民族自治地方的经济情况，在财政上给予适当的照顾。

第四章 广西壮族自治区的经济建设

第三十六条 广西壮族自治区根据国家经济建设的方针任务和人民生产生活的需要，在国家统一的建设计划指导下，充分利用本区地处亚热带的优越条件和丰富的物质资源，发挥各族人民的力量，大力发展工农业生产，积极进行各项经济建设，繁荣各民族经济，使自治区成为具有现代工业和现代农业的民族自治地方。

自治区根据建设的需要，加强地下资源、水力综合利用的勘探和农业、林业以及其它地面资源的调查工作。

第三十七条 广西壮族自治区保障农业合作化制度，领导各民族农民，巩固和提高农业生产合作社，随着国家工业化的发展，逐步实现农业机械化。

自治区加强农业生产合作社的政治思想工作，贯彻执行民主办社、勤俭办社的方针，在国家计划指导下，发挥合作社集体经济的优越性，合理地处理合作社的收益分配，不断地扩大合作社的再生产。

自治区加强各民族联合社的领导，经常进行民族团结教育。合作社在安排生产的时候，应当根据各民族的特点，发挥各民族的生产特长。

自治区对于山区少数民族的农业生产合作社给予必要的财力、物力和技术上的支援。

第三十八条 广西壮族自治区根据需要和可能，发展国营农场、林场、畜牧场和园艺场，同时加强对于现有的国营农场、林场、畜牧场和园艺场的领导，积极改进经营管理，提高劳动生产率，降低成本，增加产量。

第三十九条 广西壮族自治区在农业生产中，保证粮食生产的优先发展，同时因地制宜地发展经济作物和各种经营，积极支援国家工业建设和逐步满足人民生活不断增长的需要。

自治区采取兴修水利、增加农家肥料以及化学肥料、扩大复种面积、改良土壤、推广优良品种和推广先进生产技术等有效措施，提高农作物单位面积产量。

自治区根据可能条件，开垦荒地，扩大耕地面积。

第四十条 广西壮族自治区领导各民族人民积极兴修水利，逐步扩大灌溉面积，以保证农业增产。

自治区的水利建设，以抗旱为主，结合进行防洪排涝。采取社办公助的办法，大量兴修中小型水利，并且由国家投资，重点举办大型水利工程，因地制宜地建设灌溉系统。

自治区在水利建设中结合植树造林，开展水土保持工作。

第四十一条 广西壮族自治区加强山区生产领导，采取农业、林业、畜牧业、副业等综合发展的方针，因地制宜，改进生产技术，挖掘生产潜力。大力发展各种经济作物、土特产和副业生产，并且争取粮食生产达到自给、有余。

第四十二条 广西壮族自治区积极发展甘蔗、橡胶、咖啡、果类、香料、油料、麻类、茶叶、蚕桑、药材等亚热带作物和经济作物。

自治区各有关部门应当加强对经济作物生产的技术指导，并且在经济作物地区作好产品收购和物资供应工作。

第四十三条 广西壮族自治区充分利用区内荒山荒地，大力发展林业生产，有计划地发展用材林和经济林，逐步完成全区的绿化。

自治区大力开展群众性的造林护林运动，实行社种社有的政策，并且鼓励社员在自己宅旁园地种树，自种自有。

自治区采取有效措施，保护现有森林资源，加强护林防火，禁止一切破坏森林的行为；加强森林经营管理，做到合理利用、合理采伐。

第四十四条 广西壮族自治区积极发展畜牧业，鼓励各族人民大量饲养牛、猪、马、羊等牲畜，以满足农业生产的畜力需要，保证肉类供应和增加肥料来源。

自治区采取有效措施，改良牲畜品种，加强畜疫防治工作，提高育成率。并且根据不同情况，分别建立各种牲畜的繁殖基地。

自治区鼓励群众适当的繁殖各种家禽，大量的发展养蚕养蜂等各种副业生产。

自治区鼓励群众积极发展淡水养鱼。并且注意保护母鱼，繁殖鱼苗。

自治区内没有养猪习惯的少数民族，应当根据当地条件饲养其它牲畜。

第四十五条 广西壮族自治区地方工业的发展，应该贯彻执行和农村经济密切结合，为农村经济和国家建设服务以及多、快、好、省的方针，有计划地发展化学工业、黑色金属工业、有色金属工业、非金属工业、燃料和电力工业、农业机械以及其它机械工业、制糖工业、造纸工业、农林产品和土特产品加工工业、日用品工业等重工业和轻工业。

自治区的地方工业，应当本着现代技术和手工技术相结合，大、中、小型相结合的原则进行建设。

第四十六条 广西壮族自治区的地方工矿企业，应当在中国共产党各级党委和自治区各级人民委员会的领导下，贯彻实行党委领导下的分工负责制和职工代表大会制度，坚持勤俭办企业的方针，发挥工人职员的劳动积极性和创造性，开展增产节约运动，改善经营管理，为国家培养建设人才和积累建设资金。

第四十七条 广西壮族自治区贯彻执行民主办社、勤俭办社的方针，巩固和提高手工业生产合作社，发挥手工业的积极作用，使之成为现代工业的有力助手。根据需要和可能，逐步进行技术改造，并且安排部分手工业合作社发展成为国营企业。

第四十八条 广西壮族自治区加强对公私合营企业的领导，继续完成国家对资本主义工商业社会主义改造的任务。

第四十九条 广西壮族自治区注意吸收各民族劳动人民参加工业生产建设。积极培养工业建设方面的少数民族技术人才和管理干部。

第五十条 广西壮族自治区的交通运输事业，贯彻执行为发展生产、繁荣经济服务的方针。积极地有计划地建设全区的交通运输网。

自治区加强山区交通运输业的建设，在财力、人力和物力方面给予适当支援和照顾。

第五十一条 广西壮族自治区根据需要和可能，修建自治区内县、市、主要集镇、工矿区、森林工业区、农垦区、国营农场等之间的公路。采取社办公助或者合作社自办的办法，修建乡村大道、山区人行道和驮运道，并且加强对现有公路的养护工作。

自治区依靠群众的力量积极疏浚河流干道，整洁小河支流，增辟轮船航道，改善和延长民船航线，充分发挥驳船和木帆船的运输作用。

第五十二条 广西壮族自治区加强邮电事业的建设，增建乡村电话，扩大邮政业务，逐步做到乡乡、社社通电话、通邮政。

第五十三条 广西壮族自治区的商业，贯彻执行为生产服务、为消费服务的方针、扩大城乡物资交流，积极收购农、副产品和土特产品，做好生产资料和生活资料的供应。

自治区积极开展山区贸易，促使山区经济的发展。

第五十四条 广西壮族自治区贯彻执行国家对粮食、油料、棉花、棉布和其它主要物资统购统销和统一收购的政策。加强市场管理，不断的和资本主义自发趋势进行斗争，保持市场物价的稳定。

自治区在贯彻执行统购统销政策中，对于少数民族的某些特殊需要，给予适当照顾。

第五十五条 广西壮族自治区积极开展国家银行信贷业务，鼓励人民节约储蓄，积累建设资金，为发展工农业生产、扩大商品流转服务。

自治区加强对农村信用合作社的领导，大力开展存放业务，调剂农村资金，帮助农业社和社员解决生产生活上的困难。

第五章 广西壮族自治区的文化、教育和卫生建设

第五十六条 广西壮族自治区加强社会主义内容的、民族形式的文化、教育和卫生建设事业。逐步提高各民族人民的科学文化水平。

第五十七条 广西壮族自治区在区内的壮族人民中，积极稳步地推广壮文；在汉族人民中，逐步推广汉语普通话和汉语拼音方案；逐步帮助有必要和可能创造文字的少数民族，创造文字。

自治区提倡区内各民族人民在自愿原则下，互相学习彼此的语言文字。

第五十八条 广西壮族自治区积极地有步骤地开展扫除文盲工作。

自治区在各民族人民中进行扫除文盲的时候，对于已经有本

民族语言相适应的文字的民族，应当采用本民族的文字；对于没有和本民族语言相适应的文字的民族，应当采用当地通用的文字。

第五十九条 广西壮族自治区的学校教育建设事业，采取巩固提高和稳步发展的方针，逐步普及小学义务教育；大力提高中等学校教育质量；根据生产建设的需要，增设中等技术学校，健全现有专科院校和民族学院，并且根据需要和条件继续发展大学教育。

自治区注意发展山区的少数民族的学校教育。

自治区提倡勤工俭学，鼓励群众集体办学，允许个人办学。

第六十条 广西壮族自治区的学校教育，应当使受教育的学生在德育、智育、体育各方面都得到发展，成为具有社会主义觉悟的、有文化的身体健康的劳动者。

自治区的各级各类学校，应当加强社会主义思想教育，并且根据学生的年龄和体质，适当安排学生参加一定的社会主义生产劳动。

自治区的各级各类学校的学生中，应当逐步扩大工农子弟的比例，并且注意吸收山区的少数民族学生。

自治区的中等以上学校，在必要的时候，采取预备班和其它辅导方法，对山区的少数民族学生进行辅导。

第六十一条 广西壮族自治区采取稳定的步骤，在区内壮族聚居地区的小学、师范学校中，逐步推行壮文，使用壮语壮文进行教学。并且由一定的学年开始，仍然设置适当分量的汉语汉文课程。在区内汉族聚居地区的各级各类学校中，仍然使用汉语汉文进行教学。

自治区根据全国统一的学校教育制度，结合本地区的民族特点，对学制和教材方面，作出必要的补充或者变通规定。

第六十二条 广西壮族自治区的文化建设事业，贯彻执行百花齐放、百家争鸣的方针，继承和发扬各民族人民优良的文化艺术传统，帮助和鼓励社会主义现实主义的文化艺术创作，建设社会主义的、民族的新文化。

第六十三条 广西壮族自治区积极发展各种文化事业，坚持文化事业为工农兵服务的方向，有组织有领导地开展多样性、群众性的文化艺术活动。积极培养各民族的各种文化艺术人才，组成社会主义的文化艺术队伍。

自治区重视各民族的文学、戏剧、音乐、舞蹈、美术的发展和提高，团结各民族的民间艺人，发掘和整理各民族的民间文化艺术遗产。

自治区逐步发展电影事业，鼓励创作反映各民族人民政治、经济和文化生活的电影剧本。

自治区加强对新闻、广播、出版事业的领导。重视民族文字书刊的出版发行。

自治区组织对历史文物的发掘、搜集和研究工作。教育群众保护历史文物。

第六十四条 广西壮族自治区积极领导各民族人民开展群众性的体育运动，有步骤地开展国防体育活动，培养各种体育人才，不断提高体育运动水平，丰富各民族人民文化生活，增强各民族人民的体质。

自治区注意发展各民族人民固有的、有益于身心的体育活动项目。

第六十五条 广西壮族自治区根据预防为主的方针，积极发展各民族人民的保健事业。团结中、西医力量，并且发挥他们的作用，大力开展以消灭苍蝇、蚊子、老鼠和麻雀为中心的、群众性的爱国卫生运动，提高医疗质量，加强卫生预防工作。

自治区经济地指导各民族人民改善环境卫生、提高群众卫生知识水平。

自治区采取有效的措施，逐步消灭危害人民最严重的血吸虫病、疟疾病、钩虫病、性病、丝虫病和新生儿破伤风病；积极研究对麻风和各种地方病的预防和治疗。

自治区发展妇幼卫生事业，对妇女实行劳动保护。在汉族、壮族人口稠密的地区，提倡节制生育和有计划的生育。

第六十六条 广西壮族自治区有计划的培养各民族人民的医务工作人员，健全和适当的发展各级医疗卫生机构；团结和提高各民族的民间医生，充分发挥社会医疗力量。

自治区对经济贫困的少数民族地区和患有烈性传染病的各民族人民，适当减收或者免收医疗费。

自治区所属县、市以上的卫生机构，应当认真地进行中医中药的整理研究工作。有关单位应当做好中药的培植、收购和供应工作。

第六十七条 广西壮族自治区根据建设的需要和地区的特点，积极地和有重点地发展科学研究事业，逐步开展科学普及教育工作。

自治区有计划地培养各民族的各种科学工作人员，逐步建立相应的科学研究机构。加强对广西少数民族历史、各民族人民近代革命斗争史、社会经济、主要工矿业、农业、林业以及其他亚热带动植物、地质、语言文字、文化艺术、医学等的科学研究工作。

第六章　附则

第六十八条　广西壮族自治区领导机关设在南宁。

第六十九条　广西壮族自治区自治条例经广西壮族自治区人民代表大会通过，报请国务院提请全国人民代表大会常务委员会批准后施行。

2.广西壮族自治区自治条例1990年草案文本（第18稿）

《广西壮族自治区自治条例（草案）》（第18稿）

序　言

壮族是中华人民共和国少数民族中人口最多的民族，具有悠久的历史和优良的文化传统。广西是我国壮族的主要聚居区。根据第一届全国人民代表大会第四次会议的决定，在原广西省行政区域的基础上，于1958年成立了广西壮族自治区，实现了壮族人民当家作主管理本民族内部事务的权利。反映了广西各民族人民的愿望，体现了民族区域自治制度的优越性。

自古代以来广西壮族和汉族、瑶族、苗族、侗族、仫佬族、毛南族、回族、京族、彝族、水族、仡佬族等民族，共同开发和保存卫祖国南部边疆，维护祖国的统一，作出了重要贡献。一百多年来，广西各族人民曾经发动过太平天国革命运动；参加辛亥革命；

在中国共产党领导下，举行了百色起义和龙州起义，建立过左右江革命根据地，参加了抗日战争和解放战争，为反对帝国主义、封建主义和官僚资本主义，争取全国各民族解放，发挥了重要作用。自治区成立以来，坚持民族平等、团结和共同繁荣的原则，取得了社会主义革命和建设事业的巨大成就。在长期的斗争中，广西各族人民建立了亲密的不可分离的关系。

自治区地处亚热带，毗临南海，自然条件良好，资源丰富。但是经济基础比较薄弱。自治区各民族人民的根本任务是，在中国共产党领导下，在马克思列宁主义、毛泽东思想的指引下，坚持人民民主专政，坚持社会主义道路，以经济建设为中心，坚持改革开放，充分运用民族区域自治和沿海开放城市及经济开放区特殊政策，实行不同类型地区各展所长，互相协作，互相促进的发展战略，在国家的帮助下，自力更生，艰苦奋斗，为建设民族团结、繁荣、文明的自治区而奋斗。

第一章　总则

第一条　广西壮族自治区自治条例，根据中华人民共和国宪法和中华人民共和国民族区域自治法以及广西各民族的政治、经济、文化、社会的特点制定。

第二条　自治区设立自治机关。自治机关是国家的一级地方政权机关。

自治区自治机关实行民主集中制的原则。

第三条　自治区自治机关根据宪法第三章第五节的规定，行使省一级国家机关的职权，同时依照宪法和民族区域自治法以及其他法律规定的权限行使自治权。根据自治区的实际情况贯彻执行国家的法律、政策。

第四条 自治区自治机关坚决维护国家的统一，保证宪法和法律在自治区内的遵守和执行。

自治区自治机关把国家的整体利益放在首位，积极完成上级国家机关交给的各项任务。

第五条 自治区自治机关对上级国家机关的决议、决定、命令和指示，如有不适合自治区实际情况的，可以报请该上级国家机关批准，变通执行或者停止执行。

自治区自治机关对国务院及其所属部委的决议、决定、命令和指示与民族区域自治法相抵触的，按照民族区域自治法规定执行，并报全国人大常委会备案。

第六条 自治区自治机关根据本地方的情况，在不违背宪法和法律的原则下，采取特殊政策和灵活措施，加速经济、文化等各项建设事业的发展。

第七条 自治区自治机关在经济建设中，坚持从实际出发，发挥优势，自力更生，艰苦创业，团结一致，把广西建设成为民族平等，团结，繁荣的自治地方。

第八条 自治区自治机关继承和发扬优良的民族文化传统；制定符合本地方实际的文化教育方针、政策；建设具有民族特点的社会主义精神文明，不断提高各民族人民的思想道德素质和科学文化素质。

第九条 自治区自治机关保障自治区内各民族一律平等。

自治区自治机关维护和发展各民族平等、团结、互助的社会主义民族关系；禁止对任何民族的歧视和压迫，禁止破坏民族团结和制造民族分裂的行为。

自治区各民族人民都要互相信任，互相学习，互相帮助，互相尊重语言文字和风俗习惯。

自治区自治机关依法保障所属自治县的自治权利；对享受自治县待遇的县予以照顾。

第十条 自治区自治机关积极推广使用全国通用的普通话，同时保障各民族都有使用和发展自己语言文字的自由。

自治区自治机关重视壮文的研究和推广工作。

自治区自治机关保障各民族人民都有保持或者改革自己的风俗习惯的自由。

第十一条 自治区自治机关依照国家法律规定，保障各民族公民有宗教信仰的自由。

自治区自治机关禁止破坏生产，妨碍社会秩序、损害公民身心健康的封建迷信活动。

第十二条 自治区自治机关根据社会主义建设的需要，从各民族中积极培养和使用各级干部和科学技术、经营管理等专业人才和技术工人。

自治区自治机关采取多种方式、多种途径，大量培养各级少数民族干部和妇女干部。尽快做到各少数民族干部与其民族人口在自治区总人口中所占比例相适应。

第十三条 自治区自治机关加强社会主义民主与法制建设，在公民中广泛地进行民主与法制的宣传教育。

自治区自治机关加强民族区域自治的法制建设，依法制定各项必要的单行条例和地方性法规。坚持在各民族干部和群众中进行民族区域自治的法制和政策的宣传教育。经常检查民族政策和有关法律的遵守和执行。

自治区自治机关重视在各民族公民中进行巩固国防、保卫边疆的教育。

第十四条 自治区自治机关依法保护台湾同胞、港澳同胞、海外侨胞在自治区的一切正当权益。采取优惠政策鼓励台湾同胞、港澳同胞和海外侨胞参加广西的各项建设。

第十五条 自治区自治机关依照国家的军事制度和实际需要，报经国务院批准，可以组织本地方维护社会治安的公安部队。

第二章 自治机关

第十六条 自治区自治机关是自治区人民代表大会和自治区人民政府。

第十七条 自治区人民代表大会代表中，除实行区域自治的壮族代表外，汉族和其他少数民族也应当有适当名额代表。

自治区人民代表大会的代表中壮族和其他少数民族代表的名额和比例，根据法律规定的原则，由自治区人民代表大会常务委员会决定，并报全国人民代表大会常务委员会备案。

第十八条 自治区人民代表大会常务委员会的组成人员中，壮族公民所占比例相当于其人口在自治区总人口中所占的比例。

自治区人民代表大会常务委员中应当有壮族的公民担任主任或者副主任。

第十九条 自治区主席由壮族公民担任。自治区人民政府的其他组成人员，壮族人员所占比例相当于其人口在自治区总人口中所占的比例。

自治区自治机关所属各工作部门的领导人员中应有壮族或者其他少数民族人员，在其他工作人员中，也要有一定比例的壮族或者其他少数民族人员。

自治区人民政府实行主席负责制。自治区主席主持本级人民政府的工作。

第二十条　自治区自治机关对自治区所辖的壮族人口占多数的县（含县及市，不含自治县），应当由壮族公民担任县（市）长。

第二十一条　自治区自治机关根据国家规定和自治区的实际情况，进行机构改革，按照精简、统一、效能的原则，决定自治区地方国家机关、事业单位机构的设置、调整和人员编制。

在自治区举办的企业、事业单位在招收工作人员时，要根据当地民族构成情况，招收一定数量的少数民族人员。

自治区人民政府自主地补充自治机关、企业、事业单位编制内的自然减员缺额。

第二十二条　自治区自治机关及其工作人员要为政清廉，秉公办事，遵纪守法，提高工作效率，密切联系群众，接受群众的监督，努力为人民服务。

第三章　人民法院与人民检察院

第二十三条　自治区各级人民法院、人民检察院的组织和工作，依照法律的规定执行。

第二十四条　自治区高级人民法院、人民检察院的领导成员和工作人员中应当有壮族的人员。

自治区中级人民法院、人民检察院分院和县级人民法院、人民检察院，根据当地民族的构成情况，配备一定数量的少数民族人员。

第二十五条　自治区高级人民法院、人民检察院和壮族人口较多地区的中级人民法院、人民检察院分院和县人民法院、人民检察院，的检察和审理案件时，使用汉语或者壮语，并根据实际需要使用汉文或汉、壮两种文字发布法律文书。在其他少数民族聚居或多民族杂居的地区，用当地通用的语言进行检察和审理案件，用当地通用的文字发布法律文书。对不晓当地通用的语言文字的诉讼参与人，应当为他们翻译。保障各民族公民都有使用本民族语言文字进行诉讼的权利。

第四章　经济建设

第二十六条　自治区自治机关在国家计划的指导下，自主地安排和管理地方性的经济建设事业。

自治区自治机关根据自治区的特点和需要，制定经济建设的方针、政策和计划。

第二十七条　自治区自治机关依照国家法律规定，制定具体办法，管理、保护和开发本地的自然资源。

自治区自治机关在国家的支持和帮助下，对可以由自治区开发的资源，优先合理开发利用。

自治区自治机关采取优惠政策，鼓励外省、自治区、直辖市来自治区投资和群众集资，开发利用自治区的自然资源。

自治区横向引进的建设项目，不占双方计划内指标。

第二十八条　上级国家机关在自治区开发资源、兴办企业，要照顾地方和群众的合法经济权益。其利润、外汇和产品留成，应给予企业所在地适当照顾。具体办法由兴办单位或主管部门与当地政府共同协商决定。

自治区内开发资源、兴建工程，所需要民工要优先在工程所在地招收，现有企业或新办企业招工，应当考虑当地劳动力的安排，在当地招收一部分，并且注意进行培训；已建或新建企业，凡因工程建设需要群众搬迁或影响群众生产生活的，兴办单位应与当地政府协商，负责对群众进行开发性的生产安排和生活安排，保证当地群众的物质文化生活水平得到提高。

第二十九条 自治区自治机关依照法律规定，制定具体办法，加强土地管理，合理开发利用土地资源，严禁乱占耕地和滥用土地。

第三十条 自治区自治机关在国家计划的指导下，根据自治区财力、物力和其他具体条件，自主地安排本地方的固定资产投资规模和基本建设及技术改造项目。大中型和限额以上的新开工项目，报上级国家机关备案。

第三十一条 自治区自治机关在国家产业政策指导下，依据自治区的实际情况，制定和实施自治区的产业政策，优化产业结构。

第三十二条 自治区自治机关稳定农村基本政策，坚持以农业为基础，农林牧副渔全面发展，农工商综合经营的原则，决不放松粮食生产，积极发展多种经营。重点抓好原料蔗和亚热带水果以及各类名贵土特产品的发展。

自治区自治机关重视农田水利基本建设，大力改造中、低产田，加强农业技术改造。

第三十三条 自治区认真贯彻中华人民共和国森林法，加强对森林的管理和保护。搞好造林绿化和林业综合开发。

第三十四条 自治区大力发展畜牧业，鼓励农民、国营农（林）场（站）、厂矿企业和其他经济实体发展饲养业。

自治区提倡种草养畜，发展草食动物。大力发展畜产品加工工业。

第三十五条 自治区大力发展渔业生产，积极开发水面和海洋资源。

第三十六条 自治区鼓励和扶持乡镇企业的发展。特别是农副产品和利用当地原材料进行深加工的企业的发展。保障乡镇企业的合法权益。鼓励发展多种形式举办的农村企业。

第三十七条 自治区充分发挥自然资源优势和技术、市场优势，加快食品、水电、建材、有色金属、机械电子、纺织等行业的发展，重视高技术产业的发展，逐步形成具有广西特色的地方工业体系。

第三十八条 自治区大力发展商业，促进商品流通，繁荣城乡市场。

自治区鼓励国营、集体、个人集资兴办农贸市场，扶持贫困山区发展集市贸易，促进农村商品流通。

第三十九条 自治区自治机关根据国家民族贸易政策，制定具体办法，促进民族贸易的发展。

自治区内的民族贸易企业（包括商业、供销和医药企业），享受国家民族贸易政策的照顾。

自治区鼓励发展和改进少数民族特需商品和传统商品生产。

第四十条 自治区国家支持和帮助下，积极发展能源、交通和邮电通讯等基础设施。

第四十一条 自治区积极发展旅游事业，保护和开发旅游资源，建设具有民族文化特点和风情的旅游点。

第四十二条 自治区采取特殊政策和灵活措施，扶持少数民族贫困地区、边境地区发展经济。

自治区鼓励发达地区与贫困地区开展横向经济技术联合，互利互济，共同发展。

第四十三条 自治区加强环境保护和治理，防止水土流失，防治污染和其他公害，保障生态平衡和人民身体健康。

凡在自治区内开发资源、兴办企业的单位，都要保护生态环境，防治污染。

第五章 财政与金融

第四十四条 自治区自治机关行使管理地方财政的自治权。

自治区的财政收入和财政支出项目以及财政收入和财政支出基数的核定或者调整，由国务院按照优待民族自治在方的原则确定。

自治区境内隶属于上级国家机关的人民银行和各专业银行以及有色金属企业、电力企业实现的利润、海关代征的工商税，留给自治区一定比例由自治区自主安排使用，不计入收入包干基数。

自治区的执行财政预算过程中，如因国家政策统一调整或者因重大自然灾害，导致自治区财政发生重大减收或增支时，报请国家财政部门补贴。

国家批准由自治区新建设重大项目的投资，报请上级国家机关补助部分拨款。

第四十五条 自治区的财政预算支出按国家规定设立百分之五的机动资金和百分之五的预备费。机动资金和预备费的数额分别按照上年决算的正常支出和当年支出预算数计算，由国家财政部门按年专项核拨，不计入收入包干基数。

国家用于自治区的各项专用资金和临时性的民族补助专款，任何单位不得扣减、截留或挪用，不得用以顶替正常的财政预算收支。

第四十六条 自治区自治区自治机关对自治区各项开支标准、定员、定额，根据国家规定的原则和自治区的实际情况制定补充规定和具体办法，报国务院备案。

自治区自治机关根据经济发展及物价变动等情况，制定津贴标准和其他优惠办法，报国务院备案。

第四十七条 自治区自治机关依据国家税法和民族区域自治法制定税收管理条例或者办法。

自治区自治机关在执行国家税法的时候，除应由国家统一审批的减免税收项目以外，对属于地方财政收入的某些需要从税收上加以照顾、鼓励和限制的，由自治区自治机关决定减税、免税或者增税。

自治区自治机关根据社会经济发展需要，开征地方性税（费）种，调整地方性税（费）率，报国务院备案。

自治区对革命老根据地、少数民族山区、边境地区以及其他贫困地区的农林土特产品和新开办的企业，实行一定期限的减税或者免税，具体减免办法由自治区政府制定。

第四十八条 自治区根据国家信贷政策的规定，实行差别利率和浮动利率，引导信贷资金投向。

自治区享受国家的长期贴息贷款和低息贷款的优惠。

第四十九条 中国人民银行广西壮族自治区分行根据建设的需要，确定各专业银行交存人民银行的准备金比例，确定债券、股票的发行。

第五十条 自治区内征集的国家能源交通重点建设基金、国家预算调节基金以及上级国家机关统一开征的其他基金，全部留给自治区，专项用于能源交通和其他基础设施建设。

第五十一条 自治区根据经济发展需要，设立广西地方开发银行和其他金融机构，并根据实际需要发行债券和股票，报中国人民银行总行备案。

自治区鼓励中外金融机构和金融企业来广西开展投资业务，设立营业机构。在自治区设立外资银行、中外合资银行及其他金融机构，报国务院备案。

第六章 对外经济贸易与对外开放

第五十二条 自治区自治机关依照国家法律规定开展对外经济贸易活动，实行对外开放，发展向外型经济。

第五十三条 自治区自治机关根据自治区的实际情况和对外经济贸易的需要，改革和完善对外经济贸易管理体制，审批自治区内的进出口贸易机构，报上级国家机关备案。

自治区自治机关征得我国驻外使馆同意，在国外设立贸易网点。

第五十四条 自治区采取特殊政策和灵活措施，建立出口商品生产基地，鼓励出口加工、创汇农业、创汇乡镇企业的发展，扩大商品、技术、劳务出口。

第五十五条 自治区自治机关在完成国家计划收购和上调任务的前提下，对不涉及国外配额的地方二、三类工矿产品和农副土特产品的出口，行使出口审批权和出口许可证发放权，对涉及国外配额的产品，享受上级国家机关出口指标分配的优待。

第五十六条 自治区自治机关根据国家有关规定，审批成交需要进口的商品，包括出口加工所需的原材料和辅助材料。属于国家统一经营和控制进口的某些商品，自治机关在国家安排的数额内审批成交。

自治区为发展自治区内的工农业生产所必须进口的化肥、农药、农用薄膜、柴油、种子、种畜、设备和原材料、免征关税、产品税和增值税。

第五十七条 自治区自治机关根据统一对外的原则，对大宗进出口商品的对外成交价，实行国家价格政策。其余商品自行决定成交价。进口商品的销售价，除国家统一规定的商品外，由自治区确定。

第五十八条 自治区自治机关自主安排使用所创的全部贸易外汇和非贸易外汇。

自治区自治机关制定优惠政策，鼓励地、市、县以及企业生产出口产品。

自治县及享受自治县待遇的县所创外汇全部留给县安排使用。

自治区内企业的留成外汇，可保留现汇，按中国银行的规定管理。

第五十九条 自治区自治机关根据对外经济贸易活动的需要，报经国务院批准，开辟对外经济贸易口岸。

自治区与外国接壤的地方，经国务院批准，开展边境贸易。

自治区自治机关制定边境贸易管理办法，报国务院备案。

第六十条 自治区自治机关积极实施国家的沿海经济发展方针，采取特殊政策和灵活措施加速沿海开放城市和经济开放区的建设和对外开放。同时在少数民族聚居的西部地区和边境地区，设立对外开放试验区。

自治区自治机关加强对沿海开放城市、经济开放区和对外开放试验区的领导和管理，根据自治区的实际情况，制定贯彻实施国家有关对外开放政策的具体措施，检查督促对外开放政策的落实。

第六十一条 自治区内的沿海开放城市、经济开放区和对外开放试验区，长期享受国家给予的各项优惠政策。

第六十二条 自治区自治机关采取优惠政策，鼓励来料加工、来样加工、来件装配、补偿贸易企业和中外合资、合作经营、外商独资企业（以下简称“外资”企业）的发展。

自治区自治机关对外资企业，在税收、土地使用费和基础设施配套等方面实行一定期限的优惠政策，保障其合法权益。

自治区自治机关允许外商按照国际惯例经营管理企业。

第六十三条 自治区自治机关按照国家法律和规定，编制利用外资计划，审批不涉及国外配额和国家配套资金的利用外资和引进技术建设项目，审批外资企业，报上级国家机关备案。

自治区有关机构可提供对外借款担保。

第六十四条 自治区自治机关按照国家法律和规定，审批进口外资企业作为投资的建设物资、生产设备和进行生产所必需的原材料、零配件、包装材料及其他材料。

第六十五条 自治区利用外资兴建的项目，可以用地方产品出口换汇进行综合偿还。

第六十六条 自治区自治机关按照国家法律和规定，根据发展对外经济贸易和对外开放的需要，审批和办理自治区到港澳的人员出境。

第七章　文化建设

第六十七条 自治区自治机关根据国家的教育方针，依照法律规定，从自治区社会、经济发展的需要和民族特点出发，制定教育规划，决定各级各类学校的设置、学制、办学形式、教学内容、教学用语、招生和毕业生分配办法。

第六十八条 自治区自治机关根据经济发现情况，逐年增加教育经费，不断改善办学条件，发展教育事业。用于教育的财政拨款应高于财政经常性支出的增长比例，并使按在校学生人数平均的教育费用逐步增长。

自治区自治机关鼓励和支持建立民族教育基金，以扶持教育事业的发展。

第六十九条 自治区自治机关根据教育为人民利益服务，为经济建设服务的原则，举办各类学校，普及初等义务教育，发展中等教育，举办各种类型的高等教育；大力发展职业技术教育，发展成人教育，鼓励自学成才。有计划地进行在职干部、工人的岗位培训和农村的实用技术培训。重视发展幼儿教育和特殊教育，扫除文盲。

第七十条 自治区自治机关采取特殊措施发展适合少数民族地区特点的民族教育事业。

自治区自治机关有计划地为经济特别困难、居住很分散的少数民族山区、边境少数民族地区，开办以寄宿为主和助学金为主的民族小学、民族中学或民族班。

自治区自治机关发展少数民族职业技术教育和高等教育。办好民族职业学校、中等专业学校、教师进修学校和民族干部学校，培养各级各类实用人才。

自治区内各高等院校按照需要和可能，举办少数民族预科班、专科班、本科班等多种类型的民族班，学制可适当延长，民族预科班学生在校学习期间，享受高等学校学生同等待遇。

自治区的高等院校和中等专业学校，按一定招收少数民族学生，并且采取定向招生、定向分配的办法。在招收新生的时候，对少数民族考生适当放宽标准和条件；对文化特别落后，经济特别困难地区的少数民族学生采取保送或推荐与考试相结合的办法；民族院校可以实行单独招生，逐步使自治区在校的各少数民族学生与其民族人口在自治区总人口中所占的比例相适应。

自治区自筹经费派出的留学生中少数民族学生应当有适当比例。

自治区自治机关对各级各类民族院校，在人员编制、办学条件、教学设施、教学经费上给予照顾。

第七十一条 自治区自治机关按照积极稳步的方针，根据实际情况和群众的自愿，有计划地在壮族聚居地区的学校实行壮语文教学或壮、汉语文教学。各级各类学校都要推广全国普通话。

使用壮文参加考试与汉文具有同等效力。

有计划地兴办壮文学校，并在民族院校对壮族学生开设壮文必修课或者选修课。积极培养壮文研究、翻译、师资等各类专业人才。

第七十二条 自治区自治机关坚持经济建设必须依靠科学技术，科学技术必须面向经济建设和的方针，自主决定自治区的科学技术发展规划，建立健全适合广西情况的科学研究体系、科学技术管理体系和科学技术推广服务体系，促进科学技术进步。

第七十三条 自治区自治机关重视和加强对自然科学基础理论的研究和应用科学技术的研究和推广，并注意高科技的研究工作。

第七十四条 自治区自治机关根据经济文化事业发展的需

要，制定人才政策，积极引进人才，促进各类人才合理流动，充分发挥各类人才的作用。

自治区自治机关对在少数民族山区和边境地区工作的各种专业人员和干部给予优惠待遇；对他们的子女入学和就业，给予必要的照顾。

自治区自治机关对于依法从事各类科学技术服务活动的科技人员取得的合理报酬给予保护。

第七十五条 自治区自治机关发展具有民族特点的文学、艺术、广播、电视、电影等文化事业，弘扬民族文化。

自治区自治机关重视改善少数民族山区和边境地区的文化设施，积极建设具有民族特点的群众文化活动场所。

第七十六条 自治区自治机关保护民族民间艺术、名胜古迹、珍贵文物和其他历史文化遗产，认真组织对革命文物、历史文物、民族文物和民族民间文学艺术的搜集、整理、发掘、研究、陈列、出版和宣传工作。

第七十七条 自治区自治机关发展新闻、出版事业。

自治区根据社会、经济、文化发展的需要，建立出版社、报刊社，报上级国家机关备案。

积极办好壮文报刊和壮语广播、电视。根据实际需要做好民族文字图书的出版、发行工作，给予必要经济补贴，并在贷款、价格、税收等方面给予照顾。

第七十八条 自治区自治机关大力发展体育事业，开发群众性的体育运动和民族传统体育活动，增强各族人民的体质。

第七十九条 自治区自治机关积极发展医疗卫生事业，建立健全各级医疗卫生机构，积极研究、发展传统医药、现代医药和民族医药。

全面贯彻预防为主的方针，积极开展爱国卫生运动，加强急性慢性传染病、地方病、多发病的防治和妇幼卫生保健工作，改善卫生条件。

自治区对革命老根据地、少数民族山区、边境地区和贫困地区，分别不同情况，实行减费或免费医疗。对这些地区的医疗卫生设施和技术设备给予特殊照顾。

第八十条 自治区自治机关开展和其他省、自治区、直辖市的教育、科学技术、文学艺术、卫生、体育、新闻出版和民族研究的交流和协作。

第八十一条 自治区自治机关依照国家规定，开展和国外进行教育、科学技术、文学艺术、卫生、体育、新闻出版和民族研究的交流。

第八十二条 自治区各民族都要实行计划生育，提倡晚婚、晚育、优生、优育、做好优教工作。

自治区自治机关根据广西实际情况，制定流动人口管理办法。

第八章 民族关系

第八十三条 自治区各族人民和干部要互相尊重，互相学习，互相信任，紧密团结，齐心协力把自治区建设好。

自治区的高等院校、中等专业学校和各种干部学校设置民族理论、民族法制和民族政策课。

自治区自治机关依法保障自治区各民族都享有平等权利；保障自治区内其他少数民族依法实行民族区域自治和建立民族乡的权利，保障散居少数民族的合法权利和利益。

第八十四条 自治区各级国家机关在进行工作的时候，充分照顾不同民族和不同地区特点和需要；在处理涉及各民族的特殊问题的时候，必须与他们的代表充分协商，特别要注意尊重那些人口较少的民族的意见。

第八十五条 自治区自治机关在制定国民经济和社会发展计划的时候，应当照顾各自治县的特点和需要，并从财政、物资和技术等方面帮助各自治县根据当地的实际情况，加速发展经济、教育、科学、文化、卫生、体育等事业。

自治区的各部门要尊重自治县的自主权，保障自治县自治条例和单行条例的实施。

第八十六条 自治区自治机关积极帮助散居少数民族发展经济、文化事业，照顾他们的特点和需要。对回族的生活习惯给予照顾。

自治区内散居少数民族人口较多的市、市辖区、县人民代表大会常务委员会和人民政府的组成人员及工作人员中，适当配备当地散居少数民族的人员。

自治区内各级国家机关应当做好经政府动员下山安家落户和因国家建设而搬迁以及其他已经安家落户的搬迁户的工作，不准任何单位任何个人以任何借口驱赶他们或者收回划分给他们使用的土地、山林。

第八十七条 自治区各级国家机关应当根据民族乡的民族特点和需要，放宽政策，从人力、物力、财力、科技、信息等方面，帮助民族乡发展政治、经济、文化建设事业。

第九章　附则[1]

第八十八条　自治区的首府设在南宁市。

第八十九条　自治区成立纪念日定于每年十二月十一日，放假一天。

第九十条　本条例经自治区人民代表大会通过，报请全国人民代表大会常务委员会批准施行。

自治区人民政府按照本条例属政府职权范围的条款制定具体的实施办法。

本条例的解释权属于自治区人民代表大会常务委员会。

二、内蒙古起草自治条例的状况

（一）内蒙古自治区自治条例起草历程

内蒙古自治区是第一个在省级行政区域内建立的自治区。1947年4月23日，内蒙古人民代表会议在兴安盟王爷庙召开，历时10天，经过充分的民主协商，通过了乌兰夫所作的政治报告、《内蒙古自治政府施政纲领》、《内蒙古自治政府暂行组织大纲》，选举产生了内蒙古第一届临时参议会，由参议会选举内蒙古自治政府主席、副主席、委员及参议会议长、副议长、驻会参议员。乌兰夫当选为内蒙古自治政府主席、哈丰阿为副主席，博彦满都当选为参议会议长、吉雅泰为副议长。5月2日，内蒙古人民代表会议闭幕、内蒙古自治政府宣告成立。5月3日召开的首届政府委员会议决定，将5月1日定为内蒙古自治政府成立纪念日，这是民族

〔1〕原稿中没有第九章，根据条款顺序，这章应为第九章，“第十章”可能是原稿笔误。

区域自治制度在新中国正式实施的开始。

施政纲领一般是政府带有根本法性质的立法文献，内蒙古自治政府的第一件立法文献采用《内蒙古自治政府施政纲领》，显然是源于20世纪三四十年代《陕甘宁边区施政纲领》的样式。[1] 在抗战时期，1937年9月，根据国共两党的协议，中共中央将陕甘宁革命根据地改建为陕甘宁边区政府。它是一个边区的自治性地方政府，是国民政府行政院的一个直辖行政区域。由于当时新中国尚未成立，内蒙古自治政府是非独立性政府，是中国民主联合政府之一部分，内蒙古民族自治区仍属中国版图；[2] 内蒙古是即将成立的新中国所辖的一级自治性地方政府，行政属性等同于陕甘宁边区。所以都是采用"施政纲领"的样式，可以说施政纲领的性质与内容，就是"自治条例"的性质与内容，当时还没有产生"自治条例"概念。

内蒙古自治区启动自治条例的起草，是发轫于20世纪80年初。1980年11月3日至8日，自治区五届人大常委会第六次会议召开，会议作出了关于起草内蒙古自治区自治条例和成立内蒙古自

〔1〕 1937年11月，陕甘宁特区根据同年8月中共中央洛川通过的《特区政府施政纲领》，制定了《特区政府施政纲领》(15条)。1939年1月陕甘宁边区第一届参议会，通过了《陕甘宁边区抗战时期施政纲领》(共3章28条)。1941年，中共陕甘宁边区中央局总结边区建设的实践经验，重新制定了《陕甘宁边区施政纲领》(共21条)。

〔2〕 中共中央东北局、西满分局、冀热辽分局以及内蒙古党委，认真探讨成立内蒙古自治政府的方案，从中共中央到各地方党组织进行反复磋商，确定了内蒙古自治的原则和步骤，即召开内蒙古人民代表会议，产生内蒙古统一的民族自治政府；内蒙古自治政府是非独立性政府，是中国民主联合政府之一部分，内蒙古民族自治区仍属中国版图；在政府组织中给西蒙代表留出位置，以期西蒙解放后加入，并对与相邻解放区的关系，民族关系，军队问题等作了明确的指示。资料转引自郝维民：《内蒙古实行民族区域自治的研究纲要》，载http://www.surag.net/?p=9835。

治区自治条例起草委员会的决议。从此，拉开了内蒙古区自治条例起草的帷幕，内蒙古自治区人民代表大会常务委员会工作报告真实记录了这一历史过程，真可谓跌宕起伏，斗折蛇行，历时15载，耗尽了多少人的心血，一些人青丝已成白发、一些人事未酬人已故，最终却无果而终，到2005年戛然而止。

1981年2月25日内蒙古自治区第五届人大常委会第七次会议通过的工作报告中指出：

内蒙古自治区是我国建立最早的一个少数民族自治区。三十多年来，我们在实行民族区域自治的实践中，深深认识到用法律来保障党的民族区域自治政策的贯彻执行，保障蒙古族和其他少数民族的自治权利和平等权利，增强民族团结，巩固祖国统一，促进自治区的经济文化建设，都是非常重要的。

制定内蒙古自治区自治条例，是自治区各族人民的迫切要求，是自治区的重要立法。自治条例要着重解决民族区域自治的自主权问题，解决各民族一律平等和民主权利问题。自治区党委很重视自治条例的起草工作，于1980年6月发出了《关于起草内蒙古自治区自治条例的通知》，组成了起草自治条例的领导小组和办公室，领导了自治条例的起草工作。自治区各直属机关，多次进行座谈研究，为自治条例的起草提供了大量材料和意见。在此基础上，依据《中华人民共和国宪法》、《中华人民共和国民族区域自治实施纲要》和党的民族区域自治政策，吸取我区多年来实行区域自治的实践经验，从自治区的实际和特点出发，经过几个月的工作，草拟了内蒙古自治区自治条例讨论稿。

为进一步加强对自治条例起草工作的领导，自治区人大常委会第六次会议，根据自治区党委的建议，通过了《关于起草内蒙古自治区自治条例和成立内蒙古自治区自治条例起草委员会的决议》。自治条例起草委员会在前段工作的基础上，正在组织力量，继续进行修改，然后，再将修改后的自治条例讨论稿发全区各盟市、旗县和自治区各直属机关，广泛征求意见。经起草委员会讨论修改后，提出自治条例草案，提交自治区人民代表大会常务委员会审议。[1]

1982年4月2日内蒙古自治区五届人大四次会议常务委员会工作报告中指出：

继续进行《内蒙古自治区自治条例》的起草工作。一年来，内蒙古自治区自治条例起草委员会，在过去工作的基础上，联系自治区的实际进行了调查研究，在自治区各有关部门的参加和密切配合下，依据党的十一届六中全会通过的《关于建国以来党的若干历史问题的决议》和党中央对内蒙古工作重要指示的精神，进行了反复的修改，做了大量的工作，现已完成了《内蒙古自治区自治条例（第五稿）》。

1982年12月24日内蒙古自治区五届人大五次会议常务委员会工作报告中指出：

制定《内蒙古自治区自治条例》是全区各族人民极为关心的一项重要立法。自治条例起草委员会在过去工作的基础上，对自治条例第五稿又作了修改。将根据《中华人民共和国宪法》再作进一步修改，使其更加符合自治区的实际，体现民族区域自治权利。

---

〔1〕 以下内蒙古自治区人民代表大会常务委员会工作报告的内容，均来自“内蒙古人大”（官网），载文件资料库：http://www.nmgrd.gov.cn/。

1984年6月3日内蒙古自治区六届人大二次会议常务委员会工作报告中指出：

为了保障宪法和国家法律在我区的具体实施，人大常委会在上届常委会工作的基础上，对《内蒙古自治区自治条例（草案）》……正在广泛征求意见，做进一步的补充修改工作。

1985年4月27日内蒙古自治区六届人大三次会议常务委员会工作报告中指出：

制定《内蒙古自治区自治条例》，是自治区的重要立法。1984年，《中华人民共和国民族区域自治法》颁布后，调整了自治条例起草委员人选，充实了办公室，按照《宪法》和《民族区域自治法》的规定，对《内蒙古自治区自治条例（第五稿）》进行了较大的修改。经过多次研究讨论，广泛征求意见，反复修改，已形成《内蒙古自治区自治条例（第八稿）》。在常委会第九次会议上征求了委员们的意见。修改后的《内蒙古自治区自治条例（讨论稿）》，经过一定的审议程序，再广泛征求意见。

1986年5月7日内蒙古自治区六届人大四次会议常务委员会工作报告中指出：

制定《内蒙古自治区自治条例》，是自治区各族人民的迫切要求，是重要的民族立法。几年来，自治条例起草委员会做了大量工作，经广泛征求意见，反复修改，在自治区第六届人民代表大会第三次会议前，已经形成了第八稿。1985年在第八稿的基础上，根据民族区域自治法的规定，结合自治区的实际，又进一步作了修改。今年，拟将修改稿发各盟市、旗县广泛征求意见，为提交自治区第六届人民代表大会第五次会议审议通过做好各项准备工作。

1987年5月3日内蒙古自治区六届人大五次会议常务委员会工作报告中指出：

制定《内蒙古自治区自治条例》，是自治区法制建设的一件大事。自治区六届人大四次会议以后，常委会把组织制定《内蒙古自治区自治条例》作为地方立法工作的重点，按照立法程序，做了大量的工作。自治条例起草委员会第三次会议，对自治条例第八稿进行了充分讨论，提出了一些重要的修改意见。会后，起草委员会各小组会同人大常委会各委员会进行了修改；在此基础上，起草委员会办公室会同人大常委会办公厅又逐章、逐条地作了修改，提出了《内蒙古自治区自治条例（草案）》。自治条例起草委员会议定将这个条例草案提请自治区人大常委会审议。常委会主任会议决定将自治条例草案列入常委会第十七次会议议程。委员们以四项基本原则为指针，以宪法、民族区域自治法和国家有关法律为依据，结合自治区的民族特点、地区特点和政治、经济、文化特点，对自治条例草案，从结构到内容进行了认真审议，提出了许多重要的修改意见。常委会第十七次会议之后，自治条例起草委员会办公室会同常委会民族委员会和法制工作小组，根据委员们的意见，对自治条例草案再次进行了认真的推敲、修改，经自治条例起草委员会第四次会议讨论，形成了《内蒙古自治区自治条例（草案修改稿）》，并印发自治区党政机关广泛征求了意见。但还需进一步研究修改和印发盟市、旗县广泛征求意见，向全国人大常委会汇报。因此，自治条例草案尚不能提请本次大会审议。

1988年5月28日内蒙古自治区七届人大一次会议常务委员会工作报告中指出：

《内蒙古自治区自治条例》是自治区的基本法规。本届常委会在上届人大常委会工作的基础上，做了大量工作，通过广泛征求意见，经常委会会议两次审议，形成了《内蒙古自治区自治条例（草案）》，并向全国人大民族委员会做了汇报。常委会根据党的十三大精神和全国人大民族委员会的意见，对条例草案正在做进一步修改。

1989年4月24日内蒙古自治区七届人大二次会议常务委员会工作报告中指出：

制定自治条例是我区重要的立法工作。换届以后，常委会为修改自治条例（草案）有重点地进行了调查研究，并在第五次会议上对六届人大常委会向全国人大民族委员会汇报自治条例（草案）后，提出的《内蒙古自治区自治条例（草案）》（修改稿）进行了审议，在基本肯定自治条例草案（修改稿）的同时，又提出了一些重要修改意见，决定作进一步修改。

1991年5月2日内蒙古自治区七届人大四次会议常务委员会工作报告中指出：

继续修改《内蒙古自治区自治条例（草案）》。

1992年4月24日内蒙古自治区七届人大五次会议常务委员会工作报告中指出：

根据加快改革开放步伐的要求，按照中央民族工作会议和国务院关于进一步贯彻实施民族区域自治法若干问题通知的精神，进一步修改自治条例草案。

1993年5月8日内蒙古自治区八届人大一次会议常务委员会工作报告中指出：

在前两届工作的基础上，自治区自治条例草案的修改取得新的进展，经过常委会会议审议，认为草案为制定一个好的自治条例打下了良好的基础。

1994年4月23日内蒙古自治区八届人大二次会议常务委员会工作报告中指出：

本届常委会继续把自治区自治条例草案的修改工作放在突出位置上。在自治区党委的领导下，八届常委会一产生，即成立了由党委、人大常委会、政府等主要领导参加的自治条例草案修改领导小组及办事机构。进一步明确了修改自治条例草案的指导思想，制定了修改工作方案，起草了纲要。鉴于国家经济体制改革进程加快，常委会将根据国家新出台的各项重大改革措施以及其他有关方面的情况，继续抓紧做好修改自治条例的工作。

1995年4月18日内蒙古自治区八届人大三次会议常务委员会工作报告中指出：

常委会始终把民族立法工作摆在重要位置，自治区自治条例和三个自治旗自治条例的制定工作，已列入地方立法五年规划，正在抓紧进行。

1996年2月8日内蒙古自治区八届人大四次会议常务委员会工作报告中指出：

切实把民族立法作为我区地方立法工作的一项重要内容。常委会认真学习和借鉴兄弟省区的经验，继续抓紧制定自治区自治条例，加强了对自治旗制定自治条例工作的指导。常委会重点指导了制定鄂伦春自治旗自治条例的工作，对制定这个条例需要进一步明确的问题，作了专门研究和协调，提出了解决的意见，为制定出以宪法和民族区域自治法为依据，适合当地实际情况的自治条例，奠定了良好基础。

1997年1月27日内蒙古自治区八届人大五次会议常务委员会工作报告中指出：

常委会高度重视并支持三个自治旗制定自治条例的工作。在加强指导和做好同政府有关部门协调工作的基础上，常委会审议批准了鄂伦春自治旗自治条例。该条例的出台，是我区民族立法工作的一项重要成果。同时，也为自治区和鄂温克族自治旗、莫力达瓦达斡尔族自治旗自治条例的尽早出台积累了有益的经验。

1998年1月11日内蒙古自治区九届人大一次会议常务委员会工作报告中指出：

自治区自治条例是常委会高度重视、全区各族人民十分关注的重要立法任务，我们在已有工作的基础上，始终抓紧这项工作。但是由于当前经济体制改革还在不断深化，许多方面的管理体制尚处于调整当中，因此，自治区自治条例的制定工作还需要一个过程。

2003年1月14日内蒙古自治区十届人大一次会议常务委员会工作报告中指出：

在以往工作的基础上，继续抓紧做好自治区自治条例的制定工作，依法保障民族区域自治法所赋予的自治权的有效落实。

2004年1月11日内蒙古自治区十届人大二次会议常务委员会工作报告中指出：

根据国家实施民族区域自治法的措施，适时提出制定自治区自治条例的工作方案。

2005年1月11日内蒙古自治区十届人大三次会议常务委员会工作报告中指出：

继续做好制定自治条例的研究工作。

上述人大常委务委员会工作报告真实记录了内蒙古自治区自治条例起草过程的曲折与历届人大常务委员会对此担当的责任与付出的辛劳。

从自治区第五届人大提出了："制定内蒙古自治区自治条例，是自治区各族人民的迫切要求，是自治区的重要立法。自治条例要着重解决民族区域自治的自主权问题，解决各民族一律平等和民主权利问题。"这就始终成为内蒙古自治区不惜几代人努力、锲而不舍，为制定《内蒙古自治区自治条例》的诉求与目的。从1980年至2005年，在人大常务委员会工作报告中，只有2000年、2001年、2002年的报告，没有提到制定自治条例的文字，其他各次人大常务委员会工作报告都把制定自治区自治条例，"作为地方立法工作的重点"。而且，《内蒙古自治区自治条例（草案）》，在1987年第六届人大，"自治条例起草委员会议定将这个条例草案提请自治区人大常委会审议。常委会主任会议决定将自治条例草案列入常委会第十七次会议议程。委员们以四项基本原则为指针，以宪法、民族区域自治法和国家有关法律为依据，结合自治区的民族特点、地区特点和政治、经济、文化特点，对自治条例草案，从结构到内容进行了认真审议，提出了许多重要的修改意见。常委会第十七次会议之后，自治条例起草委员会办公室会同常委会民族委员会和法制工作小组，根据委员们的意见，对自治条例草案再次进行了认真的推敲、修改，经自治条例起草委员会第四次会议讨论，形成了《内蒙古自治区自治条例（草案修改稿）》，并印发自治区党政机关广泛征求了意见。但还需进一步研究修改和印发盟市、旗县广泛征求意见，向全国人大常委会汇报"。1988年第七届人大，"经常委会会议两次审议，形成了《内蒙古自治区自治条例（草案）》，并向全国人大民族委员会做了汇报”。然后，到了2005年内蒙古自治区第十届人民代表大会第三次会议上，由自治区人大常委会副主任尤仁所作的工作报告中只提到了要“继续做好制定自治条例的研究工作”，仅此一句话而已。

从此，截至2015年，在内蒙古人大常委会的工作报告中，就没有了“自治区自治条例”的踪影，内蒙古制定自治条例的历程就此终止。

（二）内蒙古自治区自治条例（草案）文本

据有关方面披露，内蒙古自治区自治条例草案历经25年，几代人辛勤劳作先后形成了23个稿本。但是，我们在调研中多次与内蒙古人大和政府有关部门进行联系，希望能获得支持，取得条例草案的所有文本以供研究，却都以“保密”为由，均被婉拒。幸好作者保存有两个文本，一个是1982年形成的第5稿；另一个是残缺文本，具体是几稿不详。由于文本是残缺的，形成时间不能确定，从文字中可以判断应该是1984年《民族区域自治法》颁布后形成的文本。这两个文本，成为今天我们研究内蒙古自治区自治条例的唯一依据与逻辑起点。

1.《内蒙古自治区自治条例（草案）》（第五稿）文本

内蒙古自治区自治条例（草案）

（第五稿）

一九八二年二月十三日

目 录

序 言

内蒙古自治区地处祖国北部边疆，勤劳、勇敢、智慧的蒙古族人民同全国各族民一起，为创造祖国的历史和文化作出了重大的贡献。

由于历代封建王朝、国民党反动派和民族内部反动统治者的压迫剥削，特别是近百年来帝国主义的侵略，使蒙古族人民经济文化落后，人口下降。处于苦难深重的境地，为了民族的生存与解放，蒙古族人民进行了长期英勇的斗争。中国共产党诞生以后，内蒙古的民族解放运动进入了新的历史阶段，在不同时期先后建立了党的组织，坚持革命斗争，开辟了抗日根据地，培养了大批蒙古族和其他民族的干部。在党的领导和全国各族人民的支援下，内蒙古的民族解放和自治运动，经过艰巨的、曲折的两个阶级、两条道路的斗争，终于战胜了帝国主义、国民党反动派和民族内部人反动势力，于一九四七年五月一日在乌兰浩特成立了内蒙古自治政府。新中国成立以后，在党中央和中央人民政府的领导和关怀下，进一步推行民族区域自治政策，逐渐形成了以呼和浩特为首府的内蒙古自治区，实现了内蒙古地区蒙古族人民统一自治的愿望。

自治区成立后，在五十年代和六十年代曾经是全国少数民族自治区实行民族区域自治，执行党的民族政策，正确处理民族关系，经济文化事业得到巨大发展，人畜两旺，人民生活有显著提高的模范自治区，在国内外都产生过良好的影响。后来，由于“左”的指导思想的干扰，党的民族区域自治政策的贯彻受到了影响，特别是“文化大革命”中，林彪“四人帮”推行反革命修正主义路线，践踏了党的民族区域自治政策，使各族人民特别是蒙古族和其他少数民族人民遭受了一场灾难，自治区的各项事业受到严重破坏。粉碎“四人帮”后，尤其是中国共产党十一届三中全会以来，端正了党的路线、方针、政策，使自治区的各项事业逐步得到恢复和走上健康发展的道路。

在新的历史条件下，自治区的基本任务是：进一步贯彻执行党的民族区域自治政策，改善和发展社会主义的民族关系，加强各民族团结，同心同德，坚决贯彻以“林牧为主，多种经营”的经济建设方针，加速自治区四个现代化建设步伐，提高各族人民、特别是少数民族人民的物质生活水平和文化科学水平，逐步消除历史上遗留下来的各民族间事实上的不平等，把内蒙古建设成民族团结、繁荣昌盛、高度民主、高度文明的社会主义自治区，为巩固北部边疆和实现祖国现代化建设做出贡献。

为了保障实行自治民族的自治权利和实现自治区在新的历史时期的基本任务，特制定内蒙古自治区自治条例。

第一章　总则

第一条　本条例依据中华人民共和国宪法的规定，结合内蒙古自治区（以下简称自治区）的实际制定。

第二条　自治区是中华人民共和国不可分离的部分，自治区的自治机关是国家一级地方政权。

第三条　内蒙古是蒙古族实行民族区域自治的地方，以蒙古族为主体，汉族是多数，由达斡尔族、鄂温克族、鄂伦春族、回族、满族、朝鲜族等民族组成。

第四条　自治区在中国共产党领导下，以马克思列宁主义、毛泽东思想为指针，实行人民民主专政（即无产阶级专政），走社会主义道路。

第五条　自治区坚持社会主义生产资料全民所有制和集体所有制。保护个体劳动者所有制。保护各族公民的合法收入、储蓄、房屋和其他生活资料的所有权。

第六条　自治区的一切权力属于全区各族人民。人民行使权力的机关是自治区人民代表大会。

自治区的自治机关是自治区人民代表大会及其常务委员会

和自治区人民政府。

自治机关实行民主集中制。

第七条 自治机关行使自治权，遵照党和国家总的方针、政策，从全区各族人民的需要出发，全面管理本地区政治、经济、文化教育、科学技术和其它各项事业。

自治机关在国家法令所规定的范围内，依其自治权限，制定自治条例、单行条例、法规、法令。

对于上级国家机关制定的方针、政策、发往全国的文件、指示、规定，根据自治区实际情况可以变通执行。

自治机关除行使自治权外，还行使宪法和法律规定的同级地方国家机关的职权。

第八条 自治机关要保障国家的法律，法令在自治区内贯彻实行，积极完成国家交给的各项任务，为国家的社会主义建设作出贡献。

第九条 自治机关要实现民族化。

自治机关组成人员，要以蒙古族为主，其他民族应占适当比例。

自治区各行各业都必须有计划地培养少数民族干部、工人和专业人才。

蒙古语文、汉语文是自治机关行使职权的工具。

自治机关在工作中要充分注意民族形式和民族特点。

第十条 各民族一律平等。禁止对任何民族的歧视和压迫，禁止破坏各民族团结的行为。

自治区各民族公民平等地享有宪法规定的公民的权利，平等地履行公民的义务。

自治区内聚居的其他少数民族可依法实行民族区域自治。

散居、杂居少数民族的平等权利要受到保护。

自治区在处理区内少数民族内部事务的重大问题时，要尊重该民族人民代表的意见，在他们大多数同意的情况下，再作出决定。

第十一条 自治区各民族都有使用和发展自己的语言文字的权利。

自治区各民族都有保持或者改革自己风俗习惯的自由。

自治区各民族公民都有宗教信仰自由。正当的宗教活动以及宗教、寺庙财产应受到保护。

第十二条 自治区辖九盟三市，包括五十四个旗、三个自治旗、二十二个县、十三个市辖区、七个盟辖市。

自治区的区界和地域受到国家法律保护。

第二章 自治机关

第十三条 自治区的行政区域实行四级管理，自治区设立人民代表大会和自治区人民政府。自治区辖盟市、旗县（自治旗）、乡（旗）都是一级地方国家机关，设立人民代表大会和人民政府。

旗、县以上人民代表大会设立常务委员会。

第十四条 自治区人民代表大会是自治地方国家权力机关，它享有中华人民共和国宪法赋予的民族区域自治权利并行使地方国家机关的职权。

自治区人民代表大会常务委员会是自治区人民代表大会的常设机关，对自治区人民代表大会负责并报告工作。

自治区人民政府是自治区人民代表大会的执行机关。自治区人民政府对自治区人民代表大会和国务院负责并报告工作，在自治区人民代表大会闭会期间，对自治区人民代表大会常务委员会负责并报告工作。

第十五条 自治区人民代表大会的代表，蒙古族不低于百分之三十五；汉族和其他少数民族都要有适当的名额。

自治区人民代表大会常务委员会的组成人员，蒙古族人员不低于百分之五十。汉族和其他少数民族人员应占适当名额。主任由蒙古族人员担任。

自治区人民政府的组成人员，蒙古族人员不低于百分之五十。汉族和其他少数民族人员应占适当名额。主席由蒙古族人员担任。

自治区的盟、市、旗（包括自治旗）、县人民代表大会及其常务委员会、各级人民政府组成人员中各民族成员的比例，要根据实际情况确定。具体办法在自治区地方各级人民代表大会和地方各级人民政府组织条例和自治区旗县选举实施细则中加以规定。

自治区各级国家机关，必须保持同人民群众的密切联系，依靠人民群众，倾听群众意见，关心群众疾苦，精兵简政，厉行节约，提高工作效率，反对官僚主义。

第十六条 自治机关下发文件和召开会议，要同时使用蒙古语文和汉语文。

第十七条 自治区旗县以上行政区划的调整及其行政地位和名称的确定，由自治区人民政府报国务院批准。

第十八条 自治区人民政府根据国家有关政策、法令，结合自治区的实际，确定自治区地方国家机关和事业单位机构的设置、调整和人员编制。

第十九条 自治机关要培养、提拔和使用各民族干部，特别是蒙古族和其他少数民族干部，各级领导班子都要在革命化的前提下逐步实现干部年轻化、知识化和专业化。

自治区各级国家机关工作人员，必须认真学习马列主义毛泽东思想，全心全意为人民服务，努力钻研业务，模范地遵守法律、法令，正确地执行党和国家的政策。

第二十条 自治区依据国家有关法令、政策，结合自治区的实际制定自治区的人口政策和人口管理办法。

在自治区提倡发展繁荣少数民族人口，蒙古族和其他少数民族中不提倡节制生育，有节育要求的给予指导。

在汉族中实行计划生育。

自治区严格控制区外人口的自由流入，对自由流入的人口要加强管理。

控制城镇人口的增长，要保持城镇、农村和牧区人口的合理比例。

第二十一条 自治机关帮助区内聚居的其他少数民族依法建立民族自治地方和民族区、民族乡。

自治区要切实保障自治区内其他少数民族自治地方行使自治权，保障散居、杂居少数民族的平等权利，积极帮助他们发展经济、文化教育事业。

第二十二条 自治机关要重视边防建设，教育各族人民，拥军优属，加强军民团结，实行军民联防，保卫祖国边疆。

自治区人民政府管理民兵，负责兵役工作，管理自治区人民边防武装警察部队和地方人民武装警察。

自治区人民边防武装警察部队受自治区人民政府和国家公安部的双重领导。

自治区人民边防武装警察部队和地方人民武装警察，蒙古族和其他少数民族的人员要占适当比例。

常驻自治区的人民解放军部队、军区、军分区、人民武装部和边防部队，要培养配备少数民族干部，征集适量的少数民族战士。

第三章　自治区高级人民法院和自治区人民检察院

第二十三条　自治区高级人民法院就自治区的审判机关，依法独立行使审判权，并且监督自治区地方各级人民法院和专门人民法院在所辖范围内行使审判权。

第二十四条　自治区人民检察院就自治区的法律监督机关，依法独立行使检察权，并且领导自治区地方各级人民检察院和专门人民检察院在所辖范围内行使检察权。

第二十五条　自治区高级人民法院和自治区人民检察院对本级人民代表大会及其常务委员会负责并报告工作。自治区高级人民法院的审判工作受最高人民法院的监督。自治区人民检察院的工作受最高人民检察院的领导。

第二十六条　自治区高级人民法院和自治区人民检察院，在审判案件和行使检察权时，对一切公民，在适用法律上一律平等。

第二十七条　自治区高级人民法院和自治区人民检察院在审理蒙古族和其他少数民族案件时，应尊重该民族生产、生活方式、风俗习惯和正当宗教信仰自由。

第二十八条　各民族公民都有用本民族语言文字进行诉讼的权利。在蒙古族或其他少数民族聚居、杂居地区，人民法院应当用〔当〕[1]地通用的语言进行审讯，用当地通用的民族文字发布判决书、布告和其他文件。人民检察院进行侦察、起诉、出庭

〔1〕 文中括号内字是原稿中脱字或错、别字，由笔者补入，下同。

公诉等诉讼活动，要用当地通用的民族语言文字。对不通晓当地通用的语言文字的当事人，应当为他们翻译。

第二十九条 自治区高级人民法院、自治区地方各级人民法院和专门人民法院在审理当地少数民族案件时，应有本民族审判员、陪审员组成合议庭进行审理。各民族公民有权要求由本民族的律师为自己辩护。如当地没有该民族律师，可以聘请或由法院指定该民族公民担任其辩护人为他辩护，要切实保障少数民族诉讼参与人依法享有的诉讼权利和辩护权利。

第三十条 自治区高级人民法院审判委员会、自治区人民检察院检察委员会。蒙古族人员不低于百分之五十。汉族和其他少数民族人员应占适当名额。

自治区高级人民法院院长和自治区人民检察院检察长由蒙古〔族〕人员担任。

第四章 经济与财政

第三十一条 自治区根据国家发展经济的方针、政策、计划，从实际出发，制定经济建设的具体方针、政策和计划。

自治区实行以“林牧为主，多种经营”的方针。

自治区按照自力更生和国家扶持相结合的方针，在全面发展经济建设中，重视蒙古族和其他少数民族生产事业的发展，逐步消除历史上遗留下来的各民族间事实上的不平等。

自治机关对牧区、边境地区、老革命根据地、贫困地区的经济建设要予以重视、扶持。

第三十二条 自治机关对区内土地、森林、草原、矿藏、河流、湖泊一切自然资源，实行统一管理、全面规划、合理利用。

第三十三条 自治区对区内的草牧场、耕地和自然水面，实行全民所有和集体所有。

对全民所有和集体所有的草牧场、耕地和自然水面任何单位和个人不得无偿占有。

保护和建设草牧场，鼓励集体和个人建设草牧场，人工种草。未经自治区或盟、市人民政府批准，不得擅自开垦，违者以破坏生产论处。

禁止私人买卖、典当、出租、转让土地、草牧场、自留地、饲料地、林地、草圐圙。

第三十四条 农村、牧区和林区，在坚持社会主义道路、实行按劳分配，有利于发展生产，尊重群众意愿的原则下，要因地制宜地实行多种形式的生产责任制。

保护社队集体所有牧畜、水利设施农牧机具等生产资料，任何单位和个人不得占用和平调。

第三十五条 保护和鼓励农牧民经营自留畜、自留地、自留林、自留草圐圙和各种家庭副业。

保护个体手工业、商业和服务业。

第三十六条 对区内全民所有制的森林，实行“以营林为基础，以更新造林为重点，采育结合，综合利用，多种经营”的方针。

大力植树造林，积极营造和管理好在区内的“三北”防护林带。

坚持依靠集体造林为主，积极发展国营造林，鼓励社员个人植树的方针。机关、部队、厂矿、企业、学校以及城镇居民要有计划的植树造林。

国有宜林荒山地，有的可以划归社、队集体造林或社员个人植树。地权不变，实行林木谁造谁有的政策。

要稳定和保障山林树木的所有权。不准将国有划归集体和非林业单位。不准将集体所有林划归个人。任何单位和个人不得平调社队和社员个人的林木。

自治区内的原始森林和大面积的国有天然次生林，由自治区统一经营管理，其他国有林由盟、市、旗、县分级管理。

要加强护林防火，严禁毁林开荒、毁林放牧、毁林开矿、乱砍滥伐，对破坏森林的行为，要依法论处。

林区人民的生活取暖，要逐步做到以煤代木。

区内的草本植物和小灌木，统一由当地政府和主管部门管理，未经许可，不得擅自采集。

在林区、山区、草原、水面建立各种自然野生动植物保护区，严禁乱砍乱伐、乱捕乱猎，切实保护珍贵稀有野生动植物。在林区还划定狩猎区，保障少数民族猎民的生产。

第三十七条　大力发展毛纺、皮革、肉食、乳品、木材加工和综合加工：〔利〕用*、饲料加工、制糖等轻纺工业和民族用品工业；要积极发展煤炭、电力、建材、木材工业和稀土工业。对钢铁工业和机械工业，在搞好挖潜改造和调整服务方向，充分发挥现有设备生产能力的基础上继续发展。

自治区在国家扶持下，积极发展交通邮电事业，要特别注意发展边境牧区的交通、邮电事业。

第三十八条　积极支坚〔持〕和发展集体所有制的工业、手工业、商业和社队企业，支持个体经营小型手工业、商业服务性行业。

---

* 原稿有折痕不清晰，作者进行了补正。

第三十九条 自治区人民政府可以和区外有关地区和单位采取联合经营、补偿贸易、返回产品和利润分成等各种形式，开发利用自治区内的资源。

第四十条 自治区人民政府〔根〕据国家有关法律、法令，可以与国外和港澳厂商订立各种合同，举办联合企业和合作企业。

第四十一条 国家部门在自治区内开矿、采伐森林、设厂（场），要与自治区协商，做到既有利于国家和自治区的经济发展，又有利于当地群众的生产与生活。

国家部门在自治区内开办企业所需要的职工，除区内不能解决的专业技术人员外，一律在区内招收，蒙古族和其他少数民族职工要占一定数量。

自治区内隶属国家部门的企业（包括军事工业的民用产品），利润和外汇分成及产品留成要高于其他省市。

自治机关积极协助区内隶属国家部门和区外合办的企业进行工作，并且监督他们遵守国家和自治区的法律、法令和政策。

第四十二条 对区内的基本建设要全面规划，统筹安排，要特别注意边境、牧区和农村城镇的建设。

基本建设中，要加强环境保护。认真贯彻执行《中华人民共和国环境保护法》。

第四十三条 根据国家的工资政策和自治区的实际情况，制订自治区内的地区工资类别和地区津贴标准。

第四十四条 自治区的商业，全面实行国家规定的民族贸易体制。

自治区人民政府制定区内畜产品、农副产品的收购政策和办法。国家部门调拨自治区的农林牧副渔产品，须与自治区人民政府磋商。

自治区人民政府根据实际情况，调整牧区、农区的征购任务。

对边民、牧民生产生活所需要的商品，要优先组织供应。对少数民族特需商品，要专项生产供应。

第四十五条 自治区人民政府根据国家统一的对外贸易方针，管理自治区的对外贸易。可以直接与国外客商进行贸易。外汇收入主要用于引进区内经济文化发展所急需的先进设备和技术。

自治区向国家外贸部门提供的商品的外汇收入，自治区分成比例要高于其他省市。

自治区根据国家有关规定，本着互通有无和平等互利的原则，开展对外边境小额贸易。

第四十六条 自治区要积极发展旅游事业。逐步在我区建设一些具有民族特点和地区特点的旅游胜地。

第四十七条 自治区的财政，是国家财政的组成部分。自治机关根据中央的财政方针和计划，结合自治区的特点，制定自治区的预算、开支标准。

中央为扶持自治区经济、文化事业的发展，在财政体制上建立的专项补助基金，要专款专用，充分发挥其在建设上的作用。

自治机关根据自治区的工农牧业发展的需要，制定自治区地方税的税则，决定地方税的开征、减征和免征。

自治区对牧区、边境地区、老革命根据地、少数民族聚居地区、贫困地区实行轻税或免税政策。

第四十八条 自治区人民政府制定区内的信贷管理和利率

的实施办法。区内的信贷收入作为信贷基金留归自治区使用。

第四十九条 自治区人民政府依照国家物价管理的基本原则，结合自治区的实际情况制定合理的价格政策。

第五章 文化教育与科学技术

第五十条 自治机关在国家总的方针政策指导下，制定自治区的文化教育、科学技术、新闻出版、卫生、体育事业的具体方针政策和法规法令。

要特别重视科学研究，发展教育事业。要增大智力投资。

在全面发展自治区文化、教育、科学技术中，要重点发展蒙古族和其他少数民族的文化、教育、科学技术事业。

第五十一条 要建立健全从幼儿教育到高等教育的民族教育体系。

有蒙古族和其他少数民族聚居的地区，根据需要和可能，开办蒙古族和其他少数民族幼儿班，实施学龄前的蒙古语文或其他少数民族语文教育。

牧区、边境地区、少数民族散居地区和民族自治旗的民族小学，要以集中、公办、全日制、寄宿制为主，逐步实现免费义务教育。

积极发展和提高民族中学和民族师范教育，并逐步兴办各类民族职业学校。

积极办好民族高等和中等专业教育，区内一般高等院校和中等专业学校，要创造条件，设置蒙语授课的专业和民族班。

第五十二条 自治区人民政府根据国家有关规定，结合自治区的特点，制定各类学校的学制、教学内容和教学语文。

第五十三条 自治区用汉语授课的各高等院校和中等专业

学校在招生的总人数中，蒙古族和其他少数民族要占适当比例。

鼓励区内汉族和其他少数民族学生学习蒙古语文。用蒙古语文授课的高等院校、中等专业学校及各类专业班招收学生时，不限民族比例。

自治区各高等院校应视需要可设置民族预科班。

第五十四条 自治区人民政府制定各类学校的人员编制和经费开支标准。自治区民族学校和使用蒙汉两种语文授课的各类学校的办学条件，应优厚于一般学校。

要增加自治区的教育经费和教育基建投资，以适应教育事业的发展。对牧区、边境地区、林区、山区、老革命根据地和民族自治旗的教育基建投资应优先安排。民族事业补助费重点用于民族教育事业。

自治区少数民族学生的奖学金、助学金标准，要高于国家一般规定。牧区、边境地区、林区、山区、老革命根据地和民族自治旗学生的奖学金、助学金要高于区内一般地区。

第五十五条 要积极开展群众性的扫盲工作。扫盲的重点对象是青、壮年和社队干部。

城镇、工、矿区要积极办好职工教育。

第五十六条 要大力发展科学技术事业，积极开展学术研究活动和科学技术普及工作。

要加强对自然资源的综合考察和科学研究。

要开展草牧场、畜牧兽医、农业、森林和煤炭、钢铁、稀土等科学研究，大力提高肉类、乳品、皮革和毛纺等工业科学技术水平。

要加强对民族历史、民族教育、民族语文、民族理论和民族政策的科学理论研究。

第五十七条 自治区人民政府根据国家的有关政策，与国外进行科学技术交流，聘请外国专家来自治区讲学和任教，派遣留学生选派科技人员出国进修。在出国留学和进修人员中，蒙古族和其他少数民族要占适当比例。

第五十八条 要重点发展蒙古族和其他少数民族的文学、音乐、舞蹈、戏剧、曲艺、美术等民族文化艺术。积极办好民族艺术院校，大力培养少数民族文艺人才。

要发展农村、牧区群众的文化生活。

第五十九条 要建设和发展文化馆、图书馆、博物馆、少年宫等文化活动场所。逐步建成具有民族特点的比较完善的群众文化生活网。

加强民族历史文物、革命文物和民族民间文化艺术遗产的挖掘搜集、保护和研究工作。

第六十条 要发民医药卫生事业，积极培养医药卫生科技人员、健全机构，逐步建成比较完善的城镇、农村、牧区的医疗卫生网。

要继承和发扬民族医学，大力培养蒙医蒙药人才，提高蒙医蒙药人员和中蒙西医结合人员业务技术水平。

第六十一条 要全面防治、重点消灭地方病、流行病和多发病，加强妇幼保健工作，提高各族人民身体素质和健康水平。

第六十二条 为了促进自治区卫生事业的发展，其经费要占全区财政总支出的一定比例。

对牧区、边境地区和民族自治旗的少数民族人民实行免费医疗。对这些地区的卫生事业费、基建投资和医药技术设备要给予重点安排。

第六十三条 在普及与提高相结合的方针下，积极开展群众性体育活动，继承和发扬具有民族特点的传统体育项目。加强体育运动的科学研究。

第六十四条 要积极发展蒙古语文的新闻、出版、广播、电视等事业，并大力培养蒙古族和其他少数民族这方面的专业人才。

第六十五条 自治机关要重视使用蒙古语文。对学习、使用蒙古语文有成绩的各族干部、专业人员要给予鼓励和奖励。

用蒙古语文和汉语从事各类专业技术工作的人员，有同等受学位、学术职称的权利。

要积极开展蒙古语文和其他少数民族语言的科学研究，按照民族语文的发展规律，正确处理民族语文的学习、使用和发展问题。

第六十六条 自治区欢迎区外科学技术人员参加自治区的建设；对各条战线上的科技人员要合理使用；对他们的生活给予适当安排和照顾；对做出显著贡献的人员，给予相应的荣誉称号和物质奖励。

第六章 附则

第六十七条 每年五月一日是自治区成立纪念日，放假一天，举行庆祝活动。

第六十八条 自治机关的组成、职权等，除本条例规定的以外按照宪法和有关组织法规定执行。

第六十九条 本条例由自治区人民代表大会通过，报全国人民代表大会常务委员会核准实施。

第七十条 本条例解释权属于自治区人民代表大会常务委员会。

2.《内蒙古自治区自治条例(初稿)》残本

内蒙古自治区自治条例(初稿)

(据武建军保存稿,稿件时间不详)

序 言

内蒙古自治区是蒙古族实行自治的地方。勤劳、勇敢、智慧的蒙古族人民,同全国各族人民一起,为创造祖国的历史和文化作出了重大贡献。

鸦片战争以后,由于内外反动统治阶级的压迫剥,特别是近代帝国主义的侵略,曾使蒙古民族人民处于苦难深重的境地。为了民族的生存与解放,蒙古族人民同史弟民族人民一起进行了长期英勇的斗争。

中国共产党诞生以后,内蒙古的民族解放运动进入了新的历史阶段。在党的领导下,内蒙古各族人民经过艰苦曲折的英勇斗争,终于赢得了民族解放的重大胜利,于一九四八年五月一日在乌兰浩特成立了内蒙古自治政府。建国后,在党中央和中央人民政府的领导和关怀下,进一步推行民族区域自治政策,逐渐形成了以呼和浩特为首府的内蒙古自治区,实现了内蒙古地区蒙古族人民统一自治的愿望。

自治区成立以来,由于坚决执行党的民族区域自治政策,正确处理民族关系,根据自治区的实际情况,贯彻执行国家的法律和政策;大量培养蒙古族和其他少数民族的各级干部,各种专业人才和技术工人；在国家的帮助下，发扬自力更生、艰苦奋斗精神，努力发展社会主义建设事业，使经济文化事业得到巨大发展，人民生活有了显著提高，并且对国家的建设事业作出了贡献，因而在国内外都产生过良好的影响。实行民族区域自治，体现了党的民族平等、民族团结和民族共同繁荣的政策，保证了自治民族自主管理本民族内部事务的权利，促进了平等、团结、互助的社会主义民族关系的发展，保障了国家的统一。实践证明，民族区域自治是解决我国民族问题的唯一正确的政策。

在新的历史时期，自治区的基本任务是：全区各族人民在中国共产党的领导和马克思列宁主义、毛泽东思想的指引下，坚持人民民主专政，坚持社会主义道路，进一步贯彻党的民族区域自治政策和国家民族区域自治法，维护和发展各民族的平等、团结、互助的社会主义民族关系。全区各族人民要同心同德，贯彻以“林牧为主，多种经营”的经济建设方针，加速自治区四个现代化建设，提高各族人民、特别是少数民族人民的物质文化和科学技术水平，把内蒙古自治区建设成为各民族共同繁荣昌盛、高度文明、高度民主的社会主义自治区。

为了保障实行自治民族的自治权利和实现自治区在新的历史时期的基本任务，特制定本条例。

本条例经全国人民代表大会常务委员会批准，具有法律效力。全区各民族人民、一切国家机关和武装部队、各社会团体、各企业事业组织，都必须维护并保证本条例的实施。

第一章　总则

第一条　本条例依据中华人民共和国宪法和中华人民共和国民族区域自治法，结合内蒙古自治区（以下简称自治区）的实际制定。

第二条 内蒙古自治区是蒙古族实行民族区域自治的地方。

内蒙古自治区是中华人民共和国不可分离的部分。

自治区的自治机关是国家的一级地方政权机关。

第三条 自治区的一切要利属于全区各族人民。

人民行使权力的机关是自治区人民代表大会。

自治区的自治机关是自治区人民代表大会及其常务委员会和自治区人民政府。

第四条 自治区的自治机关实行民主集中制的原则。

自治区人民代表大会和地方各级人民代表大会都由民主选举产生，对人民负责，受人民监督。

自治区的行政机关、审判机关、检察机关都由人民代表大会产生，对它负责，受它监督。

第五条 自治机关行使宪法第三章第五节和第六节规定的地方国家机关的职权，同时依照宪法和民族区域自治法规定的权限行使自治权，并按本地方的实际情况贯彻执行国家的法律、政策。

第六条 自治机关要维护国家的统一，保证国家宪法和法律在自治区内的遵守和执行。

自治机关要把国家的整体利益放在首位，积极完成国家交给的各项任务，为国家的社会主义建设作出贡献。

国家赋予自治区自治机关的合法权力受国家法律保护。

自治机在依据国家法律，保护管理、开发利用本地区的自然资源。

自治机关依照国家的军事制度和实际需要，经国务院批准，组织维护社会治安的公安部队。

第七条 自治机关领导全区各族人民集中力量进行社会主义现代化建设。

自治机关遵照国家的方针、政策、法律和法令，从全区各族人民的需要出发，全面管理本地区政治、经济、文化教育、科学技术和其他各项事业。

自治机关根据本地方的实际情况，在不违背宪法和法律的原则下，有权采取特殊政策和灵活措施，加速发展自治区的经济、文化建设事业。

自治机关在国家计划的指导下，从实际出发，不断提高劳动生产率和经济效益，发展社会生产力，逐步提高各族人民的物质生活水平。

自治机关继承和发扬民族文化的优良传统，建设具有民族特点的社会主义精神文明，不断提高各族人民的社会主义觉悟和科学文化水平。

自治机关在宪法和民族区域自治法规定权限范围内，按照民族的政治、经济和文化的特点，制定单行条例和地方性法规。

自治机关在执行上级国家机关的决议、决定、命令和指示的时候，如有不适合自治区实际情况的，可报经上级国家机关批准，变通执行或者停止执行。

第八条 自治机关的组成人员，要以蒙古族为主，其他民族应占适当比例。

自治区各行业都必须有计划地培养蒙古族和其他少数民族干部、工人和专业技术人才。

蒙古语文、汉语文是自治机关行使职权的工具。

第九条 自治区除蒙古族外，包括人口众多的汉族和达斡尔、鄂温克、鄂伦春、回、满、朝鲜少数民族。

自治区内散居、杂居其他少数民族都有平等地参加管理地方行政事务的权利。

自治区内各民族都有使用和发展自己的语言文字的自由，都有保持和改革自己的风俗习惯的自由。

第十条 自治机关保障各民族公民有宗教信仰自由。任何国家机关、社会团体和个人不得强制公民信仰宗教或者不信仰宗教，不得歧视信仰宗教的公民和不信仰宗教的公民。

自治机关保护正常的宗教活动和宗教、寺庙的合法财产。任何人不得利用宗教进行破坏社会秩序、损害公民身体健康、妨碍国家教育制度的活动。

宗教团体和宗教事务不受外国势力的支配。

第十一条 自治机关依据国家的法律和政策，结合自治区的实际，制定自治区的人口政策和人口管理法规。

第十二条 自治区辖盟、市、旗（自治旗）、县、苏木、乡、民族乡、镇都是国家的一级地方政权，设立人民代表大会和人民政府。

自治区的区界和地域受到国家法律保护。

第二章 自治机关

第十三条 自治区的行政区域实行四级管理，自治区设立人民代表大会和自治区人民政府。自治区辖盟、市、旗、自治旗、县、苏木、乡、民族乡、镇都是国家的一级地方政权，设立人民代表大会和人民政府。

旗、县级以上人民代表大会设立常务委员会。

第十四条 自治区人民代表大会是地方国家权力机关。

自治区人民代表大会常务委员会是自治区人民代表大会的常设机关，自治区人民代表大会负责并报告工作。

自治区人民政府是自治区人民代表大会的执行机关，是地方国家行政机关。自治区人民政府对自治区人民代表大会和国务院负责并报告工作，在自治区人民代表大会闭会期间，对自治区人民代表大会常务委员会负责并报告工作。

第十五条 自治区人民代表大会的代表，蒙古族不宜低于百分之三十五；汉族和其他少数民族都要有适当名额。区内其他少数民族代表的比例可高于其人口所占比例。

自治区人民代表大会常务委员会的组成人员，蒙古族不低于百分之五十。汉族和其他少数民族要有适当名额。主任由蒙古族公民担任。

自治区人民政府的组成人员，蒙古族不低于百分之五十。汉族和其他少数民族要有适当名额。自治区主席由蒙古族公民担任。

自治区所属各工作部门的干部中，也都要尽量配备蒙古族和其他少数民族的人员。

自治区的盟、直辖市、旗、自治旗、县人民代表大会及其常务委员会、各级人民政府组成人员中各民族成员的比例，要根据实际情况确定。具体办法在自治区地方各级人民代表大会和地方各级人民政府组织条例中加以规定。

自治区内实行民族区域自治的旗的旗人民代表大会及其常务委员会、旗人民政府的组成人员，要以实行自治的民族为主。自治旗人民代表大会常务委员会主任、自治旗人民政府旗长由实行自治的民族公民担任。

自治旗人民代表大会有权依照当地民族的政治、经济和文化的特点，制定自治条例和单行条例，报自治区人民代表大会常务委员会批准后生效。

自治区内各级人民政府，实行主席、盟、市、旗、县、乡、镇长负责制。

第十六条　自治机关下发文件和召开会议，要同时使用蒙古语文和汉语文。

第十七条　自治机关根据社会主义建设的需权……

（注：原件缺第10页的文字，因此缺**第十八条、第十九条、第二十条、第二十一条**的内容）

优属，加强军民团结，实行军民联防，保卫祖国边疆。

自治区人民政府管理民兵，负责兵役工作，管理自治区人民边防武装警察部队和地方人民武装警察。

自治区人民边防武装警察部队，受自治区人民政府和国家公安部的双重领导。

自治区人民边防武装警察部队和地方人民武装警察中，蒙古族和其他少数民族的人员要有适当数量。

自治区公安部队要吸收蒙古族和其他少数民族的人员。

常驻自治区的人民解放军部队，军区、军分区、人民武装部和边防部队，要培养配备蒙古族和其他少数民族干部，征集适量的蒙古族和其他少数民族战士。

第三章　经济与财政

第二十二条　自治区根据国家发展经济的方针、政策、计划，从实际出发，制定经济建设的具体方针、政策和计划。

自治区实行“林牧为主，多种经营”的经济建设方针。

自治区在国家统一计划下，根据自然资源分布的特点。改革经济管理体制，合理调整生产关系，对外开放，合理开发、利用自然资源。

自治机关对自治旗、民族乡、牧区、边境地区、老革命根据地、贫困地区的经济建设，要根据自治区的财力、物力，给予特殊照顾，并根据这些地区的经济特点，采取特殊政策。

第二十三条　自治机关对区内土地、森林、草原、矿藏、河流、湖泊一切自然资源，进行统一管理、全面规划、合理利用和开发。

第二十四条　自治区对草原牧场、林地、耕地和自然水面，实行全民所有和集体所有。

对全民所有和集体所有的草原牧场、林地、耕地和自然水面，任何单位和个人不得无偿占用。

保护和建设草牧场，鼓励集体和个人建设草牧场，种树种草。未经自治区人民政府批准，不得擅自开垦占用。

禁止私人买卖、典当、出租土地、草牧场、承包地、饲料地、林地、草圐圙。

第二十五条　自治机关保护苏木、乡、嘎查、村集体经济组织和农牧民个人所有的生产资料、生活资料，任何单位和个人不得占用和平调。

自治机关保护各种类型的专业户、重点户和经济联合体，发展农村、牧区商品经济。

第二十六条　自治区对全民所有制的森林，实行“营林为主，采育结合，综合利用，多种经营”的方针。

全民所有和集体所有的森林、林木和林地，个人所有的林木和林地，由旗县人民政府颁发证书，确认所有权和使用权，其合法权益受法律保护。

自治区内的原始森林和大面积的国有天然次生林，由自治区和盟、直辖市分级管理；其他国有林由旗、县管理。

要护林防火。严林毁林开荒、毁林放牧、毁林开矿、乱砍滥伐。

区内的草本植物和灌木，统一由当地政府和主管部门管理，未经经营者许可，不得擅自采集，砍伐。

在林区、山区、草原、水面建立各种自然保护区，严禁乱砍滥伐、乱捕滥猎，保护珍贵稀有野生动植物。在林区划定狩猎区，保障猎民的生产和生活。

第二十七条 自治机关要利用资源优势，采取特殊政策和灵活措施，加速发展具有地区特点和民族特点的地方工业。

自治区根据国家有关规定，积极吸收国外和区外的资金、设备、技术、人才和经营管理经验，鼓励国内外企事业单位和各界人士来内蒙古合办各种企业。

自治机关根据国家有关法律、法令，可以和国外各界人士、区外有关地区和企事业单位采取联合经营、补偿贸易、返回产品和利润分成等各种形式，开发利用自治区内的资源。

在自治区的统一规划下，有关部门和盟、市、旗、县可以与国外和港澳厂商订立各种合同，举办联合企业和合作企业。

国家部门在自治区开矿、采伐森林、设厂（场），或者改变自治区地方企业的隶属关系要与自治区协商，做到既有利于国家和自治区的经济发展，又有利于当地人民群众的生产与生活。

国家部门在自治区开办企业所需要的职工，除区内不能解决的专业技术人员外，一律在区内招收，蒙古族和其他少数民族职工要占一定数量。

自治区内隶属国家部门的企业（包括军事工业的民用产品），其利润、外汇分成和产品留成要高于其他省市的百分之。*

自治区内隶属国家部门和国外、区外合办企业，都要遵守国家和自治区的法律、法令和政策。

自治机关要加快对原有和现有企业的调整、改革和整顿的步伐，提高经济效益，发展生产。

自治机关积极支持和发展集体所有制的工业、手工业、商业和乡镇企业，保护和支持个体工业、商业和服务业。

自治区在国家的扶持下，改进发展交通邮电事业，要特别注意发展边境牧区、山老区的交通、邮电。鼓励个人办邮政，鼓励单位或个人经营公路和客货运输。

第二十八条 自治机关在国家计划的指导下，根据国家预算和地方财力、物力，自主地安排地方基本建设项目。

盟、直辖市、旗、县在自治区的统一计划下，可根据自己的财力、物力，自主地安排当地的基本建设项目。

基本建设中，要认真贯彻执行国家和自治区的有关法律、法令，保护环境、草原和森林（林木），保持生态平衡。

自治机关要根据自治区的基本建设规划，发展建材工业。

第二十九条 自治机关根据国家的工资政策和自治区的实际情况，制订地区工资类别和地区津贴标准。

---

* 原稿如此。

第三十条 自治区的商业，实行国家规定的民族贸易体制。

自治机关制定区内畜产品、农副产品的收购政策和办法。国家部门调拨自治区的农林牧副渔产品，须与自治区人民政府磋商。

对边民、牧民生产生活所需商品蒙古族和其他少数民族特需商品，要优先组织供应，或专项生产供应。

第三十一条 自治机关根据国家的对外贸易方针、政策，管理自治区的对外贸易，开展对外经济贸易活动，开辟对外贸易口岸。

自治区和盟、直辖市根据国家有关规定，本着互通有无和平等互利的原则，开展对外边境贸易。

自治区向国家外贸部门提供的商品的外汇收入，自治区的留成比例要高于其他省市的百分之。*

第三十二条 自治区要积极发展旅游事业，逐步在我区建设一些具有民族特点和地区特点的旅游胜地。

第三十三条 自治区的财政是一级财政，是国家财政的组成部分。

自治机关有管理地方财政的自治权。

凡是自治区范围内的各项财政收入，均由自治区自主地安排使用。收入不敷支出的差额部分，报请国家补助。

自治机关对自治区的各项开支标准、定员、定额，根据国家规定的原则，结合自治区的实际情况，制定补充规定和具体办法。自治旗制定的补充规定和具体办法，须报自治区人民政府批准。

国家为扶持自治区经济、社会事业的发展，在财政体制上建立的专项补助基金，要专款专用。

---

* 原稿如此。

自治机关在执行国家税法的时候，除应由国家统一审批的减免税收项目以外，对自治区地方财政收入的某些需要从税收上加以照顾和鼓励的，由自治区自行决定减税或免税；根据国家地方税法，由自治区制定地方税实施细则，决定开征或停征。自治旗决定减税或者免税，须报自治区人民政府批准。

自治区对牧区、边境地区、山老区、少数民族聚居地区、贫困地区实行轻税或免税政策。

第三十四条 在国家统一信贷计划下，根据实际情况。自治区自行安排信贷资金投向。在国家利率政策和总水平下，自治区实行差别利率和浮动利率。自治区银行的利润收入，按一定比例留归自治区使用。

第三十五条 自治机关依照国家物价管理的基本原则，结合自治区的实际情况，制定合理的价格政策。

第四章　文化教育与科学技术

第三十六条 教育是自治区经济发展的战略重点之一。自治机关根据国家的教育方针和有关规定，从实际出发，制定自治区的教育规划，决定各级各类学校的设置、专业、学制、规模、教学内容、授课用语、办学形式和招生分配办法。

要贯彻“面向现代化，面向世界，面向未来”的总的方针，依靠广大教育工作者，锐意改革，建立一个完整的、包括普通教育与民族教育在内的、由学前教育、初等教育、中等教育、高等教育到成人教育、培养多层次多规格人才的、具有民族特点和地区特点的社会主义教育体系，为建设团结、富裕、文明的内蒙古服务。

发展学龄前教育。到90年在城镇普及学前教育；在农村牧区创造条件，开办学前班与幼儿园。

普及初等义务教育。到90年在农村牧区普及小学教育；在城镇普及初中教育。

改革中等教育结构。各行各业大力新办职业中学和把一部分普通中学改为职业学校以及所有普通中学都开设职业技术教育课三者同步进行。实行普通教育与职业教育并举的教育体系。扩大初中毕业生的升学比例，为高一级学校输送合格新生，为社会培养掌握一定生产知识和技能的优良的劳动后备力量，增强毕业生的适应能力。职业中学毕业生可报考大专院校，或参加生产劳动，国家不包分配。区内对口的高等学校择优录取一定比例的职业中学考生。

充实、整顿、提高高等教育，适应自治区现实和长远经济建设的需要，尽快调整现有专业，充实学校设备，改善办学条件，在不断提高教学、科研水平的前提下适当扩大招生规模，在完成招生计划的前提下，提倡办自费、走读、不包分配的大专班。

认真办好职工大学、电视大学、函授大学、管理干部学院以及职工中专和扫盲班，大力发展成人教育，努力提高干部队伍和广大劳动者的现代科学知识水平和素质。

第三十七条 重视教育事业的发展，把教育列入各级政府重要的工作内容。

扩大智力投资。教育经费和基建经费逐年有所增加。智力投资的每年递增率要高于财政总支出的增长率。每年教育经费不少于自治区经费总开支的20%。各级财政每年都要安排一定比例的自筹资金用于教育。学校要普遍开展勤工俭学，发扬勤俭办学的精神，最大限度发挥现有经费的效益。

贯彻两条腿走路的方针，提倡厂矿企业和群众集资办学，鼓励私人办学。

建立一支合格的教师队伍。进一步落实党的知识分子政策，合理使用和充分发挥他们在四化建设中的作用，制定优惠于内地教师的规定，提高他们的政治待遇和生活待遇，稳定教师队伍，通过培训，提高师资水平，实行考核录用，停止吸收不合格教师。

教师要定编、定任务、定工作量，实行岗位责任制。对积极工作、成绩卓著的要晋级嘉奖，对不具备教师素质的，分配作其它工作。

提倡整个社会尊敬教师的劳动。教师要热爱学生。学校要在自治区两个文明建设中发挥应有的作用。

第三十八条 民族教育是自治区教育的重要组成部分，要以高于全区的平均速度重点优先发展，大力培养少数民族人才，加快自治（区）经济和文化科学建设事业，加速消除历史上遗留下来的各民族间事实上的不平等。

自治区的民族教育，以蒙古族和其他少数民族为对象。要保证区内各少数民族有学习和使用本民族语言文字的权力（利）。提倡汉族学习蒙文蒙语，提倡蒙古族和其他少数民族学习汉文汉语。要以各地实际出发，决定教学用语，可用蒙语授课，加授汉语；也可用汉语授课，加授蒙语。

在蒙古族和其他少数民族聚居的地区，要开办蒙古族和其他少数民族幼儿园和学前班，对学龄前儿童实施蒙古语文和其他少数民族语文教育。

牧区、边境地区、山区和民族自治旗的学校设置，要从实际出发，因地制宜，多种形式。国家要在上述地区多办寄宿为主和助学金为主的公立民族学校，实现普及初等义务教育。目前，在逐步扩大对民族教育投资的同时，要继续贯彻"四结合、四为主"（即公办与民办相结合，以公办为主；集中与分散相结合，以集中为主；全日制与半日制相结合，以全日制为主；寄宿制与走读制相结合，以寄宿制为主）的办学方针。

积极发展和提高民族中学和民族师范教育，兴办民族职业教育，为牧区培养中级和初级技术人才。

区内高等院校每年招生，要保证有一定比例的蒙古族和其他少数民族学生入学。

要重视培养民族教师和民族教材建设，办好现有的民族高等教育、中等专业教育、职业技术教育和各种成人教育，努力提高民族教育质量。

要不断扩大民族教育的规模，尽快建成从幼儿教育到高等教育，从普通教育到成人教育用蒙文蒙语授课的教育体系。

第三十九条 自治机关根据国家有关规定及自治区经济和社会发展的需要，制定科学技术发展规划和方针、政策，普及科学技术知识。

科学技术工作要面向经济建设，不断改革和创新，推行开发研究单位由事业费开支改为有偿合同制，科研成果实行有偿转移。

第四十条 自治机关根据国家的有关政策规定，与国内外进行科学技术交流，聘请国内外专家、学者来自治区任职和讲学，派遣出国留学生，选派科技人才出国考察、进修。在选派出国留学生和进修人员中，蒙古族和其他少数民族要占一定比例。

第四十一条 自治机关要保护来自治区参加建设的国内外科学技术人员的合法权利和利益。

对科学技术人员合理安排使用。对科学技术人员和专业人才实行合理流动，允许招聘。对有发明创造和做出重大科研成果者，要给予相应的提升、晋级和奖励。

第四十二条 自治机关要重视文化艺术的发展，特别注意发展具有民族形式和民族特点的文学、音乐、舞蹈、戏剧、电影、曲艺、美术等民族文学艺术。

自治机关办好民族艺术学校，大力培养蒙古族和其他少数民族的文学艺术人才。

自治机关要建设和发展文化馆、图书馆、博物馆、少年宫等文化活动场所。逐步建成具有地区特点、民族特点的比较完善的群众文化生活网。

自治机关要改善农村牧区文化设施，活跃广大人民群众的文化生活。

自治机关要加强民族历史文物、革命文物和民族民间文化艺术遗产的挖掘、搜集、整理保护和研究工作。

第四十三条 自治机关要发展新闻、出版、广播、电视等事业，宣传马列主义、毛泽东思想，传播一切有益于经济、社会发展的科技和文化知识，加速民族文化建设。

自治机关收集、整理、翻译和出版民族书籍，保护民族的名胜古迹、珍贵文物和其它重要历史文化遗产。

第四十四条 自治机关遵照国家有关政策规定，发展医药卫生事业，决定自治区的医疗卫生事业的发展规划，发展现代医药和民族传统医药。

自治机关培养医药卫生科技人员，开展群众性卫生宣传教育，提高各族人民卫生科学知识。要健全机构，逐步建成比较完善的城镇、农村、牧区的医疗卫生网。

第四十五条 自治机关要全面防治、重点消灭地方病、流行病和多发病，加强妇幼保健工作，提高各族人民的身体素质和健康水平。

自治机关对牧区、边境地区和民族自治旗的蒙古族和其他少数民族人民要逐步实行免费医疗。对这些地区的医疗卫生、医药技术设备要给予特殊照顾。

第四十六条 自治机关要继承和发扬民族医学，兴办民族医学院校，培养民族医药人才。

允许集体或个人集资办医院，允许办纯民族医院，允许向民间招聘民族医师到医院任职或行医，允许医院自行安排使用上级下达的预算指标。

国家和自治区资助民族医（药）事业。

第四十七条 自治机关在普及与提高相结合的方针指导下，发展体育事业，开展群众性体育活动，继承和发扬民族传统体育项目，增强各民族人民的体质。

加强体育运动的科学研究，提高体育队伍的智能结构。

第四十八条 自治机关要重视使用蒙古语文。对于学习、使用蒙古语文有成绩的干部和专业人员要给予鼓励和奖励。

用蒙古语文和汉语文从事各类专业技术工作的人员，有同等的受学位、学术职称的权利；对于熟练掌握蒙古语文的汉族同志，在受学位、评职称的时候，可降低对外语水平的要求；如果他们在熟练掌握蒙古语文和汉语文的同时也掌握了斯拉夫蒙文的，要免试外语。

要开展蒙古语文和其他少数民族语言的科学研究，按照民族语文的发展规律，正确处理民族语文的学习、使用和发展问题。

第四十九条 自治机关在国家人口计划的指导下，根据自治区的实际，制定人口规划和各民族计划生育政策、规定、办法。

自治区各民族都要提倡计划生育。对蒙古族和其他少数民族，本着有计划发展的原则，在要求上适当放宽。

蒙古族和其他少数民族计划生育的重点是优生。

第五十条 自治机关积极开展和其他地方的教育、科学技术、文学艺术、卫生、体育等方面的交流和协作。

自治机关依照国家规定，可以和国外进行教育、科学技术、文学艺术、卫生、体育等方面的交流。

第五十一条 自治机关加强智力投资，在教育、科学技术、文学艺术、卫生、体育等方面逐年增加经费比例，以适应其各项事业的发展。

第五章 自治区高级人民法院和人民检察院

第五十二条 自治区高级人民法院是自治区的审判机关，依法独立行使审判权，并且监督自治区地方各级人民法院和专门人民法院在所辖范围内行使审判权。

第五十三条 自治区人民检察院是自治区的法律监督机关，依法独立行使检察权，并且领导自治区地方各级人民检察院和专门人民检察院在所辖范围内行使检察权。

第五十四条 自治区高级人民法院和自治区人民检察院对本级人民代表大会及其常务委员会负责并报告工作。

自治区高级人民法院的审判工作受最高人民法院的监督。自治区人民检察院的工作，受最高人民检察院的领导。

第五十五条 自治区高级人民法院和自治区人民检察院，在审判案件和行使检察权时，对一切公民，在适用法律上一律平等。

第五十六条 自治区高级人民法院和自治区人民检察院在审理蒙古族和其他少数民族案件时，应尊重该民族生产、生活方式、风俗习惯和正当宗教信仰自由。

第五十七条 各民族公民都有用本民族语言文字进行诉讼的权利。在蒙古族和其他少数民族聚居、杂居地区，人民法院应当用当地通用的语言进行审讯，用当地通用的民族文字发布判决书、布告和其他文件。人民检察院进行侦查、起诉、出庭公诉等诉讼活动，要用当地通用的民族语言文字，对于不通晓当地通用语言文字的诉讼参与人，应当为他们翻译。

第五十八条 自治区各级人民法院和专门人民法院在审理当地少数民族人员的案件时，应有本民族的审判员、陪审员组成合议庭进行审理。各民族公民有权要求由本民族的律师为自（己）辩护。如当地没有该民族的律师，可以聘请或由法院指定该民族的公民担任其辩护人为他辩护，要切实保障少数民族的诉讼参与人依法享有诉讼权利和辩护权利。

第五十九条 自治区高级人民法院和人民检察院的领导成员和工作人员中，应当有实行区域自治的民族的人员。

第六十条 自治区……（以下几行由于原件残缺一角，故丢失文字）

第六十一条 自治区内……

互相学习、互相帮助，互相尊……

惯和宗教信仰，共同维护国家的……

互助的社会主义民族关系，禁止对……

和压迫，禁止破坏民族团结和制造民……

在维护民族团结的斗争中，要反对大民……

要仅对大汉族主义，也要反对地方民族主义。

第六十二条 自治区内散居的其他少……

受到歧视、压迫或污辱，有向各级人民政府控……

权利。各级人民政府对待此种控告要严肃认真对……

对于歧视、压迫和污辱行为造成严重后果者要依法惩处。

第六十三条 自治机关帮助区内聚居的其他少数民族依法建立自治地方和民族区、民族乡。

自治机关要尊重和保障区内其他实行自治民族的自治权利，帮助他们加速经济和文化的发展。

自治区高级人民法院审判委员会和人民检察院检察委员会中，蒙古族人员不低于百分之五十。

自治区高级人民法院院长和人民检察院检察长由蒙古族人员担任。

（原件到此页，后面缺失）[1]

三、宁夏起草自治条例的状况

（一）宁夏回族自治区自治条例起草历程

宁夏回族自治区自治条例制定的工作，发端于20世纪80年代初。1980年11月，自治区四届人大常委会第六次会议通过了《关于制定〈宁夏回族自治区自治条例〉和成立宁夏回族自治区自治条例起草委员会的决议》，成立了由自治区党委、人大、政府领导

〔1〕 此稿2014年4月6日由张文山据武建军保存的原稿录入。

分别担任主任和副主任的起草委员会，下设办公室，抽调工作人员进行自治条例的起草工作。

在宁夏回族自治区人大常委会的领导下，1981年9月《宁夏回族自治区自治条例》起草委员会办公室在汇总各方面意见的基础上，起草了《宁夏回族自治区自治条例（试拟草稿）》，共7章82条。9月10日，起草委员会办公室向起草委员作了《关于〈宁夏回族自治区自治条例（试拟草稿）〉的说明》。这个试拟草稿虽然轮廓粗糙，无论内容、结构、文字都不太成熟，却很有意义。它就是后来草稿的"母稿"，尽管后来第15稿已经找不到试拟草稿的文字了，但却是在此稿的基础上一步一步脱胎而来的，它是宁夏回族自治区自治条例起草历程的奠基石。1982年12月，在试拟草稿的基础上，起草委员会就完成了《宁夏回族自治区自治条例初稿（四）》，共8章74条。

1984年《民族区域自治法》颁布实施后，宁夏调整了起草自治条例的领导机构，成立了新的起草小组，强化了起草自治条例的领导和协调工作。与前期工作的不同，在于1982年形成的初稿，是以宪法为立法依据；1984年后，自治条例的起草的立法依据是宪法和民族区域自治法。据此，起草小组形成了新的自治条例初稿，随后进行了多次补充修改，到1987年7月形成了《宁夏回族自治区自治条例（第九稿）》，共7章66条。

从1988年起，自治条例起草的工作，改由宁夏回族自治区人大常委会主任会议直接领导。自治条例起草办公室与起草小组成员，在进行大量调研工作的基础上，对既有条例草稿进行修改、补充，1988年11月形成了《宁夏回族自治区自治条例（第十稿）》7章79条、1989年9月形成了《宁夏回族自治区自治条例（第十一稿）》9章74条、1989年11月形成了《宁夏回族自治区自治条例（第十二稿）》9章68条、经过不懈努力，终于在1991年9月形成了第一个送审稿，即《宁夏回族自治区自治条例（第十三稿）》，共9章68条。

1992年中国共产党第十四次全国代表大会召开后，自治区人大党组根据新的形势，决定按照十四大精神和宪法修正案的原则，对自治条例第13稿进行全面修改。在系统调研和反复论证的基础上，广泛征求意见，对内容作了较大的修改与调整。1993年4月形成了《宁夏回族自治区自治条例（第十四稿初稿）》9章66条，9月形成了《宁夏回族自治区自治条例（第十四稿）》9章68条；1994年7月形成了《宁夏回族自治区自治条例（第十五稿）》9章66条。经自治区七届人大常委会组成人员和自治区政府有关部门负责人会议讨论，并请有关专家、学者多次把关修改，普遍认为第15稿能够较充分地反映当时宁夏政治、经济和文化等方面的特点和需要，趋于成熟。第15稿经自治区人大常委会党组和主任会议审定后，于1994年8月正式报宁夏回族自治区党委。然而，随着改革不断深入，中国大地飞速的变化，陆续涌现出新的情况与新的问题，使自治条例第15稿最终尚未进入法定审议程序。

2001年《民族区域自治法》的修改与2005年《国务院实施〈中华人民共和国民族区域自治法〉若干规定》发布，为自治区自治条例的制定提供了更加充分的法律依据，对制定自治条例提出了明确要求，自治区九届人大常委会把制定自治条例列入五年立法规划，且自治区党委已经批准。

为此，2004年4月27日，自治区人大常委会召开了实施《民族区域自治法》加快制定自治条例的理论研讨会。会议指出："制定自治条例和单行条例，是宪法和民族区域自治法赋予民族区域自治地方的一项重要职权，也是落实自治权的具体表现，更是民族区域自治地方有效管理地方事务，促进改革、发展、稳定的一项重要手段。我区社会各界对自治条例的制定工作非常关注。自治区党委和自治区人大常委会也十分重视此项工作。20世纪80年代初期，制定工作就启动了，但由于各方面的原因至今还未出台。修改后的民族区域自治法，对制定自治条例提出了明确要求，自治区人大也把制定自治条例列入五年立法规划，自治区党委已经批准。现在要重新组织力量着手自治条例的制定工作，这是深入贯彻执行民族区域自治法的需要，也是我区经济社会发展的客观需要。随着我国民主法制建设的不断完善以及民族自治地区经济和社会的快速发展，特别是国务院今年要制定实施细则，制定自治条例工作有了更加有利的条件，必须进一步增强紧迫感和责任感，通过制定自治条例，规范和理顺我区经济社会发展中的各种关系和社会矛盾，使各项工作的发展有法可依。”

宁夏制定自治区自治条例的工作，历经了二十余年的不懈努力和探索，锻炼了一批人才，积累了许多重要资料、调研成果与经验，这些将是最终实现自治区自治条例的制定与颁布的宝贵财富。

（二）宁夏回族自治区自治条例（草案）文本

宁夏制定自治区自治条例草案，历经二十余年，先后形成了15个[1]稿本，比较完整地反映了宁夏制定自治条例的基本情况与思维发展、连续的路径，以及文本之间的内在逻辑关系。从研究

---

〔1〕 宁夏15个稿本，作者收集有11个稿本，只缺第5～8稿。

的角度而言，最有意义的是“试拟草稿”与“第15稿”，它们分别是宁夏制定自治区自治条例历程的起点与终点。

1.《宁夏回族自治区自治条例（试拟草稿）》文本

宁夏回族自治区自治条例（试拟草稿）

1981年9月

第一章　总则

第一条　根据《中华人民共和国宪法》、《中华人民共和国地方各级人民代表大会和地方各级人民政府组织法》，结合宁夏回族自治区（以下简称自治区）具体情况，制定本条例。

第二条　自治区是中华人民共和国的一个行政区域，是回族自治地方。

自治区有回、汉、满、蒙古、朝鲜等民族。

第三条　自治区实行以工人阶级为领导，以工农联盟为基础的人民民主专政的制度。

自治区各族人民在中国共产党的领导下，以马克思列宁主义、毛泽东思想为指针，坚持社会主义道路，发扬民主，健全法制，调动一切积极因素，加速发展经济文化建设事业，不断提高各族人民的物质生活和文化生活水平，发展社会主义精神文明，把自治区建设成为各民族平等团结、兴旺发达、文明昌盛、社会主义的民族自治地方。

第四条　自治区人民代表大会及其常务委员会，自治区人民政府，自治区高级人民法院和自治区人民检察院是自治区的自治机关（以下简称自治机关）。

自治机关是一级地方国家政权。

自治机关实行民主集中制。

第五条 自治机关在国家宪法及有关法律规定的范围内，充分行使民族区域自治权利，全面管理本地区政治、经济和文化事业。

对于上级国家机关颁布的某项政策、法令和计划，不适合或不完全适合自治区实际情况的，可以提出变通办法或免于执行的意见，报请上级国家机关批准后执行。

第六条 自治机关要实行民族化。

自治机关的组成，要体现以回族为主体实行区域自治的原则，自治机关的主要领导职务由回族人员担任，并切实做到有职有权有责。

自治机关在工作中要注意运用民族形式。

第七条 自治机关保护生产资料全民所有制、集体所有制和个体劳动者所有制。

自治区保护各族公民的合法收入、储蓄、房屋和其他生活资料所有权。

自治区禁止任何人利用任何手段，扰乱社会经济秩序，破坏社会经济计划，侵吞、挥霍国家和集体财产，危害公共利益。

第八条 自治区保障各民族的平等权利；加强各民族在社会主义基础上的互相学习、互相尊重、互助合作。

自治区各民族一律平等，发扬团结友爱的新型的社会主义民族关系，加强各族人民的爱国主义和民族团结的教育，禁止破坏民族团结的言论和行为。既反对大汉族主义，也要防止地方民族主义。

第九条 自治区各民族公民都享有宪法规定的公民权利，平等地履行宪法规定的公民义务。

第二章 自治机关

第一节 自治区人民代表大会

第十条 自治区人民代表大会是自治地方国家权力机关。

自治区人民代表大会的代表名额和代表产生办法，由上一届人民代表大会常务委员会依照《中华人民共和国地方各级人民代表大会和地方各级人民政府组织法》的规定办理。

自治区人民代表大会中，回族代表名额应高于本民族在自治区各族人口组成中的比例，其他各民族都应当有适当名额的代表。同时要照顾到各地区、各行业都有适当数量的代表。

第十一条 自治区人民代表大会常务委员会，由自治区人民代表大会在代表中选举主任一人，副主任若干人，委员四十五人至五十五人。

自治区人民代表大会常务委员会是自治区人民代表大会的常设机构，对自治区人民代表大会负责并报告工作。

自治区人民代表大会常务委员会组成人员中，回族和其他少数民族人员应超过半数。主任由回族人员担任。

第十二条 自治区人民代表大会常务委员会大人民代表大会闭会期间，是自治区的地方国家权力机关，履行《中华人民共和国地方各级人民代表大会和地方各级人民政府组织法》规定的职权。

第二节　自治区人民政府

第十三条　自治区人民政府是自治区人民代表大会的执行机关，是国务院领导下的地方国家行政机关，履行《中华人民共和国地方各级人民代表大会和地方各级人民政府组织法》规定的职权。

自治区人民政府对自治区人民代表大会和国务院负责并报告工作。在自治区人民代表大会闭会期间，对自治区人民代表大会常务委员会负责并报告工作。

第十四条　自治区人民政府由主席、副主席和秘书长、委员会主任、厅长、局长组成。

自治区人民政府组成人员应以实行区域自治的回族人员为主要成分组成，同时应包括适当数量的汉族和其他少数民族人员。主席由回族人员担任。

第十五条　自治区人民政府主席、副主席的人选，由自治区人民代表大会选举决定。

自治区人民政府秘书长、委员会主任、厅长、局长的人选，由自治区人民代表大会常务委员会任免，报国务院批准。

第十六条　自治区人民政府根据自治区的特点和政治、经济、文化、科学技术发展的实际需要，参照国务院的规定，本着精简、效能的原则，拟定自治区行政和事业单位机构设置和编制名额，报自治区人民代表大会常务委员会批准。

第十七条　自治区人民政府管理自治区地方国家机关干部工作。自治区人民政府及其各工作部门，要积极培养、提拔、使用回族和其他少数民族干部，同时也要重视培养、使用本地汉族干部。特别要加快培养少数民族中的中青年干部、科学技术干部和经济、文化事业干部。采取切实有效的措施，逐步实现干部队伍的革命化、专业化、知识化、年轻化、民族化。回族干部在自治区干部总数中的比例，应尽快做到与本民族在自治区总人口中的比例相适应。

第十八条 自治区人民政府保障散居、杂居的少数民族享有平等权利。关心回族和其他少数民族的政治、经济和文化事业的发展，帮助他们解决生产、生活中的实际问题，逐步赶上汉族的水平。

第十九条 自治区人民政府按照国家的人口政策和自治区的特点，拟定计划生育实施办法，报自治区人民代表大会常务委员会批准。回族和其他少数民族实行计划生育的办法，应按照民族政策的要求制定。

第二十条 自治区人民政府管理民兵和兵役工作，管理自治区人民武装和警察部队。

自治区武装警察部队受自治区人民政府和国家公安部的双重领导。人民警察部队的任务、编制和装备，由自治区人民政府拟定，报国务院批准。

第二十一条 自治区人民政府的职权、组织和工作，凡本条例没有规定的，依照《中华人民共和国地方各级人民代表大会和地方各级人民政府组织法》的规定执行。

第三节 自治区高级人民法院和自治区人民检察院

第二十二条 自治区高级人民法院是自治区的国家审判机关，并监督自治区各级人民法院的审判工作。

第二十三条 自治区人民检察院是自治区的国家法律监督机关，对自治区各级国家机关、国家工作人员和公民是否遵守宪法和法律、法令，依法进行检察，保障宪法和法律、法令以及自治区各项地方法规的正确实施，并领导自治区内各市、县和市辖区人民检察院的工作。

第二十四条 自治区高级人民法院和自治区人民检察院，对自治区内各民族公民进行法制教育，使各民族公民忠于社会主义祖国，自觉遵守法律，积极同违法犯罪行为作斗争。

第二十五条 自治区高级人民法院和自治区人民检察院，对自治区人民代表大会及其常务委员会负责并报告工作。自治区高级人民法院的审判工作受最高人民法院的监督。自治区人民检察院的检察工作受最高人民检察院的领导。

第二十六条 自治区高级人民法院院长、自治区人民检察院检察长由回族人员担任。

第二十七条 自治区高级人民法院审判案件，依照法律的规定，实行人民陪审员制度。

自治区高级人民法院在审判案件的时候，各民族公民均可要求在审理其案件的合议庭里有本民族的成员。如果没有该民族的成员，可以临时邀请该民族的陪审员参加合议庭。

第二十八条 自治区高级人民法院在审判案件的时候，被告人有权获得辩护，可以要求由本民族的律师为自己辩护。如果没有该民族的律师，可以聘请或由法院指定该民族公民为其辩护。

第二十九条 自治区高级人民法院和自治区人民检察院，在行使职权的全部活动中，必须严格依照法律规定的程序办事。对各民族公民，在适用法律上一律平等，不允许有任何特权。

第三十条 自治区高级人民法院和自治区人民检察院的组织、职能、机构设置和人员任免，凡本条例没有规定的，均依《中华人民共和国人民法院组织法》、《中华人民共和国人民检察院组织法》和其他法律规定执行。

第三章　经济建设

第三十一条　自治机关根据国家经济建设方针和规划，结合自治区的资源、经济条件等实际情况，制定自治区的经济建设方针和发展国民经济计划。

自治机关对少数民族聚居地区和老革命根据地、生活困难地区，要在经济文化方面给予支援和照顾，促进这些地区生产、生活的发展和改善。

第三十二条　自治区的经济建设实行以农业为基础，农、林、牧、工、商全面发展的方针。在国民经济调整时期，认真贯彻调整、改革、整顿、提高的方针，逐步调整好工业结构和农业生产布局，扬长避短，发挥优势，在国家的扶持下，加速发展自治区的经济建设。

第三十三条　自治机关在指导农业生产上，应重视农业资源的调查和农业区划工作，保证在粮食生产稳定增长的前提下，从实际出发，因地制宜，抓好多种经营，使农、林、牧、副、渔全面发展。

第三十四条　自治机关要重视发展水利事业。引黄灌区搞好水利设施的配套管理，坚持科学用水，合理灌溉，改良土壤；南部山区重点搞好水土保持，充分利用当地水利资源发展生产。在国家统一规划和支持下，积极稳妥地引扬黄河水，解决人畜饮水，发展农田灌溉。

第三十五条　自治区要积极发展畜牧业。自治机关应重视草原的建设和管理，根据有利于发展畜牧业的原则，将区内草原分别固定给全民所有制和集体所有所单位，长期使用。鼓励和推广保护和建设草原的先进经验。严禁滥垦草原，破坏牧场。

鼓励和扶持社员发展养牛、养羊、养猪、养鸡、养兔等家庭养殖业。

第三十六条 自治区要大力发展林业。加强林业的建设和管理，实行以营林为基础，造管并举，采育结合，综合利用。保护林业资源，保持生态平衡，严禁乱砍滥伐和毁林开荒，防止森林火灾。

正确处理森林管理和林区群众生产、生活利益的关系。在保护各种自然资源的同时，有计划、有领导地进行土特产品的种植、采集、狩猎和加工。发展副业生产。

自治机关依照国家有关法令的规定，调整境内林地所有权，可以将本区域内的一部分小片国有宜林地划归集体植树造林；也可以根据各地的宜林地条件，划定社队、厂矿、机关单位和社员个人造林地段，鼓励植树造林，实行“谁造谁有”的政策。

第三十七条 自治机关切实保障人民公社、生产大队、生产队的所有权和自主权。

农村社队应根据国家的计划和当地的自然条件，因地制宜制定自己的种植计划和安排生产；在坚持发展集体经济和按劳分配的原则下，确定自己的经营管理办法、劳动计酬方法，以及分配标准。并应积极完成国家分配和征购、派购任务。

社员的自留地、自留畜、自留树、自留山、家庭养鱼和各种家庭副业，由社员自己经营，产品自行支配。

第三十八条 自治机关发展自治区的工业，要充分利用本区域内的自然资源，量力而行，讲究经济效果。

自治区应加快发展消费品工业，大力发展煤炭、电力能源工业，相应地发展化工、建材、食品、民族日用品工业和为农林牧服务的工业，同时发展加工工业，逐步改变只输出原料的状况。

自治区大力发展交通、邮电事业。加强公路建设、养护和维修，努力创造条件，改善交通手段，发展铁路运输。搞好城乡邮电网路建设。

第三十九条 自治区积极发展集体所有制工业、手工业、商业及其服务业，保护集体所有制企业的合法权益。集体所有制企业可以同国营企业、同行业企业联合经营、合股经营。

自治区允许个人经营或集股经营手工业、商业零售、饮食业及其它服务业，搞活经济，繁荣市场。

第四十条 自治机关对自治区内的自然资源，包括土地、矿藏、水域、森林、草原等实行统一管理、保护和开发利用。

自治机关根据国家统一计划和本区发展经济的需要，采取多种形式开发利用自治区的资源，可以报请国家主管部门投资开发利用；可以和国内有关地区单位采取补偿贸易、返回利润和返回产品等方法联合经营，开发利用；可以根据国家关于中外合资企业的法律和法令，经国务院批准与国外厂商采取订立合同，举办联营企业及其他经济合作方式，开发利用。

在开发利用资源的时候，做到既有利于国家经济的发展和自治区的繁荣，又要照顾到当地社队和人民群众的利益。

第四十一条 自治机关对隶属自治区的工业、交通、基本建设的企业、事业，实行统一管理。

自治机关根据国家的方针，结合自治区的国民经济计划和本地区的实际情况，调整和整顿上述企事业；并经与有关部门协商，确定改建、扩建、新建项目；改革管理体制，让企业享有自主权。

第四十二条 自治区要积极发展少数民族特需商品的生产，并在计划、价格、贷款、税收上给予支持和照顾。

第四十三条 国家主管部门在自治区兴建企事业或者改变自治区管辖企事业的隶属关系时，应事先与自治区协商。对这些企事业实行国家主管部门和自治区双重领导。

自治区内隶属于国家主管部门企业的产品，根据自治区的需要，按高于其它省市同类企业同类产品的分配比例给自治区分成；企业的利润，按高于其它省市的比例给自治区分成；企业税款，一律在自治区内缴纳。

自治区与区外单位、国外客商联合兴办企业，其隶属关系和经营管理问题，可按照国家的法律规定，由双方协商确定。

第四十四条 自治机关根据国家基本建设管理体制和自治区经济发展的需要，可以对安排在自治区内的基本建设项目进行必要的调整；对于国家预算外各种渠道用于基本建设的资金，实行统一计划管理，严格按照基本建设程序办事，避免基建工程的损失浪费，努力提高投资效果。

第四十五条 自治机关根据国家关于物资计划分配的基本原则，统一管理区内的各类生产建设物资。国家主管部门分配给自治区的各类物资，除重大项目外，自治区可以根据需要调剂使用。对区内出产的原料、材料和产品，可以拟定内销和外销分配计划。纳入国家计划的，按实际完成数给自治区留成，未纳入国家计划的可以自行安排。

第四十六条 自治机关根据国家物价政策和本自治区商品价格规律，调整和整顿市场，保持物价稳定。

第四十七条 自治机关根据国家计划和工资政策，结合自治区的实际，制定招工办法和地区工资津贴办法。

自治区在招工中，对回族和其他少数民族要规定招收比例，使回族职工在全体职工中的比重，逐步达到和民族构成相一致。近期在招收的职工中，回族和其他少数民族的比例，不低于百分之二十五。城镇招工达不到规定比例时，允许在农村招收回族和其他少数民族的回乡知识青年。

第四十八条 自治区的商业，全面实行国家规定的民族贸易体制，充分享受国家规定的给予民族贸易的一切照顾。

自治机关统一管理本地区的商业，组织商业部门认真贯彻"发展经济、保障供给"的财贸工作方针，积极开展购销业务，促进工农业生产，改善城乡人民生活。

自治机关根据国家的方针政策，从有利于发展生产，有利于稳定经济，有利于改善人民生活的前提下，调整农副产品、畜产品和土特产品的征购任务，制定购销价格政策和奖售、征购办法。农村社队在完成国家农副产品、畜产品和土特产品的收购任务的前提下，多余部分可以投入市场，自行销售。

自治机关从方便群众生产、生活出发，调整商业网点布局，尽量减少流通领域的中间环节，因地制宜地开展收购和销售业务；积极组织和支持农副产品的交换，开放和活跃城乡市场，通过多种渠道，发展民族贸易。

自治机关对自治区内各少数民族的特需商品，要作专项生产安排，专项调拨，保证满足供应。

第四十九条 自治机关统一管理自治区的对外贸易。根据国家对外贸易政策和本区域内的资源和生产情况，可以直接与国外客商进行贸易洽谈、商品成交和汇款结算。

自治区按计划向国家外贸部门提供的出口商品的外汇收入留成部分，应高于其它省市，对超额部分实行全额留成。

第四章 财政管理

第五十条 自治区财政是一级地方财政，是国家财政的组成部分。

自治区财政实行划分收支，分级包干，分灶吃饭的管理体制。对行政事业单位实行预算包干，超支不补，节余留用。

第五十一条 自治区人民政府根据国家财政管理体制和自治区的政治、经济、文化、民族特点，编制自治区的预算，管理自治区的财政，统筹安排自治区的预算收支；使用自治区的全部机动财力；制定自治区的各类定员定额和各项开支标准。

第五十二条 自治区的各项支出，要从实际出发，统筹兼顾，把支出的重点放在支援农业生产和消费品生产，支持文教卫生事业的发展上。要照顾少数民族聚居区。花钱要讲究经济效果。

第五十三条 自治机关从中央部属企业提取的分成利润，作为专项资金，由自治区安排使用。

第五十四条 自治机关在执行预算过程中，由于国家财政体制或重大的经济政策改变，以及企事业单位隶属关系变更，影响自治区收入和支出时，报请国家财政作适当调整。

第五十五条 自治机关根据国家的法律、法令和征税政策，结合自治区的具体情况，本着“从轻从简”的原则，修订地方税则，决定本自治区的税种开征、停征、税目增减和税收的减免。

第五十六条 自治机关根据国家银行信贷管理和自治区的具体情况，制定自治区的信贷管理实施办法。区内的信贷利息收入和保险收入归自治区使用。

第五章　文教卫生科学技术

第五十七条　自治机关在国家教育方针的指导下，努力提高回族和其他各民族的科学文化水平。

自治区普及小学教育，发展中学教育，有计划地发展高等教育和中等专业教育，重视幼儿教育，加强工农教育，逐步建立从幼儿教育到高等教育的民族教育体制。

第五十八条　自治机关要采取特殊措施大力发展民族教育事业。

自治区内各地恢复和建立回民小学、回民中学。回民小学以公办为主，对少数民族儿童实行免费义务教育；回民中学以公办、助学金、住校为主；中等专业学校增设民族班，逐步兴办民族职业学校；积极办好民族公学，根据条件和需要逐步增设专业过渡为民族学院，高等院校要设立民族班或民族预科班。

第五十九条　自治机关根据国家统一的教育制度和自治区的民族特点，确定各类学校的学制和教育内容。

自治区各类学校必须把民族政策教育列为政治课的重要内容。

第六十条　自治区内的高等院校应根据国家的教学计划和自治区的实际需要设置专业，并根据本区的经济文化建设的需要，确定教学内容和科学研究。

自治区高等院校和中等专业学校招收回族和其他少数民族学生的比例，不低于各民族所占总人口的比例。

第六十一条　自治机关可以制定区内各类学校的人员编制和经费开支标准。

自治机关加强师资培训，大力培养回族教师。

自治区内发展教育事业的投资应高于其他省市投资的比例。回族学生的助学金、奖学金应高于国家规定标准。

第六十二条 自治机关要根据“百花齐放，百家争鸣”的方针，坚持文艺为人民服务，为社会主义服务的方向，结合自治区的民族特点、地区特点、积极发展繁荣我区文化艺术事业。

第六十三条 自治机关积极发展具有民族特点的文化艺术，加强文化艺术团体学校的建设，大力培养回族文艺工作者，加强文化艺术交流。重视发展回族和各民族的文学、美术、音乐、舞蹈、戏曲和其他艺术。加强电影的摄制、发行和放映。

第六十四条 自治机关组织对民间文化艺术遗产和历史文物的发掘、搜集、整理和研究工作，搞好历史文物的保护和管理。

自治机关加强对民族历史和民族理论的研究宣传工作。区内的社会科学研究单位、高等院校的有关系、科、各级党校、干校和学术单位都应加强马列主义民族理论的研究。

第六十五条 自治机关根据国家新闻、出版工作的基本方针和本区各民族人民文化生活需要，积极发展新闻、出版、广播、电视事业，重视培养回族新闻、出版专业人才。

第六十六条 自治机关根据国家卫生工作方针，从自治区的实际情况出发，积极发展医疗卫生事业。

自治区的卫生事业费应逐年有所增加。对山区农村群众实行免费医疗。

第六十七条 自治机关广泛开展爱国卫生运动，大力宣传卫生知识，教育各族人民树立爱清洁、讲卫生的新风尚。

自治机关采取有力措施，全面防治、重点消灭和及时控制严重危害人民健康的地方病、流行病和多发病。

第六十八条 自治机关坚持科技工作为经济建设服务的方针，根据自治区工农业生产发展的需要，制定自治区科学技术任务，确定发展规划，改革科技管理体制，抓好科研成果的推广应用，开展群众性的科学实验活动，普及科学知识，搞好学术、技术交流，加强科技队伍的培训和建设，充分发挥科学技术，在发展自治区国民经济中的重要作用。

第六十九条 自治机关大力培养回族和其他少数民族的科技人才，提高回族科技人员在经济、科学、文化教育、卫生等部门技术队伍中的比例。加强各民族团结合作的科技力量，为自治区经济文化建设做贡献。

对到回族聚居的边远山区工作的教师、卫生工作者、科技人员等，在生活待遇上应给予适当补贴。

第七十条 自治机关加强体育专业队伍的建设，努力提高专项运动的水平。

大力发展民族传统体育项目和群众喜爱的体育项目，开展群众性的体育活动，增强人民体质，提高各族人民的健康水平。

第六章 民族宗教

第七十一条 自治机关在处理有关少数民族内部事务和宗教的重大问题时，要按照国家方针、政策，稳妥慎重，严格区分两类不同性质的矛盾；要尊重少数民族干部和群众的意见。在征得大多数人民群众同意的情况下，再作出决定。

第七十二条 自治区内各民族公民都有保持或改革风俗习惯的自由，都要互相尊重风俗习惯。禁止侵犯少数民族风俗习惯的行为。不准以任何方式强迫回族等禁猪的民族养猪。

第七十三条 自治区内各族公民，都享有宪法所规定的信仰宗教和不信仰宗教的自由；既有信仰这个教派的自由，也有信仰那个教派的自由。

第七十四条 自治机关保护公民进行正当的宗教活动和宗教场所。严禁干涉公民正当的宗教活动或强迫他人进行宗教活动。

第七十五条 自治机关要团结爱国进步的宗教上层人士，对他们给予妥善安排；对造诣较深的宗教人员应按知识分子对待。

第七十六条 自治区内的各类宗教建筑（包括清真寺、教堂、庙寓、塔寺）不得随意拆毁，凡属国家和地方重点保护的文物，尤须加以保护。

第七十七条 自治机关加强对宗教事务的管理，保护合法的宗教活动，禁止利用宗教进行违法活动。宗教不得进行反马列主义、毛泽东思想的宣传，不得抵制、对抗、破坏党和政府的政策法令，不得干预行政、教育和婚姻。公民的一切宗教活动，都不得妨碍社会秩序、生产秩序和工作秩序。

宗教组织必须取得合法地位才能进行活动。宗教职业者、清真寺、庙寓、教堂，不得借宗教名义向人民群众摊派勒索，或迫使人民群众进行无偿劳役，不得动用集体资财修建宗教活动场所。已废除的封建特权和封建压迫剥削制度不得恢复。

第七十九（八）条[1] 自治机关要经常向群众进行无神论的教育，和科学知识的普及教育。

自治机关加强对宗教界人士进行爱国守法的教育，宗教人士

---

〔1〕 原稿是第79条，但上一条是第77条，笔者疑为笔误，应是第78条。

应当热爱祖国，拥护中国共产党，走社会主义道路。遵守国家的法律、法令和政策，为自治区的四化建设事业做出有益的贡献。

第七章　附则

第八十条　十月二十五日是自治区成立纪念日，放假一天。

第八十一条　本条例经自治区人民代表大会通过，报请全国人民代表大会常务委员会批准后施行。

第八十二条　本条例的解释权和修改权，属于自治区人民代表大会。

2.《宁夏回族自治区自治条例（草案）》第15稿文本

《宁夏回族自治区自治条例（草案）》（第15稿）

1994年7月25日

第一章　总则

第一条　宁夏回族自治区自治条例根据《中华人民共和国宪法》和《中华人民共和国民族区域自治法》，结合宁夏回族自治区特点和地方特点制定。

本条例是宁夏回族自治区实施宪法和自治法的基本法规。

第二条　宁夏回族自治区是中华人民共和国的省级行政区，是宁夏回族人民实行区域自治的地方。

自治区的行政区划分为市、县（市、市辖区）、乡（镇）。

自治区的首府是银川市。

第三条 自治区设立自治机关。自治机关是省级地方国家政权机关。

自治区自治机关实行民主集中制的原则。

第四条 自治区自治机关必须维护国家的统一，保证宪法和法律在自治区境内的实施。

自治机关将国家的整体利益放在首位，努力完成上级国家机关交给的各项任务。

第五条 自治机关行使宪法规定的省级地方国家机关的职权，同时依法行使自治权，根据自治区的实际情况贯彻执行国家的法律、政策。

第六条 自治机关领导全区各族人民，坚持中国共产党在社会主义初级阶段的基本路线，在建设有中国特色社会主义的理论指导下，大力发展生产力，集中力量进行社会主义现代化建设。

自治机关从实际出发，在不违背宪法和法律的原则下，采取特殊政策和灵活措施，加速经济、文化等各项建设事业的发展。

第七条 自治机关对各族人民进行党的基本路线教育，爱国主义、集体主义、社会主义和民族政策的教育，提倡爱祖国、爱人民、爱劳动、爱科学、爱社会主义的公德，培养有理想、有道德、有文化、有纪律的社会主义新人。

第八条 自治机关坚持并不断完善人民代表大会制度及中国共产党领导的多党合作和政策协商制度，努力发展社会主义民主，健全社会主义法制。

第九条 自治机关从回族和其他民族中大量培养各级干部

和各种科学技术、经营管理人才。

自治机关采取优惠政策，稳定知识分子队伍，充分发挥长期在自治区工作的各类专业人才的作用。

自治机关采取各种形式吸引各类专业人才参加自治区的各项建设事业。

第十条 自治区境内各民族一律平等。

自治机关全面贯彻国家的民族政策，不断完善民族区域自治制度，维护和发展民族的平等、团结、互相的社会主义民族关系，促进各民族共同繁荣。

自治区境内各民族人民都要互相尊重风俗习惯，都有保持或改革自己的风俗习惯的自由。

第十一条 自治区境内各民族公民有宗教信仰的自由。

任何国家机关、社会团体和个人不得强制公民信仰宗教或者不信仰宗教，不得歧视信仰宗教的公民和不信仰宗教的公民。

各种宗教、各个教派都要坚持互相尊重、互不干涉的原则。

正常的宗教活动受法律保护。一切宗教活动都必须在国家法律和政策允许的范围内进行。任何人不得利用宗教进行破坏社会秩序、损害公民身心健康、侵犯公民合法权益、妨碍国家教育、计划生育和婚姻制度的活动。

宗教团体和宗教事务不受外国势力的支配。

第十二条 自治区发展同外省区、港澳台地区及其它国家和地区在经济、文化、科学技术、医疗卫生、体育等方面的交流和协作。

第二章 自治机关

第十三条 自治区的自治机关是自治区人民代表大会和自

治区人民政府。

第十四条 自治区人民代表大会是自治区地方国家权力机关，它的常设机关是自治区人民代表大会常务委员会。自治区人民代表大会常务委员会对自治区人民代表大会负责并报告工作。

自治区人民代表大会代表的名额，依照选举法规定的原则，由自治区人民代表大会常务委员会决定，并报全国人民代表大会常务委员会备案。

自治区人民代表大会的回族代表应当略高于回族人口比例。其他少数民族也应有适当名额的代表。

自治区人民代表大会常务委员会组成人员中，应当有百分之四十以上的回族公民。

第十五条 自治区人民政府是自治区人民代表大会的执行机关，对自治区人民代表大会负责并报告工作；在自治区人民代表大会闭会期间，对自治区人民代表大会常务委员会负责并报告工作。

自治区人民政府是地方国家行政机关，服从国务院的统一领导。

自治区主席由回族公民担任。自治区人民政府的组成人员中，应当有三分之一以上的回族公民。

自治区人民政府实行主席负责制。

第十六条 自治机关根据国家规定的原则，结合自治区的实际，进行行政管理体制和机构改革，决定本区地方国家机关及事业单位的机构设置和人员编制。

第十七条 自治机关及其工作人员要，秉公办事，勤政廉洁，提高工作效率，密切联系群众，全心全意为人民服务，自觉接受人民的监督。

第三章　人民法院与人民检察院

第十八条　自治区高级人民法院是自治区的国家审判机关，自治区人民检察院是自治区的国家法律监督机关，各自依法独立行使审判权和检察权，不受行政机关、社会团体和个人的干涉。

自治区高级人民法院监督下级人民法院的审判工作；自治区人民检察院领导下级人民检察院的工作。

第十九条　自治区高级人民法院和自治区人民检察院对自治区人民代表大会及其常务委员会负责并报告工作。

自治区高级人民法院的审判工作受最高人民法院的监督；自治区人民检察院的工作受最高人民检察院的领导。

第二十条　自治区高级人民法院应有回族公民担任院长或副院长。自治区人民检察院应有回族公民担任检察长或副检察长。

回族在百分之三十以上的地、市、县（市辖区），人民法院院长和人民检察院检察长由回族公民担任。

自治区各级人民法院的审判人员和自治区各级人民检察院的检察人员中应尽量配备回族公民。

第四章　经济建设

第二十一条　自治机关在国家宏观计划和产业政策指导下，根据自治区的特点和需要，制定经济建设的方针和规划，自主安排和管理本区的经济建设事业。

自治机关根据自治区经济发展的需要，按照有利于生产力发展的原则，可以制定特殊的经济政策。

国务院各部委制定的经济政策、措施。如与本条例相抵触或不适合自治区实际情况的，自治机关可以变通执行或停止执行，并报该政策、措施制定机关备案。

第二十二条 自治区实行社会主义市场经济，通过改革，建立和完善适合自治区经济发展的市场经济体制及运行机制，建立与自治区生产力发展水平相适应的多层次的社会保障体系。

自治机关根据自治区地处内陆的实际，加强引导，以发展生产要素市场为重点，逐步建立比较完备的、统一开放的市场体系，实现城乡市场紧密结合，国内市场与国际市场相互衔接，促进资源的优化配置。

自治机关加强市场制度和法规建设，促进、保护合法经营和公平竞争。

第二十三条 自治机关保障自治区国有企业享有法律法规规定的各种自主权。国有企业是自主经营、自负盈亏、自我发展、自我约束的法人实体和市场竞争的主体，并承担国有资产保值的责任。

自治区的国有企业必须转换经营机制，逐步建立起适应市场经济要求的产权清晰、权责明确、政企分开、管理科学的现代企业制度。

自治区的国有企业经自治区人民政府授权机关批准，可以出租，出售给集体或个人。

第二十四条 自治区境内的国有经济、集体经济和个体、私营、外资等多种经济成份长期共同发展，不受结构比例限制。各种经济成份可以自愿实行多种形式的联合。

自治机关采取有力措施，鼓励个体、私营、外资经济的发展，不限速度和规模。

第二十五条 自治区实行全方位、多层次的对外开放。

自治机关可以参照国家给予经济特区和沿海开放区的政策原则，制定特殊的对外开放政策，充分利用国外、区外的资金、资源、技术和管理经验，加快自治区的开放和建设。

自治机关制定优惠政策，吸引外省区、港澳台地区及国外的企业、个人和其他经济组织在自治区内兴办企业、开发资源，并为其提供优越的投资环境。

自治机关依法保护投资者的合法权益，投资者必须遵守国家法律、行政法规和自治区地方性法规、规章。

第二十六条 自治机关管理自治区的对外经济贸易，大力开展对外经济贸易合作活动。

自治机关根据需要，可以在特区、沿海、沿边地区和境外设立外经济贸易机构；赋予具备条件的生产和科技企业对外经营权。

自治区地方产品的出口，享受国家出口计划、配额、许可证等方面的优待。

自治区在国家扶持下，建立出口产品生产基地，发挥信贷、税收、价格和汇率等经济杠杆的作用，鼓励出口产品的生产。

自治区为发展区内工农业生产所必须进口的生产资料、原材料和设备，享受国家减免关税、增值税、消费税的照顾。

第二十七条 自治机关根据自治区的财力、物力，自主决定地方固定资产投资规模，安排地方大中型基本建设项目及技术改造项目，报国家主管部门备案；需要国家开发银行配置资金的项目，可以直接申请由国家开发银行统筹配备资金。

自治区享受国家对民族自治地方增加基本建设投入和大、中型建设项目优先安排的照顾；享受国家对基础生产资料和紧缺物资供应、分配方面的照顾。

第二十八条 自治机关依照国家法律，制定具体办法，保护和管理自治区境内的土地、矿产、森林、草原、水流等自然资源。

自治机关根据自治区经济发展的需要，自主安排区内资源的开发和利用。重大开发项目，报请上级国家机关安排投资。

自治区境内的资源实行商品化开发利用。依法享有资源使用权者，可以用资源投入的形式与投资者联合经营。

第二十九条 农业是自治区国民经济发展和社会稳定的基础。自治区优先发展农业。

自治机关对自治区各级财政逐年增加农业投入的比例作出规定，并鼓励、引导集体和个人积极投入，保证农业投入的稳定增长。

自治机关重视农业生产条件的改善，坚持不懈地开展农田水利基本建设和水土保持，加强农业科学技术的研究和推广，提高农业的集约经营水平和综合生产能力，因地制宜地发展高产、优质、高效农业。

自治机关保障农村经济政策的稳定，根据农村生产力发展水平，因地制宜地指导农村经济体制和经营机制的改革。

自治机关根据消费结构和市场需求的变化，加强引导，调整农业生产结构，在保持粮食生产稳定增长的同时全面发展农、林、牧、副、渔业。

第三十条 自治机关根据市场需求的变化和经济发展的实际，调整和优化产业结构和产品结构，运用经济的、法律的、行政的手段，调节和引导产业协调发展。

第三十一条 自治机关以市场为导向，发挥本区资源优势，制定产业政策，推动以能源工业为重点的民族工业和地方工业发展。

自治机关集中财力、物力，优先加快交通、通迅、能源、原材料等基础设施和基础工业的开发和建设。

自治区的重大基础设施和基础工业项目，可报请上级国家机关列入国家投资计划进行建设。

第三十二条 自治机关制定优惠政策大力促进不同组织形式的乡镇企业的发展，在人才、技术、资金、税收、资源开发等方面向乡镇企业倾斜，为乡镇企业的发展创造宽松有利的条件和环境。

第三十三条 自治区依靠社会力量大力发展第三产业，鼓励、引导集体和个人兴办第三产业，发挥集体、个人、私营经济在第三产业中的作用。

第三十四条 自治区内生产和销售民族用品的企业都是民族贸易企业，在减免税收和贷款贴息等方面享受国家给予的照顾。

自治区重视发展和改进少数民族特需商品和传统商品的生产和供应。

第三十五条 自治机关根据建立市场经济体制的需要，积极进行物价改革。依照国家规定，制定自治区的物价政策，理顺价格关系，建立以市场供求为主要导向的价格机制。健全价格监督制度。

自治机关建立重要产品的价格稳定机制，根据需要，对粮食等主要农产品实行价格保护政策。

第三十六条 自治机关对回族聚居地区、革命老区和贫困地区的经济建设，在财政、物资、人力方面给予特殊照顾。

第三十七条 自治区的城市和乡村集镇建设，必须统一规划、合理布局、综合开发、配套建设，并要体现民族特色，符合抗震要求。

自治机关采取措施保护和改善生活环境、生态环境，防治污染和其他公害。

第五章 财政金融

第三十八条 自治机关行使自治区地方财政的自主权，建立适应自治区社会主义市场经济发展的财政体制；努力发展经济，培植财源，增收节支，增强自治区财政经济实力。

第三十九条 自治区财政是国家财政的组成部分，享受国家对民族自治地方财政补助每年递增百分之十的优待和各项特殊照顾。

凡在自治区境内的所有企业、事业单位，依照国家规定应上缴的各项规费、地方税收和各种基金收入都属于自治区的财政收入，由自治区统筹安排使用。

自治区内征收的中央、地方共享税种全部税收的百分之五十及消费税、增值税的年增长部分留自治区自主安排使用。

由于国家财政经济政策的变化和政策性财政支出增加以及发生重大自然灾害等原因，影响自治区财政收入和支出时，可报请国家财政部门给予相应补助。

第四十条 自治区的全部贸易外汇和非贸易外汇收入，由自治机关制定外汇管理办法合理安排使用。

自治区的外汇需求发生困难时，报请上级国家机关给予补助。

自治区享受国家利用国外低息、无息贷款及无偿援助的照顾，并按照自借自还的原则，可以从国外直接筹集资金。

第四十一条 自治区在国家扶持下，建立“少数民族地区发展基金”、“不发达地区建设基金”、“贫困地区温饱基金”等专项基金，扶持少数民族聚居地区、贫困落后地区的经济和社会发展。

自治机关对国家用于自治区的专项资金和民族补助专款，要保证专款专用，任何部门不得扣减、截留、挪用，不得用以顶替正常财政开支。

第四十二条 自治机关根据经济发展和物价变动情况以及地方财力可能，可以制定工资、津贴补助、各项开支标准和办法，报上级国家机关备案。

第四十三条 自治机关依照国家税收法律、法规制定税收管理办法。

自治机关可以制定优惠政策，决定对贫困地区、回族聚居区、革命老区国家税的减免，报请上级主管部门备案。

自治机关根据经济建设的需要，自主决定地方税的开征、停征、征税范围、适用税率和减税、免税。

第四十四条 自治区在金融信贷方面享受国家照顾，信贷规模和信贷资金的年增长水平应高于全国平均水平。

自治区内各国家银行执行全国统一规定的优惠贷款利率。自治区内的民族贸易企业流动资金贷款由专门的政策性银行负责，按照低于统一贷款利率的四个百分点执行，其利差报请国家财政部门补贴。

自治区内各金融机构交存存款准备金比例，可以低于统一规定比例的五个百分点。

自治区各国家银行要合理安排使用各种优惠贷款和专项贷款，支持生产、流通和重点建设，扶持贫困山区开发自然资源，发展经济。

第四十五条 自治机关根据经济建设的需要，可以设立地方银行和其他金融机构。

自治机关可以确定本区债券的发行规模，报国家有关机关备案；自治区发行股票的结余收入全部留自治区使用。

自治机关鼓励港、澳、台地区和外国金融企业来宁夏开展投资业务，设立银行及其他金融机构。

第六章 教育科学文化卫生体育

第四十六条 自治机关坚持把教育摆在优先发展的战略地位，根据国家教育方针，结合自治区的特点和需要，制定教育发展目标和规划。

自治机关按照教育必须适应自治区经济和社会发展需要的要求，采取综合配套、分步推进的方针改革教育体制。

自治区以普及九年义务教育为重点，大力加强基础教育，积极发展职业技术教育，成人教育，稳步发展普通高等教育，鼓励自学成才，重视幼儿教育、残疾人教育和扫除青壮年文盲工作。

第四十七条 自治机关采取特殊政策和措施发展民族教育事业，改变民族教育落后的状况。

自治机关坚持办好寄宿制回民中学、回民小学、采取特殊政策和措施帮助回族儿童和少年特别是女性儿童和少年接受规定年限的义务教育，同时采取限定比例招收回族学生的办法，逐年提高高中教育阶段在校回族学生的比例。

普通高等院校和普通中等专业学校招生时，录取回族学生的比例必须每年递增百分之一以上，逐步达到与回族人口比例相适应；对山区要逐步增加定向和切块招生的名额；对其他少数民族和山区的汉族考生采用降低分数段录取的措施。

自治区机关举办高等学校和中等专业学校回族预科部（班），招收回族学生；自治区选派出国留学生和进修生时，在同等条件下优先安排回族和其他少数民族人员。

第四十八条 自治机关重视教师队伍的建设，采取各种措施扩大和稳定教师队伍，不断提高教师的政治和业务素质。努力办好师范教育，提高师范教育质量。

自治机关采取特殊政策和措施，提高教师的社会地位，保障教师的合法权益，大力改善教师的工作、学习和生活条件，对在山区长期从事教育工作的人员给予特殊津贴或奖励；重视改善民办教师的待遇。

第四十九条 自治机关根据本区的实际情况，改革和完善教育投资体制，对各级财政逐年增加教育经费的比例，特别是平均公用经费的比例作出规定，并通过多种渠道筹措教育经费，保证教育经费的稳定增长。

自治机关设立"民族教育专项基金"，帮助回族聚居地区发展民族教育。

第五十条 自治机关大力推进科技进步，积极进行科技体制改革，增加投入，加强科研单位和科技队伍的建设，建立和完善科技与经济有效结合的机制。

自治机关鼓励高新技术领域的研究工作，重视先进技术的引进、消化、吸收和创新，大力推广先进技术和先进管理经验，加强科技成果向现实生产力的转化，在各族人民中普及科学技术知识，进行基本技能教育。

自治机关积极改善科技工作者的工作、学习和生活条件，对有创造发明和在自治区各项建设事业中作出重大贡献的科技人员，给予表彰、奖励。

第五十一条 自治机关重视发展健康的具有民族特色和地方特点的文化艺术事业，鼓励和扶持文艺创作，大量培养和造就各民族的文学艺术人才。

自治机关有步骤地建立和完善各类群众文化设施，活跃和丰富各族人民的文化生活。

自治机关重视新闻广播电视事业和出版发行事业，积极组织出版、制作本区作者和反映本区历史及现实的书刊、音像制品，发展回族聚居地区和山区的广播、电视设施。

自治机关组织对回族历史和民间文学艺术遗产、历史文物、革命文物的挖掘、整理和研究，保护、开发自然风景区、名胜古迹和文化遗址。

第五十二条 自治机关积极发展现代医药事业和传统医药事业，建设城乡各类医疗卫生机构，培养卫生技术人才，提高医疗水平，改善医疗卫生条件。

自治机关采取有效措施防治地方病、传染病、职业病和其他疾病，广泛开展群众性的爱国卫生运动，不断提高各族人民的健康水平。

自治机关积极发展妇幼保健事业，保护妇女儿童的健康。

自治机关重视贫困地区医疗卫生事业的发展；鼓励社会力量资助、兴办各种医疗卫生事业。

第五十三条 自治区境内各民族公民都要实行计划生育。

自治机关将人口生育列入国民经济和社会发展规划，采取经济、法律和行政措施，控制人口增长。提倡优生优育。

第五十四条 自治机关重视体育事业，广泛开展群众性的体育运动和回族传统体育项目，加强体育队伍的建设，提高运动技术水平，改善城乡体育设施，保护体育场地使之不受侵占。

第七章 民族职工队伍建设

第五十五条 自治机关采取特殊措施，大量培养、选拔回族干部和回族专业技术人才，使回族干部的比例逐步达到与回族人口的比例相适应。

第五十六条 自治机关从增编指标中划出一定比例，录用、聘用回族干部，使回族干部比例逐年有所增长。

自治区境内各级国家机关、事业单位录用、聘用干部时，回族干部的比例应不低于当地回族人口的比例，并可以从农村回族公民中择优录用、聘用。

第五十七条 自治机关各厅级部门和大专院校的领导干部中都要有回族领导干部，处级负责人中要尽量配备回族干部。

银川市和回族人口占百分之三十以上的市、县（市辖区）、乡、镇的市长、区长、乡长、镇长都应由回族公民担任。

与少数民族工作密切的单位和部门，要尽量配备少数民族干部；生产、经营民族用品、食品的企业，要注意配备少数民族人员。

地、市、县（市辖区）和乡、镇都要重视培养选拔回族干部；汉族人口少的地方配备的汉族干部不得低于汉族人口的比例。各级政权机关都要重视其他少数民族干部的配备。

第五十八条 自治机关重视对回族干部的培训。通过举办专门的回族干部培训班集中培训，鼓励回族干部进入各类大、中专院校进修学习，选派回族干部到基层或领导机关任职锻炼，到发达地区挂职学习等途径，不断提高回族干部的政治素质和业务素质。

第五十九条 自治区境内各企事业单位招工和技工学校招生时，要优先招收回族人员，并且可以从农村回族公民中择优招收。

第八章 本条例的实施和监督执行

第六十条 自治区境内的一切国家机关、武装力量、党派组织、社会团体、企事业单位和各民族公民，均须遵守本条例。

第六十一条 自治机关及其所属各部门制定和发布的地方性法规、规章等规范性文件，采取的行政措施和作出的各项规定，均不得违反本条例。

第六十二条 自治区各级行政机关负责本条例在辖区内的贯彻实施。

第六十三条 自治区各级人民代表大会及其常务委员会监督本条例在其辖区内的遵守和执行。

第九章 附则

第六十四条 每年十月二十五日为宁夏回族自治区成立纪念日。

第六十五条 本条例的解释权属于自治区人民代表大会常务委员会。

第六十六条 本条例经自治区人民代表大会审议通过，报请全国人民代表大会常务委员会批准后公布施行。

四、西藏起草自治条例的状况

（一）西藏自治区自治条例的起草历程

西藏自治区是成立最晚的自治区，《西藏自治区自治条例》的制定工作却与其他自治区一样，同步发轫于20世纪80年代初。1980年西藏自治区就将起草自治条例纳入了自治区的议事日程，着手进行起草工作。

根据《西藏自治区志·人大志》的记载：1980年11月16日，自治区第三届人大常委会第四次会议作出《关于加强立法工作的决议》，指出：责成自治区人大常委会法制小组，会同有关方面，在调查研究的基础上，立即着手起草《西藏自治区自治条例》……12月17日，自治区第三届人大常委会第四十六次主任会议，研究了关于加强"自治条例起草工作"。1981年9月3日，自治区第三届人大常委会第七十次主任会议，"研究了自治条例稿征求意见情况及进一步修改和征求意见工作"。9月22日，自治区第三届人大常委会第七十二次主任会议，"同意自治区人大常委会法制小组召开会议讨论修改自治条例稿"。

1984年11月1日，自治区第四届人大常委会第六十二次主任会议，"讨论修改了自治区自治条例（草稿）"。12月4日至8日，自治区第四届人大常委会第九次会议，审议《西藏自治区自治条例（讨论稿）》。12月20日，自治区第四届人大常委会第六十八次主任会议，"讨论了自治区自治条例稿"。

1985年12月2日至20日，自治区第四届人大常委会第十四次会议，审议《西藏自治区自治条例（征求意见稿）》。

1986年7月22日，自治区第四届人大常委会第一百一十四次主任会议，听取自治区自治条例起草办公室关于自治区自治条例起草工作的意见。

1988年5月24日至28日，自治区第四届人大常委会第二十六次会议，听取人大常委会法制办关于《西藏自治区自治条例》修改情况的汇报。

1989年9月28日，为了进一步贯彻实施中华人民共和国民族区域自治法，制定西藏自治区配套地方性法规，加快《西藏自治区自治条例》的起草工作，自治区党委下发了《自治区党委关于成立〈西藏自治区自治条例〉起草领导小组的通知》，确定领导小组成员和下设机构。组长：热地，副组长：布多吉、曹旭、吉普·平措次登、拉敏·索朗伦珠、杨世喜，成员：肖怀远、列确、格桑朗杰、徐洪森、索朗达吉、平措旺秋、向阳、田福俊、付元春、邹开华、于枫、欧珠朗杰、马久、扎门·赤列旺杰、娜珍、丹甲·多吉绕登。领导小组在自治区人大常委会设立办公室，其组成人员由领导小组确定。

1990年8月18日，全国人大常委会委员、全国人大民委副主任平措旺阶调查、了解贯彻民族区域自治法的情况和《西藏自治区自治条例》的起草情况。8月20日，自治区党委作出关于《西藏自治区自治条例》起草工作小组的安排意见批复。11月20日至22日，自治区自治条例起草领导小组在全区范围内征求意见的基础上，邀请自治区各部门、各系统负责人对《西藏自治区自治条例》第12稿进行讨论修改，形成第13稿。11月28日，自治区第五届人大常委会第六十次主任会议，讨论了《西藏自治区自治条例（草案第十二稿）》。11月29日，自治区第五届人大常委会第六十一次主任会议，讨论了《西藏自治区自治条例（草案第十二稿）》。

1993年5月18日，自治区党委印发《关于调整〈西藏自治区自治条例〉起草领导小组成员的通知》。

另据《西藏自治区志·人大志》记载：自治区人大法制委员会，根据西藏自治区人民代表大会第五届、第六届常委会立法规划和自治区自治条例领导小组的安排，组织力量参与了《西藏自治区自治条例》第11稿至第16稿的起草、修改工作，并赴昌都、林芝等地区征求有关方面的意见。

从1993年后，《西藏自治区志·人大志》再无有关自治条例起草、修改的记载了，西藏自治区自治条例起草工作也就戛然而止。

（二）《西藏自治区自治条例（草案）》文本的空缺

西藏自治区自治条例起草工作历时13年之久，先后形成16个草案文本，这对研究自治区自治条例的制定，本是一笔丰厚的财富，通过不同文本的比较分析，可以反映出起草条例的基本思路变迁，以及随着社会经济的发展，起草条例的指导思想与价值选择的改变，对完善民族区域自治制度与民族法学有着重要意义。令人遗憾的是，笔者费尽周折，无论是向西藏人大，还是政府有关部门以及学者，多方求证，都以“保密”为由，得不到任何一稿的条例草案文本。这也是本课题研究中的一个缺憾。

五、新疆起草自治条例的状况

（一）新疆维吾尔自治区自治条例的起草历程

新疆维吾尔自治区自治条例的起草，起步于20世纪80年代初。1980年12月7日，中国共产党新疆维吾尔自治区委员会，向自治区第五届人民代表大会第三次会议主席团提出《关于起草新疆维吾尔自治区民族区域自治条例和成立条例起草委员会的建议》：

为了认真贯彻执行中共中央关于民族工作的重大决策，进一步落实党的民族区域自治政策，运用法律保障自治区内各民族的平等权利和自治权利，加强民族团结，巩固祖国统一，充分调动一切积极因素，促进自治区的四化建设，依照《中华人民共和国宪法》和党的民族政策，从新疆维吾尔自治区的民族特点、地区特点、经济特点出发，立即组织起草新疆维吾尔自治区民族区域自治条例是非常必要的。为此，中国共产党新疆维吾尔自治区委员会向自治区人民代表大会建议：成立新疆维吾尔自治区民族区域自治条例起草委员会，主持条例的起草工作。起草委员会应在充分调查研究的基础上，尽快提出新疆维吾尔自治区民族区域自治条例草案，交付自治区各族人民讨论修改。

中共新疆维吾尔自治区委员会的这个建议和提出的新疆维吾尔自治区民族区域自治条例起草委员会名单（草案），请大会审议决定。

1980年12月14日，新疆维吾尔自治区第五届人民代表大会第三次会议通过了《新疆维吾尔自治区第五届人民代表大会第三次会议关于起草新疆维吾尔自治区民族区域自治条例和成立条例起草委员会的决议》：

新疆维吾尔自治区第五届人民代表大会第三次会议，同意中国共产党新疆维吾尔自治区委员会关于起草新疆维吾尔自治区民族区域自治条例和成立条例起草委员会的建议，同意中国共产党新疆维吾尔自治区委员会提出的条例起草委员会名单。决定：由起草委员会主持起草并提出《新疆维吾尔自治区民族区域自治条例》(草案)，由自治区人民代表大会常务委员会交付全区各族人民讨论，再由条例起草委员会根据讨论意见修改后，提交自治人民代表大会审议。

经过大会选举，自治区民族区域自治条例起草委员会由63名成员组成，主任委员由铁木尔·达瓦买提担任，秘书长由王振文(兼)担任，下设起草办公室。常委会成员全部参加起草委员会。

12月19～20日，铁木尔·达瓦买提主持召开自治区民族区域自治条例起草委员会首次会议，研究起草条例的指导思想、组织机构和工作方法等问题。

12月31日，自治区人大常委会党组向自治区党委报送《关于起草自治区自治条例有关问题的报告》。

同时，为了便于起草自治条例，起草办公室编纂了《起草自治条例学习参考资料》，供领导和有关部门参考。

另据新疆社会科学院档案材料记录：1980年12月8日至1981年9月，我院派科研处阿古努尔·阿古，民族所李泽、吐尔逊三同志参加《新疆维吾尔自治区自治条例》的调研、起草工作。

根据《新疆人大志》[1]的记载，自治区自治条例在起草委员会的积极参与下，从起草到修改已八易其稿，由于自治区自治条例短期内难以出台，从1988年9月以后，新疆自治区自治条例的起草工作基本处于停顿状态。到1993年1月，由自治区人大常委会主任阿木冬·尼牙孜，向自治区第八届人民代表大会第一次会议上作的《自治区人大常委会工作报告》中，提到“在以往工作的

---

〔1〕《新疆人大志》，新疆人民出版社2004年版。

基础上，常务委员会工作部门继续抓了自治区自治条例的研究和起草工作”。[1]从此，相关材料上已无自治区自治条例起草的记载了，新疆自治区自治条例的起草工作就此截止了。

(二)《新疆维吾尔自治区自治条例(草案)》文本的空缺

新疆自治区自治条例起草是在20多年前，笔者前往调研时，无论是现任和在职的自治区人大与政府民族宗教委员会的相关领导和工作人员，都不知道有过自治条例的起草的历程，也提供不了任何有关“新疆自治区自治条例起草”的信息和资料。索取《新疆维吾尔自治区自治条例(草案)》文本时，各方都以保密或没有为由，一概拒绝提供。当年参与起草的学者，大都已作古，健在的也都是杖朝之年，只能凭记忆讲述一些过程而已，当年也无电脑更没有电子文本，工作完结后，一切有文字记录的纸片都不能带出。《新疆维吾尔自治区自治条例(草案)》文本，只能空缺，不知何时能够补白。

---

[1] 《新疆人大志》，新疆人民出版社2004年版，第728页。

第二章：自治区自治条例（草案）文本分析

一、广西自治条例（草案）文本分析

（一）1958年的《广西壮族自治区自治条例（草案）》文本分析

1958年的《广西壮族自治区自治条例（草案）》文本（以下简称1958年文本），今天看来已无实际意义，经过近60年的发展，中国的社会环境、政治生态、经济结构、公民的意识与诉求都发生了根本的变化，时光已无法回到过去。但是，作为最早的自治区自治条例文本，却有着一定的学术意义，不但记载着前辈人为追求民族平等、实现民族区域自治的诉求，也对后来民族自治地方的立法工作产生了一定的影响，正如史筠[1]评论的："这个条例草

〔1〕 史筠先生，1981年后，先后担任全国人大常委会民族事务委员会党组成员、办公室主任，全国人大常委会民族委员会副主任、全国人大常委会机关党委副书记，同时兼任几所大学教授。1982年参加了我国宪法民族部分的修改工作，并被任命为中央起草民族区域自治法领导小组秘书长、民族区域自治法起草小组组长，负责起草自治法的日常工作。他和小组成员一起帮助几个省制定了贯彻实施自治法的若干规定，帮助几十个民族自治地方制定了自治条例和单行条例。1985年后任第六届、第七届全国人大民族委员会顾问。

案虽然没有正式颁布，但是那是一份相当完备的自治条例草案。它对我们后来起草自治法，特别对延边、内蒙起草自治条例起到了重要的参考作用。”[1]可以说，它是后来民族自治地方制定自治条例的母本。

1958年文本设序言；总则；广西壮族自治区的自治机关；广西壮族自治区的财政；广西壮族自治区的经济建设；广西壮族自治区的文化、教育和卫生建设；附则。共6章69条。

在第一章“总则”中规定：“广西壮族自治区是中华人民共和国领导下的民族自治地方”，“广西壮族自治区保障区内各民族的平等权利。根据互相尊重、各得其所，互相帮助、共同发展的方针，进一步调节各民族之间的关系。禁止对任何民族的歧视和压迫，禁止破坏各民族团结的行为”。“自治区保障区内各民族都有使用和发展自己的民族语言文字的自由，都有保持或者改革自己的风俗习惯的自由。”“保障区内各民族自治地方的自治权利；帮助区内有条件建立民族自治地方或者民族乡的其他少数民族，成立民族自治地方或者民族乡；保障散居民族成份的平等权利。”

在第二章“广西壮族自治区的自治机关”中规定：“广西壮族自治区人民代表大会是自治区的权利机关。”“广西壮族自治区人民委员会，即自治区人民政府，是自治区人民代表大会的执行机关。”“广西壮族自治区的自治机关，根据国家干部政策，遵守干部共产主义化的原则，积极培养民族干部，逐步实现民族化。”自治区的自治机关“在执行职务的时候，使用壮汉两种语言文

---

〔1〕 史筠：《在广西壮族自治区领导干部贯彻全国民族团结进步表彰大会精神学习班上的讲话》，载《广西民族区域自治文件资料汇编》，广西壮族自治区民族事务委员会1988年编印，第82页。

字。”“自治区各级人民法院对于少数民族聚居或者杂居的地区执行职务的时候，应当用当地通用的语言进行审讯，用当地通用的文字发布判决书、布告和其他文件。对于不通晓当地通用的语言文字的当事人，应当为他们翻译。”“自治机关采用有利于社会主义建设、有利于民族团结的民族形式工作。”

另外，1958年文本对自治区的财政、经济建设、文化、教育和卫生建设等方面都作了具体规定。在财政管理方面规定：自治区“根据国家财政体制的统一领导、分级管理的方针，结合自治区的特点和经济建设的需要，编制长期财政计划和年度预算，全面地、合理地使用地方财力，行使财政管理权限。”在经济建设方面规定：自治区“根据经济建设的方针任务和人民生产生活需要，在国家统一的建设方针指导下，充分利用本地区地处亚热带的优势条件和丰富的物质资源，发挥各族人民的力量，大力发展工农业生产，积极进行各项经济建设，繁荣各民族经济，使自治区成为有现代工业和现代农业的民族自治地方。”在文化、教育和卫生建设方面规定：自治区“加强社会主义内容的、民族形式的文化、教育和卫生建设事业。逐步提高各民族人民的科学文化水平。”“采取巩固提高和稳步发展的方针，逐步普及小学义务教育，大力提高中等学校教育质量；根据生产建设需要，增设中等技术学校，健全现有专科院校和民族学院，并且根据需要和条件继续发展大学教育。”“自治区注意发展山区的少数民族学校教育。”

用今天的视角来看，“序言”部分是参照1954年宪法的样式，“序言”这个形式，是我国宪法的一个特点，一直保持到现在。当年起草者已意识到，自治条例是广西实行民族区域自治的基本法，具有“宪法”意义，因而从构架上参照宪法的构架，也就顺理成章。

第一段是明示广西壮族自治区是中华人民共和国领导下的民族自治地方。自治区内的各族人民，在长期相处和生活斗争中，共同创造了广西的历史和文化，对祖国的缔造作出了贡献。第二段是广西各民族近代以来共同的经历，摆脱了贫困的命运，铲除了产生民族压迫的阶级根源，建立起社会主义制度下的民族平等、团结互助、友爱合作的新关系。第三段是广西各民族人民从历史的实践中，深切地体验到，必须在中国共产党的领导下，巩固各民族之间的团结，坚决走社会主义道路，才能达到共同发展、繁荣、幸福的社会主义社会。第四段是广西壮族自治区自治条例，根据国家过渡时期的总任务和本自治地方的特点制定，在肯定了过去成绩的基础上，规定了广西今后对政治、经济和文化建设的各项任务，反映了各民族人民建设社会主义社会的共同愿望。第五段是广西要继续加强民族团结，巩固工农联盟，发挥各民族人民的社会主义积极性，在中国共产党领导下，和全国人民一道，为将祖国建设成为具有现代工业、现代农业和现代科学文化的社会主义强国而奋斗。可以看出，无论是段落，还是表述的内容，基本上是参照宪法序言而为的，反映出当时人们对自治条例的法律性质的认知。

序言是宪法的重要组成部分，考察当今世界各国的宪法，有的有序言，有的没有序言，凡是宪法中有序言的，一般都是用于表达制宪者的制宪目的、制宪理论和政治理念，规定国家的目标和任务，记载重大历史事件，确立法律原则、国家政策等，为宪法的解释、适用和遵守提供背景和指南。当年参与制定宪法的著名法学家张友渔先生，在解释《中华人民共和国宪法草案（一九五四年宪法）的基本精神和主要内容》时说："我国宪法草案（初稿）为什么要有序言呢？……序言可以有也可以没有。我们之所以要有序言是因为我们正处在过渡时期，有些必须规定在宪法里的东西不便写成条文。宪法的基本任务，即国家在过渡时期的总任务，和实施宪法的条件（如统一战线、全国人民的团结、各民族的团结、国际团结）都不便写成条文，写成条文，不如放在序言里容易说得清楚，说得透彻。另外如宪法产生的背景、革命胜利的过程、外交政策等也都不便写成条文，放在序言里更恰当些。"[1]

由此可见，1958年文本的序言也是遵循上述精神来撰写的，而且也体现了当时时代的印迹，即自治条例是根据国家过渡时期的总任务和本自治地方的特点制定的。

1954年《宪法》第一章是"总纲"，1958年文本第一章是"总则"，也是参照宪法样式的。其实"总纲"与"总则"是同义词，只不过"纲"是引自生物学的概念，把彼此有相似特征和亲缘关系的生物分成若干群，每一群为"一纲"，"纲"以下再分为"目"。总则就是法律的总纲，也可称为法律的总的原则。它的功能是概括地表述贯穿于该法律始终的立法思想、价值取向、基本原则等一般性、原则性、抽象性的内容，它对理解具体条文具有指导性作用，对具体条文含义的理解，必须符合总则的规定，偏离总则规定的立法思想、价值取向、基本原则等来理解具体条款的含义，就会偏离立法原意。

---

〔1〕 张友渔：《宪政论丛》（下册），群众出版社1986年版，第27～28页。

1958年文本第一章总则，共15条。主要体现三个方面的含义：第一，明确“广西壮族自治区条例，根据中华人民共和国宪法第二章第五节制定”。当时的中国只有两部法律，即宪法与婚姻法，宪法是制定自治条例的唯一依据，此外没有其他上位法可依。第二，明确广西是中华人民共和国领导下的民族自治地方，以原广西省的行政区为自治区的行政区域。第三，确定整部法律的基调、框架、规范和指导思想，使立法形成一个有机的整体，避免互相矛盾冲突，达到内容完善；指导执法者执行具体条文，法律只有正确实施才能达到立法的目的，而正确实施离不开总则；解释条例的具体条款，明确条款的真正含义，指导执法者在具体条文中找不到与实际情况相合的条款时可以依据总则的相关规定作出相应的处理。

第二章是自治机关，共13条。表达了四个层面的含义：第一，明确广西壮族自治区人民代表大会是自治区的权力机关。广西壮族自治区人民委员会，即自治区人民政府，是自治区人民代表大会的执行机关。同时，规定了自治区人民代表大会与自治区人民委员会的性质、组成与工作机制，具体实施由组织条例规定。第二，规定了自治区各级人民法院的性质、职责与产生办法，明确自治区高级人民法院对自治区人民代表大会负责并报告工作。第三，规定了自治机关要逐步实现民族化；广西壮族自治区人民代表大会代表名额，以人口为基础，并且适当照顾居住分散或者人口特少的少数民族，使各民族都有适当的代表名额。第四，保障少数民族语言文字使用的权利，鼓励自治区工作的汉族与少数民族干部相互学习语言文字，自治区的自治机关，在执行职务的时候，使用壮、汉两种语言文字。自治区各级人民法院对于少数民族聚居或者杂居的地区执行职务的时候，应当用当地通用的语言进行审讯，用当地通用的文字发布判决书、布告和其他文件。对于不通晓当地通用的语言文字的当事人，应当为他们翻译。

这一章的内容，体现了中国共产党第八次全国代表大会的精神，“加强国内各民族的团结，促进各民族的共同进步，是我们国家工作中的一项重大的任务。必须充分保障民族平等的权利和聚居的少数民族的区域自治的权利，必须切实注意民族自治机关的民族化和培养少数民族干部的工作。在少数民族地区的汉族工作人员必须克服任何大汉族主义的错误观点，积极地耐心地帮助少数民族当家作主，而在少数民族工作人员中，也应当注意防止和纠正地方民族主义的倾向。凡属少数民族地区尚待进行的民主改革和社会主义改造，必须由少数民族的人民和公众领袖从容考虑，协商处理，并且坚持用和平的方式进行。各级政府的有关部门必须积极发展少数民族地区的经济和文化工作，并且注意在少数民族地区逐步地发展工业，培养少数民族自己的工人阶级和工业干部”。〔1〕

第三章是广西壮族自治区的财政，共7条。主要规定了自治区行使财政自治权的问题，立法依据是1954年《宪法》第70条第2款的规定：“自治区、自治州、自治县的自治机关依照法律规定的权限管理本地方的财政。”财政自治是与民族区域自治相对应的，是自治权力的重要内容，它是民族区域自治的地方财政对中央财政而言的财政自治。财政权的配置与运行制约机制的合理

---

〔1〕 1956年9月27日中国共产党第八次全国代表大会通过的《中国共产党第八次全国代表大会关于政治报告的决议》。

化是自治机关权力良性运行的经济法律基础。所以，这一章规定了组织财政收支，统筹分配财政资金，自主决定和管理广西地方财政事务的条款。

第四章是广西壮族自治区的经济建设，共20条。条款涵盖了广西经济建设领域的方方面面，也成为后来自治州和自治县自治条例的基本内容。如地下资源调查，农业合作化制度与收益分配制度，发展国营农场林场牧场与园艺场，发展以粮食为主的农业生产，兴办水利工程结合植树造林和水土保持工作，积极发展亚热带作物和经济作物，发展林业生产和实行社种社有与鼓励社员宅旁园地自种自有的林业政策，积极发展畜牧业和淡水养鱼，发展地方工业和手工业合作社，发展交通运输业和邮电事业，加强、发展商业做好生产资料和生活资料的供应，贯彻执行国家对主要物资统购统销和统一收购的政策，积极开展国家银行信贷业务和加强对农村信用合作社的领导等方面。

这些条款，一方面清楚地反映了广西是一个以农业为主要产业的自治区；另一方面反映了当时国家的经济发展与管理政策，如农业合社、手工业合作社、统购统销和与资本主义自发趋势进行斗争等时代印迹。

第五章是广西壮族自治区的文化、教育和卫生建设，共12条。内容基本涵盖了文、教、卫领域的事项，如在壮族中推广壮文，在汉族中推广普通话和汉语拼音方案，鼓励各民族互相学习语言文字；采用当地通用文字大力进行扫盲；发展各类学校教育，提倡勤工俭学，鼓励群众集体办学，允许个人办学；各级各类学校的学生中，应当逐步扩大工农子弟的比例，并且注意吸收山区的少数民族学生，中等以上学校，在必要的时候，采取预备班和其他辅导方法，对山区的少数民族学生进行辅导；采取稳定的步骤，在区内壮族聚居地区的小学、师范学校中，逐步推行壮文，使用壮语壮文进行教学。并且由一定的学年开始，仍然设置适当分量的汉语汉文课程；贯彻执行百花齐放、百家争鸣的方针，继承和发扬各民族人民优良的文化艺术传统，帮助和鼓励社会主义现实主义的文化艺术创作，建利社会主义的、民族的新文化，坚持文化事业为工农兵服务的方向，有组织有领导地开展多样性、群众性的文化艺术活动，积极培养各民族的各种文化艺术人才，组成社会主义的文化艺术队伍，重视各民族的文学、戏剧、音乐、舞蹈、美术的发展和提高，团结各民族的民间艺人，发掘和整理各民族的民间文化艺术遗产，逐步发展电影事业，加强对新闻、广播、出版事业的领导，重视民族文字书刊的出版发行；自治区组织对历史文物的发掘、搜集和研究工作，教育群众保护历史文物；积极领导各民族人民开展群众性的体育运动，有步骤地开展国防体育活动，培养各种体育人才，不断提高体育运动水平，丰富各民族人民文化生活，增强各民族人民的体质；根据预防为主的方针，积极发展各民族人民的保健事业，采取有效的措施，逐步消灭危害人民最严重的血吸虫病、疟疾病、钩虫病、性病、丝虫病和新生儿破伤风病，积极研究对麻风和各种地方病的预防和治疗；发展妇幼卫生事业，对妇女实行劳动保护，在汉族、壮族人口稠密的地区，提倡节制生育和有计划的生育；健全和适当地发展各级医疗卫生机构；团结各民族的民间医生，充分发挥社会医疗力量的作用；对经济贫困的少数民族地区和患有烈性传染病的各民族人民，适当减收或者免收医疗费；根据建设的需要和地区的特点，积极和有重点地发展科学研究事业，逐步开展科学普及教育工作；有计划地培养各民族的各种科学工作人员，逐步建立相应的科学研究机构；加强对广西少数民族历史、各民族人民近代革命斗争史、社会经济、主要工矿业、农业、林业以及其他亚热带动植物、地质、语言文字、文化艺术、医学等的科学研究工作。

上述内容，除了一些具有明显时代特点和阶段性的内容外，大多被自治州、自治县的自治条例所接纳、吸收。从条款文字上看，当然还是属于政治宣誓性、政策性的表述，而非法律语言性的表述，注重的是外部效应，而非法律效应，这不仅是当时的通病，也是现在颁布的所有自治条例文本的通病。

第六章是附则，共2条。一是规定自治机关所在地是南宁，二是条例的通过实施程序。

（二）《广西壮族自治区自治条例（草案）》第19稿文本分析与思考

广西壮族自治区自治条例的制定，开始于1957年9月，广西僮族自治区筹备委员会成立以后，就组织法制处草拟《广西僮族自治区条例（草案）》《广西僮族自治区人民代表大会和人民委员会组织条例（草案）》。1958年5月13日，广西壮族自治区副主席覃应机在广西僮族自治区第一届人民代表大会第一次会议上，向大会作了《关于广西僮族自治区人民代表大会和人民委员会组织条例（草案）及广西僮族自治区条例（草案）的说明》的报告。从此，拉开了制定广西壮族自治区自治条例的序幕。随后，历时40余年，经过几代人的努力，《广西壮族自治区自治条例（草案）》19易其稿，始终没有进入审议程序。

虽然，《广西壮族自治区自治条例（草案）》没有进入程序，但是它历时几十载，凝结了几代人的心血和智慧。为我们进一步研究这一问题奠定了良好基础，今天我们是站在这块基石上再攀登的。认真总结、分析我们起草自治区自治条例的指导思想、立法环境、立法原则和立法技术等方面的经验与不足，对自治区自治条例的制定有着重要价值。就自治条例制定本身的立法要求、立法理念和立法技术而言，以下几个方面值得我们深入研究和探讨。

1. **自治区自治条例规范的主要内容应该是什么**

自治条例应该规范什么？即自治条例规范内容的定位，这好像是一个不应该提出疑问的问题，因为已经制定和通过了139件自治州和自治县的自治条例了。其实不然，看一下这139件自治条例就会发现，无一不是照抄民族区域自治法的立法结构和基本内容，甚至一些条文都是一字不差地转载，或者是个别词汇的置换，无论是结构还是内容基本上大同小异，从看到的各自治区的自治条例（草案）而言，也基本上是这一模式。所以，自治条例要规范的内容是什么？自治条例是什么？这个问题（包括已颁布的自治条例）始终没有解决。自治条例规范定位不准的问题，是自治区自治条例难以通过的一个主要原因，这主要归因于两方面的因素：

一是尚未准确理解宪法和民族区域自治法的有关条款。《宪法》第116条规定："民族自治地方的人民代表大会有权依照当地民族的政治、经济和文化的特点，制定自治条例和单行条例……"《民族区域自治法》第19条全文照抄了宪法这一规定。但《民族区域自治法》第15条第3款却规定："民族自治地方的自治机关的组织和工作，根据宪法和法律，由民族自治地方的自治条例或者单行条例规定。"从《宪法》第116条和《民族区域自治法》第19条的规定来看，是对自治条例的立法内容一个概括性的规定，即

"有权依照当地民族的政治、经济和文化的特点，制定自治条例和单行条例"。而《民族区域自治法》第15条第3款又添加了一项具体的规定，即"民族自治地方的自治机关的组织和工作，根据宪法和法律，由民族自治地方的自治条例或单行条例规定"。这样，自治条例的框架就必然成为一个由组织条例加上由民族区域自治法中有关自治权条款细化的条文来构成的样态。如《广西壮族自治区自治条例（草案）》（以下简称《广西自治条例草案》），第二章、第三章是关于自治机关的组织条款，第八章是关于人民法院和人民检察院的组织问题，其他条款基本上是对民族区域自治法中关于自治权条款的细化。其实关于组织问题，民族区域自治法已经规定得非常清楚，自治条例没有必要重复规定，直到今天，5个自治区自治条例都没有通过，而5个自治区自治机关不是早已按照民族区域自治法的规定组成了吗？这说明起草者只是对《民族区域自治法》第15条第3款的理解不够准确，因为《广西自治条例草案》第17条第1款规定："自治区人民代表大会常务委员会的组成人员中，壮族公民所占比例略高于其人口在自治区总人口中所占的比例。"第3款规定："自治区人民代表大会常务委员会主任、副主任中，少数民族公民所占的比例略高于其人口在全自治区总人口中所占的比例"。上述规定是违反民族区域自治法的。《民族区域自治法》第16条第2款的规定是："民族自治地方的人民代表大会中，实行区域自治的民族和其他少数民族代表的名额和比例，根据法律规定的原则，由省、自治区、直辖市的人民代表大会常务委员会决定，并报全国人民代表大会常务委员会备案。"从这一款的立法原则看，只是规定了实行区域自治的民族和其他少数民族在民族自治地方人民代表大会中的人民代表的名额和比例问题，并没有对常务委员会的组成人员的比例作出规定。因为，常务委员会委员是从人大代表中由代表选举产生的，如果自治条例要规定民族的比例，而且是按少数民族在总人口中的比例来确定，实际上是对人民代表权利的限制，这样的规定既是对民族平等原则的曲解，也违背公平正义的法律原则。当然，有一些已通过的自治州或自治县的自治条例，擅自在自治条例中规定：人民代表大会常务委员会主任由实行自治民族的公民担任。[1]一些人甚至认为这是在民族立法上的一个突破并对此加以称道。其实这些规定统统是违反宪法条款的，应该是无效的，这是一个基本的法学常识。

二是对宪法和民族区域自治法确立的原则研究得不够深入。二部上位法的规定是："依照当地民族的政治、经济和文化特点，制定自治条例和单行条例。"这是自治机关制定条例的基本原则，也是前提条件。那么，什么是当地民族的政治特点？什么是当地民族的经济特点？什么是当地民族的文化特点？显然，从收集到的条例草案文本来看，没有清晰地反映出5个自治区不同的民族政治、经济和文化特点，对本地区的区情还没有深入了解透彻。宪法所指的当地民族不仅仅是指实行区域自治的民族，还应该包括世居的所有民族，从某种意义上讲是一个特定区域，即自治区行政区域的政治、经济和文化的特点以及和周边环境的关系。它不仅要涉及人文地理环境，还要考察自然生态环境；不仅要研究、了解历史文化传统，还要观察社会发展趋势。同时，还要具有全

---

〔1〕 最典型的是《延边朝鲜族自治州自治条例》，如第13条第4款："自治州人民代表大会常务委员会组成人员中，朝鲜族成员可以超过半数，其他少数民族也应有适当名额。"第5款："自治州人民代表大会常务委员会主任由朝鲜族公民担任。"

球视野,认清自治区在整个区域经济和全球经济体系中的位置和作用,特别是在中国已加入WTO和全球经济一体化的大背景下。综合这些因素,只有认真研究民族自治地方的当地各民族的政治、经济和文化特点,才能准确把握自治条例应该表达和规范的主要内容。

2000年3月15日第九届全国人民代表大会第三次会议通过的《中华人民共和国立法法》,从立法的角度规定了民族自治地方自治条例的主要立法内容。第75条第2款规定:"自治条例和单行条例可以依照当地民族的特点,对法律和行政法规的规定作出变通规定,但不得违背法律或者行政法规的基本原则,不得对宪法和民族区域自治法的规定以及其他有关法律、行政法规专门就民族自治地方所作的规定作出变通规定。"

总之,自治区自治条例规范的内容,应该是四个方面:第一,在不违背宪法和民族区域自治法的前提下,对民族区域自治法中的一些条款作实用性、具体化的转化,使之具有可操作性,便于自治机关实施民族区域自治法。但条例不能对民族区域自治法的有关规定进行扩容性再规定。第二,对自治区特有的社会关系和独特的社会问题,需要进行规范的而现行的法律和行政法规还处于空白,即没有这方面的立法,自治条例则可以进行规范,但不能违反宪法精神和原则。第三,是对法律和行政法规中,那些不符合民族自治地方政治、经济和文化特点的条款或规定进行变通规定。第四,是对自治机关与其行为的规范。一是自治条例要明确自治机关享有的权利和应尽的义务,明确法定授权的原则;二是规范自治机关的行为,即自治机关在实施民族区域自治法和行使自治权方面的作为与不作为的行为,及与此相应的法律责任，明确依法行政的原则。

2. 自治区自治条例规范的权限应该是什么

自治区自治条例规范的权限，也是自治条例的立法权限问题。通俗讲就是哪些关系和事项是需要由自治条例来规范的，以及条款规范的“度”是什么？这是由自治区自治条例在我国法律体系中的位阶决定的。因为自治区自治条例的上位法是法律和行政法规，立法法规定了自治条例和其上位法的关系及处理的原则。各个《广西自治条例草案》在这个问题上都把握得不够准确，这也是《广西自治条例草案》未能进入程序的一个重要原因。

在自治条例的起草过程中，不可避免地会碰到一个时下无法解决的问题，也是自治区自治条例与自治州、自治县（旗）自治条例不同的本质所在。这就是关于中央与民族自治地方在一些事权上的划分，涉及的是国家主权机关与自治机关权力行使的边界，即中央统一权利与民族自治地方自治权利的界限问题，也就是哪些事权是由中央政府行使，哪些事权是由民族自治地方自治机关行使。要使自治机关能“充分行使自治权”，就必须明确划分出中央权力与自治区自治机关权力的界限，明确一些事权行使的主体。然而，这又是现阶段无解的难题。这不仅是广西，也是其他自治区在起草自治条例时遇到的一个带有共同性的问题。的确，中央与民族自治地方在权利问题上的划分，是一个判断民族区域自治制度能否真正实施、自治机关能否真正行使自治权的标准，是判断民族自治地方宪法权利和民族区域自治法规定的自治权利能否保障的标准。但问题是这种权利的划分能否由自治条例这种下位法去规定？答案显然是否定的。这一事关中央与自治区地方权利划分的问题，只能由国家的最高权力机关和立法机关通过国家立法去划分。而《广西自治条例草案》恰恰忽视了这一点，《广西自治条例草案》第56条、第59条、第60条、第66条、第70条、第71条、第72条、第75条、第77条等条款，就是试图以自治条例来划分国务院有关部委与民族自治地方自治机关的一些事权的权限。如第59条规定："自治区的财政预算支出按国家规定设立百分之五的机动资金和百分之五的预备费，机动资金按照上年决算的正常支出数额、预备费按照当年支出预算数额计算，由中央财政按年度专项核拨。"第60条规定："由于国家财政体制的变更、国家政策统一调整以及发生重大自然灾害等原因，导致自治区财政发生减收或增支时，由上级国家机关专项补助。"这里的问题是，作为一个下位法，不能规定"中央财政按年度专项核拨"和"由上级国家机关专项补助"，不能由民族自治地方规定中央财政或上级国家机关去做什么。再如第66条第1款："自治区境内的中央直属企业上缴中央财政及其主管部门的收入，由上级财政部门全额返还自治区，不列入基数，由自治区自治机关合理安排使用。"第2款："国家在自治区境内征集的能源交通重点建设基金、国家预算调节基金以及上级国家机关统一开征的其他基金，全部留给自治区，专项用于能源交通和其他基础设施建设。"规范中关于中央直属企业上交中央财政收入的返还问题，以及国家在自治区境内开征的一些基金全部留给自治区的问题，是由中央政府决定的事项，自治机关和自治条例作为地方一级政府和下位法是无权决定和规范这些事项的。《立法法》第8条第9项规定："基本经济制度以及财政、海关、金融和外贸的基本制度。"这是属于全国人大及其常委会专属立法权的事项，自治区自治条例也要"严格依照法定职权、法定程序，不得超越职权、违反法定程序”。另外，“货币的发行、基准利率的确定、汇率的调节和主要税种税率的调整等属于中央宏观经济调控的事项，统一的市场活动规则以及对外贸易和外商投资的法律制度等，都是需要由中央统一规定的，地方不得规定”。[1]

那么，自治条例的立法权限是什么？它的上限与下限应该在哪？这个“度”如何确定，确实是民族法学研究的一个重要理论问题，遗憾的是目前法学界的同仁涉足这一领域的人太少，理论上至今没有一个明确或能够接受的回答。

我认为自治条例在自治权的规范上，不应该停留在权利的划分上，因为自治区自治条例不具备这个功能，非要去做不可为的事，就构成了越权行为。条例应解决的是如何规范自治机关主动、充分行使民族区域自治法规定的自治权的行为，即保障自治机关在行使自治权上的作为与不作为。因为，自治机关依法、主动、积极、创造性地行使宪法和民族区域自治法赋予的自治权，是完善我国民族区域自治制度的关键所在，这是自治条例规范的重要事项。这是起草自治条例需要解决的问题，也是理论法学与民族法学需要研究的一个课题。

关于“度”的问题，主要体现在对法律和行政法规相关条文作出的变通规定上，即立法技术所指的“概念界定”与操作性问题。这是民族自治地方自治机关的一项法定权力，是其他地方立法机关所没有的。当然，这需要我们做艰苦和严谨的工作，变通的前提，首先是要梳理有关法律、行政法规的具体条文，理解条文制定的价值取向和立法原意，以及该条文在起草时的特定指

〔1〕 2000年6月8日国务院《关于贯彻实施〈中华人民共和国立法法〉的通知》。

向。然后，再研究广西各民族具体的政治、经济和文化特点，以及这些特点在发展中的趋势。只有这样，才能把握变通的“度”，才能明确哪些条文需要变通以及如何变通，预测变通后的社会成本和社会功能。特别是在当今的背景下，自治区也是全球市场中的成员，参与全球市场的竞争，就要睁开眼看世界，自治条例也要有与WTO的规则以及有关的国际法和国际惯例接轨的勇气与魄力。

3. 立法环境不理想使自治条例难以进入程序

这里讲的立法环境主要是指当时的社会背景与政治风云的变动。众所周知，从1957年下半年到1958年3月广西壮族自治区成立这段时间，由于“左”的思想的干扰，虽然广西壮族自治区第一届人民代表大会第一次会议审议时作出决议：“将广西壮族自治区自治条例（草案）提交全自治区各族人民进行广泛的讨论，并责成广西壮族自治区人民委员会收集各方面意见，加以研究修改，再提交自治区人民代表大会另一次会议讨论通过，报请国务院提请全国人民代表大会常务委员会批准后实行。”[1]但是，随着全国性的“反右”斗争的开始，运动一个接着一个，整个思想领域越来越左，民族自治地方的立法工作出现了严重倒退。广西壮族自治区自治条例的第一次启动也就这样搁置了。

到了20世纪80年代末广西再次启动自治条例的立法进程，在起草《广西自治条例草案》时，随着改革开放的深入，国家逐步向社会主义市场经济体制过渡，民族自治地方也进一步“拨乱反

---

〔1〕《广西民族区域自治文件资料汇编》，广西壮族自治区民族事务委员会1988年编印，第254页。

正”，渐次破除计划经济模式，试图按照社会主义市场经济体制运行。但由于认识与立法的滞后，以及计划经济体制形成的思维惯性，宪法和民族区域自治法的一些条款，尤其是民族区域自治法，尽管它是首次将民族区域自治制度法律化的一部重要基本法，在我国民族立法史上具有重权意义。但是，由于其立法背景：当时我国的基本制度是计划经济体制。显然在当时，民族区域自治法的一些表述与条款，已不能作为自治区自治条例立法的依据；同时，民族区域自治法中关于对民族自治地方自治机关自治权的规定，概念界定模糊，条文表达不够准确，难以理解法律定义，条文中大量使用非法律语言，不具有操作性。最高权力机关又没有制定中央政府与民族自治地方自治机关在事权划分方面的法律。因此，在起草自治条例的过程中，对于自治权的操作化（具体化）就不好把握，造成在起草的自治条例中不好划分自治权的界线（上文已作论述），最终导致在起草的自治条例草案中，就出现了一些越权的规定，下位法规范上位法规范的内容。这不仅是广西壮族自治区在起草自治条例中出现的问题，同时，在所看到的内蒙古自治区、宁夏回族自治区起草的自治条例的草案中，都存在同样的缺陷。显然，就自治区自治条例而言，在5个自治区是一个具有普遍性的问题，如何解决？至今仍是一个在研究探讨中的课题。

另外，从20世纪80年代下半期到90年代，随着我国社会主义市场经济体制的逐步确立，少数民族地区原来享有的一些优惠和照顾自然消失，或因国家对东部发达地区的优惠政策，使民族自治地方失去了优惠和照顾的效应，民族自治地方被迫处于与沿海发达地区“平等竞争”的地位，进一步拉大了自治区与东部发达地区的差距。在当时无法找到一种既符合社会主义市场经济原则，又能代替过去计划经济体制下国家对少数民族地区优惠和照顾的政策。在此种境况下，制定自治条例的困难是无法、无力解决的，一些障碍是难以越过的。例如：

在财政方面，分税制财政管理体制从1994年开始执行，对民族自治地方采取“一刀切”的办法，来划分收支范围、分配财力、审定地方财权；在划分中央和地方固定收入项目与中央与地方共享收入项目时，和发达省市一样，没有体现民族区域自治法中关于财政自治权的规定。《民族区域自治法》中对民族地区帮助和照顾的规定，只体现在专项拨款上，而在专项拨款制度的实施过程中，由于规则不够细化，很容易出现主观随意性，导致“会哭的孩子多得益”与“跑部进钱”的现象。过去的经验证明这种制度极易造成实质的不公平，同时既加大社会成本（运作成本）也容易滋生腐败。

在金融方面，按照市场经济运行的规则，一些基本建设项目、特别是大型基建项目，由原来国家投资改为银行贷款，国家批准的建设项目由发展银行贷款，其他项目由商业银行贷款。国家对民族地区没有什么优惠政策，民族地区普遍发展落后，经济体量小，在“吃饭与发展”的选择上，能用于较大建设项目的资金很少，除此之外，资本市场不发达，渠道少，手段差，很难筹集资金搞建设，造成民族地区与沿海发达地区的差距日益扩大。

在民族贸易方面，民族贸易企业原来享受国家的“自有资金、利润留成、价格补贴”三项照顾政策：即民族贸易企业自有资金不够一定比例的，由国家财政拨给；利润留成比例不低于20%（后又改为50%）；对少数民族生活必需的部分工业品实行最高限价。从20世纪80年代开始，这些优惠政策大部分逐步取消或已自然消失。

国家在民族地区办国营企业，原来给地方20%的利润返还，由于后来实行股份制，按股分红，规定对民族地区的利润返还也自然就取消了。如果要求利润返还，势必影响民族地区的资本与技术的引进，仍然是民族地区吞咽苦果——制约民族地区的技术进步与经济发展。

在教育方面，随着改革的发展，民族院校、民族班招生也逐步向自费过渡，政策的调整却在原地踏步，没有出台相应的优惠政策解决少数民族学生入学难的问题。

改革开放以来，国家先后在深圳、珠海、汕头、厦门和海南设立了5个经济特区；又对14个沿海城市实行开放政策，经济技术开发区和保税区也逐步在沿海部分城市设立。接着，对中西部18个省会城市和13个沿边市县实行对外开放。中央对这些地区实行的政策倾斜，是前所未有的。财税方面：在经济特区，企业所得税率有的仅为15%，免征地方所得税；对投资基本设施项目，或经营期限长、技术先进、产品出口比例高的企业，进一步降低其所得税率，或延长其税收减免期限；对进口供应本特区市场销售货物的企业，减半征收关税、产品税和增值税；供特区农用进口的生产资料，免征关税和进口环节的产品税。出口贸易方面：凡是在特区企业生产的商品，除属国家被动配额和属于销往港澳地区的产品，仍实行国家配额、许可证管理外，其余产品放开出口经营；组织进口本地自用的生产设备、原辅材料和市场短缺的商品，特区有权自行审批；成立经营自产产品出口业务的外贸公司和工贸公司，特区可自行批准设立。信贷与外汇留成方面：由中国人民银行总行实行切块管理特区的信贷计划,不受全国信贷总规模限制;特区自产产品出口收汇和用内地原材料、半成品加工增值20%以上的产品出口收汇以及“三来一补”收汇,全部留给特区;非贸易收汇全部留给特区。海南省特区方面:总投资在2亿元的基本建设和技改项目,凡是各方面条件能自行平衡,并有偿还能力的均由省政府自行审批。人员出入境管理方面:停留不超过15天的外国人,海南省口岸有权办理入境签证手续;向海外派出机构或办企业,除去有特殊规定的国家和地区外,海南省特区都有权自行审批。邓小平南方讲话发表以后,一些比较特殊的政策在沿海开放城市也推行了,对这些城市中设立的经济技术开发区实行特区的政策,保税区实行类似国外自由贸易区域中自由港的政策。[1]与这一改革大潮相比,原来国家对民族自治地方的优惠政策,被改革开放政策不断对冲,已所剩无几了,除给一些固定的财政补贴(这种补贴1988年以前每年递增10%,1990年以后取消了10%的递增)和一些专项贷款外,其余与一般省一视同仁。

这样,伴随改革开放的逐步深入,国家对沿海开放地区实行更加倾斜的政策,而对少数民族地区的优惠政策在逐步减弱。这一“长”一“消”,使少数民族地区处在更加不利的地位上与经济发达地区进行竞争。在找不到一种既符合社会主义市场经济原则,又能符合民族区域自治制度原则的政策以前,制定自治区自治条例是很困难的。

当然,这一问题目前也没有解决,而且又有了新的要求,这

〔1〕 参见果洪升:《国家对经济特区与民族自治地方优惠政策比较研究》,载《民族理论研究》1994年第4期。

就是未来的自治区自治条例的制定还要考虑，如何与WTO规则的接轨以及未来中国—东盟自由贸易区建立的要求，这是本课题研究的难题之一，也是自治区自治条例制定必须要解决的理论课题。否则，自治区自治条例的出台仍然是遥遥无期的。

4. 非必经程序的障碍

这里所说的程序是指自治条例的提议、起草以及自治条例草案的提出、审议、表决和批准生效的工作程序，既包括法定的立法程序，也包括非法定的必经程序。这里所讲的"非法定的必经程序"是什么含义？从逻辑上讲，非法定的就是非必经的。但在这里，非法定的却是必须要经过的，否则就进入不了法定程序。这可以说是在我国立法实践中长期以来形成的一种惯例，就自治区的自治条例而言，就是草案形成以后、进入法定程序以前征询国务院有关职能部门的意见。虽然宪法、民族区域自治法以及立法法都没有关于自治区自治条例在进入法定程序前征询国务院职能部门意见的规定，但在地方立法实践中似乎已成为一种惯例，尤其是自治区的自治条例，5个民族自治区在起草自治条例的过程中无一不遵循这个惯例。这样造成的结果似乎是：全国人大常委会对自治区自治条例仅有法律形式上或程序意义上的批准权，而实质的批准权在国务院的一些职能部门，特别是一些重要的经济部门与权力较大的部门。这一惯例弊大于利，因为：

第一，"征询意见"的实质是"预先审查"，甚至是"事先审批"。在法律上，国务院各部委只有尊重和保障自治区自治条例的义务，没有对它进行合法性审查的权力。这也就是为什么宪法要规定所有地方性法规须报国务院"备案"，而自治区自治条例"报全国人民代表大会常务委员会批准后生效"。自治州、自治县的自治条例，报省或者自治区的人民代表大会常务委员会批准后生效，并报全国人民代表大会常务委员会备案。[1]这是因为自治条例与地方法规不同，它的地位和效力不仅高于各部委规章，而且可以不以国务院行政法规为立法依据。《宪法》第116条规定："民族自治地方的人民代表大会有权依照当地民族的政治、经济和文化的特点，制定自治条例和单行条例……"《民族区域自治法》第6条第2款规定："民族自治地方的自治机关根据本地方的情况，在不违背宪法和法律的原则下，有权采取特殊政策和灵活措施，加速民族自治地方经济、文化建设事业的发展。"这里并没有规定不得违背"行政法规"，而这里的"特殊政策和灵活措施"，往往就是自治区自治条例的重要内容。既然不受部门规章和行政法规的约束，也就没有义务接受这些职能部门以各种理由所作的审查。另外，受国务院行政法规约束的一般地方性法规，尚且不用征询各部委的意见，何况是不受行政法规与部门规章约束的自治条例呢？遵循这种非法定程序其实是本末倒置，也不符合"特别法（自治条例）优于普通法（一般地方性法规）"的原则。

第二，"征询"国务院各部委意见，并非宪法、民族区域自治法以及立法法设立的自治区自治条例的立法程序，即属一种法外程序。这种非法定的、不成文的惯例，难免有"人治"和"部门利益"因素渗透，即使是全国人大常委会交付征询意见也是不应该的。这一做法的缺陷在于，一是使部门"规章"凌驾于或者漠视自治条例的现象合法化；二是为一些部门保障自身利益最大化，

---

〔1〕 参见《中华人民共和国宪法》第116条；《中华人民共和国民族区域自治法》第19条。

用维护本部门利益的部门规章、行业政策来抵制民族自治地方的合法权益开了绿灯；三是从实践看，部委的“意见”至关重要，实际上拥有了对自治条例的否决权。因为在现实中一些部门的“高压”政策，干涉能力是很强大的，而民族自治地方的自治机关对这些部门又相当敬重。总之，这一非法定程序，被视为自治区自治条例出台的关键步骤，这恰恰是自治区自治条例难以出台的重要原因。

第三，国务院及各部委，都有领导和业务指导民族自治地方各级人民政府的权力，却不能因此理解为可以“领导”自治区制定自治条例。制定自治条例的主体是自治区人民代表大会，作为执行自治条例的自治区人民政府，可以提请制定议案与参与起草，但无权成为制定主体。宪法规定国务院的职权之一是：“领导和管理民族事务，保障少数民族的平等权利和民族自治地方的自治权利。”[1]而这一职能具体由其组成部门——国家民族事务委员会承担。宪法的规定，表明国务院与自治区人民政府之间，是上级与下级，领导与被领导、监督与被监督的关系；国家民族事务委员会与自治区民族事务委员会是分级管理的关系，上级部门具有业务指导权。并且明确这种“领导”和“管理”的对象是民族行政事务，目的是“保障少数民族的平等权利和民族自治地方的自治权利”，立法权作为自治权的重要内容，也应得到充分的尊重。

第四，自治区自治条例涉及国务院职能部门的利益，征求相关部门的意见，有利于在实施中得到这些部门的理解与支持。但

---

〔1〕《宪法》第89条第11项。

决不能以此理解为自治条例必须屈从于部门利益（只应遵从国家利益）。从当下政治体制与依法治国的角度看，5个自治区自治条例无法出台的一个重要原因是，改革的顶层设计没有完成与计划经济体制残余的惯性作用，致使中央职能部门与民族自治地方的经济权限不清，在一些事权没有划分清楚，国家还应该继续深入改革，用国家法的形式，来调整、厘清中央职能部门与民族自治地方的经济权限。也就是说，在对民族自治地方的"放权让利"问题上，不能由一些部委以部门规章说了算，而只能由国家立法机关以法律来规范。[1]

总之，分析《广西自治条例草案》在起草过程中的成败得失，是本课题研究的起点，前辈们在起草《广西自治条例草案》的过程中几上几下，孜孜不倦历时十余年，草案是他们付出劳动的结晶。在此，对他们及他们付出的劳动深深地表示敬意。

二、内蒙古自治条例（草案）文本分析

1987年，在庆祝内蒙古自治区成立40周年之际，《人民日报》发表了乌兰夫的署名文章《在创造新历史的道路上胜利前进！》，文章指出：要认真贯彻执行《民族区域自治法》，"《自治法》是按照全国的情况制定的，内蒙古是一个实行民族区域自治的地方，必须以《自治法》为依据，按照实际情况，制定本地区的《自治条例》和各项单行条例，这是一件需要抓紧办理的大事。制定《自治条例》是基本的法制建设，它标志着一个民族区域自治地方的发展水平和治理水平。制定出这些基本法规，自治权利有了法律

---

〔1〕 参见韦以明：《关于自治条例出台前的"征询意见"制的思考》，载《学术论坛》1999年增刊。

保护，才能更好地运用和发挥，才能以法律形式有效地推动自治区经济建设和各项社会事业发展”。[1]

早在1980年，内蒙古自治区五届人大常委会第六次会议，成立以自治区人大常委会主任廷懋为主任的自治条例起草委员会，启动了自治条例的起草工作。到90年代初，先后形成了23稿。然而，内蒙古这最终的第23稿，作为研究者却无法获得，通过了种种努力，有关部门都以“保密”为由，拒绝提供原始文本，目前研究的2个文本，一个是《民族区域自治法》颁布前形成的，另一个《民族区域自治法》颁布后形成的，尽管不是第23稿，却也说明了一些问题，可以钩沉、寻觅23稿条文的原始踪影，这也是没办法中的办法。

（一）《内蒙古自治区自治条例（草案）》第5稿文本分析

是20世纪80年代初，内蒙古启动制定自治条例工作的最终成果，草案分序言与其他六章，共70条。《内蒙古自治区自治条例（草案）》第5稿（以下简称第5稿）形成时，1982年宪法还未制定，草案起草的上位法依据是1978年宪法。1978年宪法与1982年宪法对“民族区域自治”的规定区别在于：

一是总纲部分，1978年《宪法》第4条第2款规定：“各民族一律平等。各民族间要团结友爱，互相帮助，互相学习。禁止对任何民族的歧视和压迫，禁止破坏各民族团结的行为，反对大民族主义和地方民族主义。”1982年《宪法》第4条第1款规定：“中华人民共和国各民族一律平等。国家保障各少数民族的合法的权利和利益，维护和发展各民族的平等、团结、互助关系。禁止对

---

〔1〕《人民日报》，载人民网：dangshi.people.com.cn/。

任何民族的歧视和压迫，禁止破坏民族团结和制造民族分裂的行为。”这其中重要的区别是：1978年宪法是“反对大民族主义和地方民族主义”，1982年宪法是“国家保障各少数民族的合法的权利和利益”。这里“反对”一词是表示“不赞同、不同意”的意思，是主观态度的表示，属于宣示性言语；“保障”一词，则是表示国家的义务——保护各少数民族的合法的权利和利益不受侵害。这不是国家表示的态度，而是国家在政治上、法律上、道义上应尽的责任。另外，1982年《宪法》总则第2款增加了“国家帮助”和“设立自治机关，行使自治权”的表述，这是1978年宪法总则中没有的。

二是民族自治地方的自治机关部分。1978年宪法是第二章第四节，共3条；1982年宪法是第三章第六节，共11条。与1978年宪法相比，这里不仅仅是条款的增加，更是实质内容的增加，一方面明确规定：实行区域自治民族的公民在自治机关中的法定地位（位置）。另一方面明确规定：自治机关享有的自治权权限，如自治立法权、管理地方财政的自治权、安排和管理地方性经济建设事业的自主权、管理本地方教育科学文化体育事业的自主权、组织本地方公安部队的自主权、确定自治机关执行职务语言文字的自主权和获得国家帮助的权利。

比较可知，第5稿起草时，上位法的依据是极其有限的。

序言是依照宪法的样式，第一段是表明，内蒙古自治区地处祖国北部边疆，勤劳、勇敢、智慧的蒙古族人民同全国各族人民一起，为创造祖国的历史和文化作出了重大的贡献。第二段是追述，蒙古族人民近百年来为了民族的生存与解放，进行了长期英勇的斗争历史。第三段是说明，自治区成立后，执行党的民族政策，正确处理民族关系，经济文化事业得到了巨大发展，成为模范自治区。但是，由于“左”的指导思想的干扰，党的民族区域自治政策的贯彻受到了影响，特别是“文化大革命”中，林彪“四人帮”推行反革命修正主义路线，践踏了党的民族区域自治政策，使各族人民特别是蒙古族和其他少数民族人民遭受了一场灾难，自治区的各项事业受到严重破坏。粉碎“四人帮”后，尤其是中国共产党十一届三中全会以来，端正了党的路线、方针、政策，使自治区的各项事业逐步得到了恢复和走上了健康发展的道路。第四段是申明，自治区在新的历史条件下的基本任务。第五段是阐明，为了保障实行自治民族的自治权利和实现自治区在新的历史时期的基本任务，特制定内蒙古自治区自治条例。

第5稿之所以要有“序言”，是起草者试图通过“序言”的安排，凸显自治条例的重要性与在民族自治地方的法律地位。由于中国法律体系中只有宪法有“序言”的安排，这样依照宪法的样式就顺理成章了。

第一章总则，共12条。总则是一般法律文本样式的标准结构，是统领这部法律的概括性的条文。第5稿文本也基本遵循这一原则，第1条、第8条是明确立法依据与明确自治区是国家地方政权。第3条明确蒙古族是实行民族区域自治的民族，内蒙古是以汉族为多数的多民族自治区。第4、5、6条是明确自治区社会主义性质与自治机关运作机制。第7条是关于自治机关行使自治权的事项。第8条是明确自治机关对国家承担的义务。

总则中最具特色的是第9条，它提出了自治机关要实现民族化，并从四个方面对“民族化”作了条款性概括：一是自治机关组成人员以蒙古族为主；二是各行业都必须培养蒙古族干部和专业人员；三是蒙古语文和汉文是自治机关行使职权的工具；四是自治机关工作中要充分注意民族形式和民族特点。

“自治机关民族化”是中国民族理论界一个争议问题，民族化不是一个科学的概念，它来源于斯大林的理论：“一切党的机关和苏维埃机关逐步民族化。”[1]这能否作为自治条例的理论依据是值得讨论的，斯大林在“十月革命”后提出“民族化问题，是苏联的实际情况决定的”，当时的苏联俄罗斯族与各少数民族人口大体各占一半，在非俄罗斯的加盟共和国与民族地区中，当地民族人口占绝大多数，而俄罗斯人口是少数民族（这也是苏联迅速解体的原因之一）。在这种情况下，要派遣大批俄罗斯族的共产党员到各加盟共和国民族地区去工作，是不可能的。因此，斯大林提出，各共和国一切党的机关和苏维埃机关逐步民族化是符合苏联的国情与民族情况的。而中国与苏联的国情大不相同，不存在可比性，就内蒙古自治区而言，1982年第三次人口普查公布的数据是：全区总人口是19，274，279人，其中蒙古族人口是2，489，000人，蒙古族占人口总数的7.9%。只占人口总数7.9%，却要在“自治机关组成人员以蒙古族为主”，这显然是违背现代民主的“大多数原则的”，这是与当代世界潮流相逆的。显然，机械地照搬斯大林的理论是错误的。具体在法律文体中如何表述，它的法理依据是什么？它建立在“公平、正义”原则的哪个位阶上？这是值得认真研究的问题，这里就不多论证。

当然，第5稿如此表述也有其历史背景，我的理解是，这是对“文化大革命”中践踏民族政策现实矫枉过正的产物。另外，

---

〔1〕《斯大林全集》（第5卷），人民出版社1953年版，第209页。

1981年7月14日，《人民日报》刊登了乌兰夫同志的文章：《民族区域自治的光辉历程》，文章中对“民族化”的论述，可能是草案起草者的直接依据，“民族化是行使自治权的必要条件。民族化有几个方面，而中心环节是自治机关干部的民族化。自治机关的组织和工作，应当以实行自治的民族的人员为主。这就是说：自治机关的主要领导职务，必须由实行自治的民族的人员担任；在自治机关的组成人员中，实行自治的民族的人员必须占有和这个民族作为当地主体民族的地位相称的比例;并要切实保证他们真正有职有权有责;同时根据当地的民族构成情况，安排其他民族的代表人物，担任适当的领导职务”。总之，由此来说明“自治机关民族化”的合法性，从法理学角度而言，说明力是牵强的。

第二章自治机关，10个条款。第二章其实是对第9条的细划，第13条到第19条是关于自治机关的组成，属于组织法性质，除规定自治主席由蒙古族人员担任外，提出蒙古族人员在自治区人民代表大会代表中不低于35%；在人民代表大会常务委员会和人民政府组成人员中，蒙古族人员不低于50%。第20条到第22条是关于行使自治权的一些内容，如汉族的计划生育、帮助其他少数民族建立民族自治地方和民族区与民族乡、民兵与武装警察等事项。其中提出了“民族区”的概念，是没有法律依据的，它既不是宪法确定的民族区域自治单位，也不同于“民族乡”，是市辖的区。如呼和浩特市有“回民区”，但它是市辖的一级行政区，只是表明该区是以回族为主的聚居区，但它不是一级民族自治地方。

第三章自治区高级人民法院和自治区人民检察院（以下简称“两院”），8个条款。这章本质上是关于自治区审判机关与检察机关的组织法与行为法，第20条、第23条、第24条、第25条的表述中规中矩，明确了"两院"的性质，行使的职权，秉承的原则以及要对本级人民代表大会及其常务委员会负责并报告工作。

但是，第27条就令人费解，"自治区高级人民法院和自治区人民检察院在审理蒙古族和其他少数民族案件时，应尊重该民族生产、生活方式、风俗习惯和正当宗教信仰自由"。"两院"的审理行为是公法行为，而生产、生活方式、风俗习惯和正当宗教信仰是私法行为，公法行为如何兼顾私法行为的利益？第26条规范的是"两院"审理案件时"对一切公民，在适用法律上一律平等。"在"一律平等"原则下，怎么又兼顾私法利益？这样的规范在审理活动中如何执行？如果在审理蒙古族和其他少数民族案件时，要尊重私法行为，那么审理汉族公民的案件要尊重私法行为吗？如果不要，那就是"歧视"，如果也要，那就没有意义了，已陷入了悖论——都要等于都不要。这是一个值得研究的命题。

另外，第30条规定"两院"的审判委员会和检察委员会，"蒙古族人员不低于百分之五十"。这是欠妥的，比例原则的规定是有违公平、正义原则的。

第四章经济与财政，19个条款。这章主要涉及的是有关经济与财政两方面的事项，第5稿起草时，正值中国社会转型的初期，整个国家还处于计划经济体制时代，1980年9月10日，第五届全国人民代表大会第三次会议，通过了国务院副总理兼国家计划委员会主任姚依林所作的《关于1980、1981年国民经济计划安排》报告，明确实行国家计划指导下的市场调节。报告中提出："在国家计划指导下广泛地开展竞争。在坚持社会主义计划经济的前提下，各企业之间互相竞争，有利于促进企业改善经营管理，加强经济核算，改进产品质量，提高经济效果。开展竞争，就要打破地区封锁和部门分割，反对垄断，广开商品流通渠道。任何以行政手段保护落后、封锁市场、妨碍商品正常流通的做法，都是不对的，应当加以制止。”在农村“各地区在尊重社队自主权方面采取了一些措施，进一步落实按劳分配政策，实行了多种形式的生产责任制，发展多种经营和家庭副业，开放集市贸易，使农村经济大大活跃起来。根据因地制宜的原则，许多地区对农业内部结构和生产布局开始进行了调整。在增加粮食生产的同时，注意了林、牧、副、渔各业的发展。”在宏观经济方面“实行国家计划指导下的市场调节。国家计划要搞好综合平衡，有一部分指标是指令性的，下达到企业，必须执行，这类指标将逐步减少。有一部分指标是指导性的和预测性的，国家通过经济政策、经济法令和经济杠杆的作用，对企业的生产和发展方向进行引导，以发挥企业的主动性，这类指标将逐步增加。生产资料除了一部分重要的和短缺的物资实行计划分配和由物资部门优先订购以外，其他都可以进入市场，自由流通。消费品除统购统销、统购统配的商品外，要改包销为计划收购、订购和选购。要减少流通环节，增加流通渠道。要打破行政部门和行政区划的限制，按经济区域合理组织生产资料和消费品的流通。各地区、各部门已经建立的流通形式，如物资交流会、批发市场、贸易中心、贸易货栈、自销门市部和展销部等，要总结经验，进一步办好，促进工农业生产，服务人民生活。”[1]

由此可见，第四章基本上反映了人大报告的精神，虽然条款在整个草案中是最多的一章，但基本上是政策性条款多，而规范

〔1〕 载中国人大网：www.npc.gov.cn。

性条款少，更像“行动纲领”的内容，而非立法草案的条款。

第五章文化教育与科学技术，17个条款。这章涉及的事项最多，包括教育、科技、文化艺术、医药卫生、体育、蒙古语文的新闻出版广播电影电视、蒙语文的使用推广、欢迎鼓励外来人才等条款。这些条款都是政策性条款，是政策方针的宣示。其中第54条第3款的表述是“自治区少数民族学生的奖学金、助学金标准，要高于国家一般规定。牧区、边境地区、林区、山区、老革命根据地和民族自治旗学生的奖学金、助学金要高于区内一般地区。”这样的规定其“合理”性与学理依据是什么？学生只因“民族”的不同，奖学金、助学金标准，就要高于国家一般规定，这是违反宪法原则的，1978年《宪法》第4条也规定：各民族一律平等……禁止对任何民族的歧视和压迫……同时，这也有违基本人权的原则。作为法律文件，可以规定区别对待的“奖学金、助学金”标准，但必须要符合“公平、正义”的原则，要有充分学理依据。显然，仅仅依据血统的区别是不够的，法律上的优待条款必须要满足2个条件才能成立：一是非主观因素造成；二是优待是有时效的。否则，就是歧视条款。

第六章附则，4个条款。这是技术性条款，规定法定节假日、批准实施条件和解释权的归属。

（二）《内蒙古自治区自治条例（初稿）》文本分析

《内蒙古自治区自治条例（初稿）》（以下简称初稿）不同于第5稿，虽然不清楚具体起草时间，但可以肯定的是起草时间为1984年以后。因为初稿中明确此稿的起草依据是“中华人民共和国宪法和中华人民共和国民族区域自治法”，这里的宪法是1982年宪法，非第5稿起草时的1978年宪法，民族区域自治法则是1984

年5月31日通过的。根据《内蒙古自治区志·人民代表大会志》的记载，此稿形成时间应在1985年至1987年之间。"1982年3月～1984年4月，因国有修改宪法并制定民族区域自治法，自治区自治条例起草委员会暂停自治区自治条例草案的修改。1984年5月10日，成立巴图巴根为主任，王铎（中共自治区顾问委员会主任）、郝秀山、周北峰、何耀、乌恩、乌力更、白俊卿为副主任，王林中等26人为委员的自治条例起草委员会。1985年5月形成自治条例草案第十三稿，报自治区党委审查……1987年11月，对自治条例草案再次修改，形成自治条例草案第十七稿，设序言和6章共77条。"[1]由于起草时的社会环境发生了重大变化，草案起草的立法依据随之改变，初稿与第5稿相比，就有了一些基本的变化。

首先，1982年宪法和民族区域自治法的颁布，是自治条例草案起草的上位法与基本立法依据。1982年宪法是中国法制建设的一个里程碑。它在法律上结束了"文化大革命"，并宣布了一个法制时代的开始，为新时期法制建设确立了目标。民族区域自治法是为落实宪法确定的民族区域自治制度制定的基本法律，是中国法律体系中的重要组成部分，是一部宪法性的法律文件，是民族自治地方自治机关行使自治权的法律依据，是保障少数民族实现自治权利的基本规范，是制定自治条例、单行条例及所有民族立法的"母法"与法源。

和第5稿相比，初稿的立法依据发生了根本的变化，起草的依据是法律文件而不是政策性文件。但是，在初稿中随处都可发现

---

〔1〕《内蒙古自治区志·人民代表大会志》，内蒙古人民出版社2007年版，第893页。

第5稿的“影子”，反映出它们之间的继承关系。

其次，具体条款的表述也发生了变化，例如：

在“序言”中，第5稿第3自然段，是初稿第4段，由具体的叙述变为概括性叙述，第5稿中规定：“经济文化事业得到巨大发展，人畜两旺，人民生活有显著提高的模范自治区，在国内外都产生过良好的影响。后来，由于‘左’的指导思想的干扰，党的民族区域自治政策的贯彻受到了影响，特别是‘文化大革命’中，林彪‘四人帮’推行反革命修正主义路线，践踏了党的民族区域自治政策，使各族人民特别是蒙古族和其他少数民族人民遭受了一场灾难，自治区的各项事业受到严重破坏。粉碎‘四人帮’后，尤其是中国共产党十一届三中全会以来，端正了党的路线、方针、政策，使自治区的各项事业逐步得到恢复和走上健康发展的道路。”在初稿中改为：“自治区成立以来，由于坚决执行党的民族区域自治政策，正确处理民族关系，根据自治区的实际情况，贯彻执行国家的法律和政策；大量培养蒙古族和其他少数民族的各级干部，各种专业人才和技术工人；在国家的帮助下，发扬自力更生、艰苦奋斗精神，努力发展社会主义建设事业，使经济文化事业得到巨大发展，人民生活有了显著提高，并且对国家的建设事业作出了贡献，因而在国内外都产生过良好的影响。实行民族区域自治，体现了党的民族平等、民族团结和民族共同繁荣的政策，保证了自治民族自主管理本民族内部事务的权利，促进了平等、团结、互助的社会主义民族关系的发展，保障了国家的统一。实践证明，民族区域自治是解决我国民族问题的唯一正确的政策。”初稿第5自然段（第5稿是第4自然段）中增加了“全区各族人民在中国共产党的领导和马克思列宁主义、毛泽东思想的指引下，坚持人民民主专政，坚持社会主义道路，进一步贯彻党的民族区域自治政策和国家民族区域自治法……”的内容。初稿“序言”增加一个自然段：“本条例经全国人民代表大会常务委员会批准，具有法律效力。全区各民族人民、一切国家机关和武装部队、各社会团体、各企业事业组织，都必须维护并保证本条例的实施。”

第一章总则，两稿都是12个条款，区别不是太大，个别条款有所增减：（1）初稿中取消了“自治区坚持社会主义生产资料全民所有制和集体所有制。保护个体劳动者所有制。保护各族公民的合法收入、储蓄、房屋和其他生活资料的所有权”。这是宪法条款，无需在自治条例中重复表述。（2）初稿中取消了“自治机关要实现民族化”的表述，保留了“自治机关的组成人员，要以蒙古族为主，其他民族应占适当比例”的条款。（3）初稿中取消了“自治机关在工作中要充分注意民族形式和民族特点”和“自治区在处理区内少数民族内部事务的重大问题时，要尊重该民族人民代表的意见，在他们大多数同意的情况下，再作出决定”的条款。（4）在宗教信仰条款中增加了“任何人不得利用宗教进行破坏社会秩序、损害公民身体健康、妨碍国家教育制度的活动”和“宗教团体和宗教事务不受外国势力的支配”的内容。（5）初稿第12条明确了“自治区辖盟、市、旗（自治旗）、县、苏木、乡、民族乡、镇都是国家的一级地方政权，设立人民代表大会和人民政府。”这比第5稿中“自治区辖九盟三市，包括五十四个旗、三个自治旗、二十二个县、十三个市辖区、七个盟辖市”的表述更加准确规范。

第二章自治机关，初稿由第5稿的22个条款变为21个条款（遗憾的是初稿残缺第18、19、20、21条，只能比较前17个条款）。就比较这17个条款而言，初稿的这一章基本上继承了第5稿的表述，只是第15条有所变更。

初稿取消了第5稿第15条中“自治区各级国家机关，必须保持同人民群众的密切联系，依靠人民群众，倾听群众意见，关心群众疾苦，精兵简政，厉行节约，提高工作效率，反对官僚主义”这一款。

初稿增加了以下4款：

“自治区所属各工作部门的干部中，也都要尽量配备蒙古族和其他少数民族的人员。”

“自治区内实行民族区域自治的旗的旗人民代表大会及其常务委员会、旗人民政府的组成人员，要以实行自治的民族为主。自治旗人民代表大会常务委员会主任、自治旗人民政府旗长由实行自治的民族公民担任。”

“自治旗人民代表大会有权依照当地民族的政治、经济和文化的特点，制定自治条例和单行条例，报自治区人民代表大会常务委员会批准后生效。”

“自治区内各级人民政府，实行主席、盟、市、旗、县、乡、镇长负责制。”

初稿增加这4款是依据民族区域自治法的规定，但是其中“自治旗人民代表大会常务委员会主任……由实行自治的民族公民担任”的表述，是对民族区域自治法的误解，没有理解其立法原意。《民族区域自治法》第16条第3款规定：“民族自治地方的人民代表大会常务委员会中应当有实行区域自治的民族的公民担任主任或者副主任。”这里的“或者”是选择性规定，也就是实行区域自治的民族的公民可以担任主任也可以担任副主任，而初稿变成了“肯定性”的规定，由选择性变为必然性了。

初稿也全面继承了第5稿中关于自治机关组成中的“不低于百分之三十五”和“不低于百分之五十”的表述，这反映出起草者主张政治权利的强烈意旨，主观意愿是可以理解的，但是这样的表述是缺少学理依据的。

初稿第三章和第5稿第四章是“经济与财政”。就“经济与财政”这章内容比较而言，初稿是在第5稿的基础上，结合《民族区域自治法》第三章“自治机关的自治权”的条款起草的，第22条到第26条是关于农业、牧业、林业、渔业、自然保护区和动、植物资源保护方面的规定；第27条到第32条是关于地方工业和手工业、交通邮电业、基本建设、民族用品生产、对外贸易和边境贸易、旅游业等方面的规定；第35条到第37条是财政、税收与物价管理方面的规定。

初稿第四章和第5稿第五章是“文化教育与科学技术”。与第5稿相比，初稿在原有基础上更全面与细化，也纠正了第5稿中的一些不合理的条款。初稿第36条到第38条是关于教育方面的事项；第39条到第41条是关于科学技术方面的事项；第42条和第43条是关于文化艺术、新闻出版、广播电视方面的事项；第44条到第46条是医药卫生方面的事项；第47条是关于体育运动方面的事项；第48条是关于使用和推广蒙古语文方面的事项；第49条是关于计划生育方面的事项；第50条和第51条是关于教育、科学技术、文学艺术、卫生、体育等方面的交流和协作与经费安排方面的事项。

这一章和第5稿相比较，变化主要反映在对教育的条款上，一是去掉了第5稿中的一些不合理的表述，如“自治区民族学校和使用蒙汉两种语文授课的各类学校的办学条件，应优厚于一般学校”“自治区少数民族学生的奖学金、助学金标准，要高于国家一般规定。牧区、边境地区、林区、山区、老革命根据地和民族自治旗学生的奖学金、助学金要高于区内一般地区”。二是表述进一步明确、具体，以民族区域自治法的规定为依据，例如：

第37条规定：重视教育事业的发展，把教育列入各级政府重要的工作内容。

扩大智力投资。教育经费和基建经费逦年有所增加。智力投资的每年递增率要高于财政总支出的增长率。每年教育经费不少于自治区经费总开支的20%。各级财政每年都要安排一定比例的自筹资金用于教育。学校要普遍开展勤工俭学，发扬勤俭办学的精神，最大限度发挥现有经费的效益。

贯彻两条腿走路的方针，提倡厂矿企业和群众集资办学，鼓励私人办学。

建立一支合格的教师队伍。进一步落实党的知识分子政策，合理使用和充分发挥他们在四化建设中的作用，制定优惠于内地教师的规定，提高他们的政治待遇和生活待遇，稳定教师队伍，通过培训，提高师资水平，实行考核录用，停止吸收不合格教师。

教师要定编、定任务、定工作量，实行岗位责任制。对积极工作、成绩卓著的要晋级嘉奖，对不具备教师素质的，分配做其他工作。

提倡整个社会尊敬教师的劳动。教师要热爱学生。学校要在自治区两个文明建设中发挥应有的作用。

第38条规定：民族教育是自治区教育的重要组成部分，要以高于全区的平均速度重点优先发展，大力培养少数民族人才，加快自治（区）经济和文化科学建设事业，加速消除历史上遗留下来的各民族间事实上的不平等。

自治区的民族教育，以蒙古族和其他少数民族为对象。要保证区内各少数民族有学习和使用本民族语言文字的权力（利）。提倡汉族学习蒙文蒙语，提倡蒙古族和其他少数民族学习汉文汉语。要以各地实际出发，决定教学用语，可用蒙语授课，加授汉语；也可用汉语授课，加授蒙语。

在蒙古族和其他少数民族聚居的地区，要开办蒙古族和其他少数民族幼儿园和学前班，对学龄前儿童实施蒙古语文和其他少数民族语文教育。

牧区、边境地区、山区和民族自治旗的学校设置，要从实际出发，因地制宜，多种形式。国家要在上述地区多办寄宿为主和助学金为主的公立民族学校，实现普及初等义务教育。目前，在逐步扩大对民族教育投资的同时，要继续贯彻“四结合、四为主”（公办与民办相结合，以公办为主；集中与分散相结合，以集中为主；全日制与半日制相结合，以全日制为主；寄宿制与走读制相结合，以寄宿制为主）的办学方针。

积极发展和提高民族中学和民族师范教育，兴办民族职业教育，为牧区培养中级和初级技术人才。

区内高等院校每年招生，要保证有一定比例的蒙古族和其他少数民族学生入学。

要重视培养民族教师和民族教材建设，办好现有的民族高等教育、中等专业教育、职业技术教育和各种成人教育，努力提高民族教育质量。

要不断扩大民族教育的规模，尽快建成从幼儿教育到高等教育，从普通教育到成人教育用蒙文蒙语授课的教育体系。

另外，在医药卫生方面，初稿和第5稿相比，明确提出："允许集体或个人集资办医院，允许办纯民族医医院，允许向民间招聘民族医师到医院任职或行医，允许医院自行安排使用上级下达的预算指标"和"国家和自治区资助民族医（药）事业"的规定。但这里加入"国家"二字欠妥了，自治条例不能越权规范上位阶的事项，只能明确"自治区资助民族医（药）事业"，国家资助的事项应由法律规范。

初稿第5章是"自治区高级人民法院和人民检察院"，12个条款，与第5稿（此稿是第三章8个条款）相比，条款和内容都有所增加，前7条和第5稿的表述一样，是从第5稿移过来的，后5条是增加的，遗憾的是初稿后面残缺，无法进行比较。

总之，仅从这二稿来看，二者关联度很高，可以肯定初稿是在第5稿的基础上形成的，有增减，但总体上还是政策性规范多于限制性规范，与一件法律草案的要求尚有一定距离。据我知道，《内蒙古自治区自治条例（草案）》先后形成了23个文本，由于无法取得所有草案文本，不能进行一个全过程的文本分析，实在是一件憾事。

三、宁夏自治条例（草案）文本分析

宁夏从20世纪80年代初，开启了制定自治条例的历程，前后15年，到1994年共形成了15个草案文本。中间起起伏伏，时断时续，凝结着几代人的心血，当今天审视这些文献的时候，眼前仿佛能看到他们伏案工作的身影、耳边能聆听到他们热议的声音。

分析、总结、扬弃这份沉甸甸的遗产，是要心怀敬畏之情的。

（一）《宁夏回族自治区自治条例（试拟草稿）》文本分析

《宁夏回族自治区自治条例（试拟草稿）》（以下简称宁夏自治条例试拟草稿）是1981年9月10日，起草委员会办公室在汇总各部门意见的基础上，为下一步起草自治条例草案提供的一个参考蓝本，它是宁夏自治条例15个草案文本的“母稿”，草稿共分7章82条。

第一章总则，共9条。主要规范4个方面的内容：一是明确立法依据是《中华人民共和国宪法》（1978年宪法）和《中华人民共和国地方各级人民代表大会和地方各级人民政府组织法》。二是明确宁夏是中国的一个行政区，是回族自治地方与宁夏地方政权的性质和政治体制。三是明确自治机关及其组成与自治机关的职权。四是明确自治机关的义务。

由于认识程度的偏差，总则第4条的表述是错误的，违反了宪法原意，1978年《宪法》第38条第1款规定：“自治区、自治州、自治县的自治机关是人民代表大会和革命委员会（后来的人民政府）。”宁夏自治条例试拟草稿第4条的表述是：“自治区人民代表大会及其常务委员会，自治机人民政府，自治区高级人民法院和自治区人民检察院是自治区的自治机关。”宪法明确自治机关是人民代表大会和人民政府，人大常委会是人民代表大会的常设机关，对人民代表大会负责并报告工作；高级人民法院和人民检察院是自治区的审判机关和执法检察机关，对自治区人民代表大会负责并报告工作。所以，自治区人大常委会和高级人民法院、人民检察院都不是自治机关，自治机关只能是自治区人民代表大会与人民政府。

第二章自治机关，共3节21条。这章是试拟草稿中的组织法，分别对人民代表大会、人民政府、高级人民法院和人民检察院的组成作出规范。这章个别条款的表述与宪法相抵触，如第11条第3款“自治区人民代表大会常务委员会组成人员中，回族和其他少数民族人员应超过半数。主任由回族人员担任”。另外，在体例上，为了呼应总则的规定，把“高级人民法院和人民检察院”纳入了此章的第三节并设计了9条，成为自治机关构成部分，这是不妥的，没有准确理解宪法的旨意和规定。

第三章经济建设，共19条。由于当时宁夏经济建设中存在的主要问题是：经济结构不合理，经济效果差，农业、轻工业、重工业和农业、林业、牧业之间比例不协调，没有很好发挥宁夏的优势，国民经济发展缓慢，部分地区，特别是一些回族聚居的山区，群众生活穷困。

就当时宁夏的区情而言，发展农业生产的条件较好，全区有耕地1346万亩。其中水浇地376.1万亩，占耕地面积的27%，农业人口平均每人1.2亩。此外，还有宜荒地900多万亩，半荒漠草原近4万亩，生产潜力很大，而且黄河在区内流经388公里，引黄灌区有自流灌溉之利，得天独厚，宁夏平原自古以来就有“天下黄河富宁夏”的美誉。然而，多年来农业的自然资源优势没有得到应有的充分利用，农业生产的增长跟不上国民经济的发展和人民生活提高的需要，国家每年要回销宁夏3亿斤粮食。

轻重工业比例失调，重工业发展多，轻工业发展少。1971年到1980年，宁夏轻工业产值占工业总产值的22%～27%左右。矿产资源以非金属矿产为主，煤炭远景储量为1950亿吨，煤种齐全、煤质优良、易于开采，有条件大力发展煤炭、电力和化工工业。石膏储量大、质量好，已探明储量12亿多吨，远景储量在100亿吨以上，是中国的特大型石膏矿。

基本建设方面突出的问题是，在建项目多、建设周期长、投资效果差。

根据这些情况，试拟草稿从农林牧业、工业、基本建设、物质计划分配、物价、劳动计划和工资津贴政策、商业与民族贸易、对外贸易与外汇留成等方面设计条款，主要从4个方面表述：

一是资源管理权。首先，自治机关对自治区内的自然资源，包括土地、矿藏、水域、森林、草原等实行统一管理、保护和开发利用。其次，自治机关根据国家统一计划和本区发展经济的需要，采取多种形式开发利用自治区的资源，可以报请国家主管部门投资开发利用；可以和国内有关地区单位采取补偿贸易、返回利润和返回产品等方法联合经营，开发利用；可以根据国家关于中外合资企业的法律和法令，经国务院批准与国外厂商采取订立合同，举办联营企业及其他经济合作方式，开发利用。最后，在开发利用资源的时候，做到既有利于国家经济的发展和自治区的繁荣，又要照顾到当地社队和人民群众的利益。

二是企业管理权突出两个方面。一方面是自治机关根据国家的方针，结合自治区的国民经济计划和本地区的实际情况，调整和整顿上述企事业；并经与有关部门协商，确定改建、扩建、新建项目；改革管理体制，让企业享有自主权。另一方面是国家主管部门在自治区兴建企事业或者改变自治区管辖企事业的隶属关系时，应事先与自治区协商。对这些企事业实行国家主管部门和自治区双重领导。自治区内隶属于国家主管部门企业的产品，根据自治区的需要，按高于其他省市同类企业同类产品的分配比例给自治区分成；企业的利润，按高于其他省市的比例给自治区分成；企业税款，一律在自治区内缴纳。自治区与区外单位、国外客商联合兴办企业，其隶属关系和经营管理问题，可按照国家的法律规定，由双方协商确定。

三是明确自治机关在基本建设与物质计划分配方面的自主权。一方面明确：自治机关根据国家基本建设管理体制和自治区经济发展的需要，可以对安排在自治区内的基本建设项目进行必要的调整；对于国家预算外各种渠道用于基本建设的资金，实行统一计划管理，严格按照基本建设程序办事，避免基建工程的损失浪费。另一方面明确：自治机关根据国家关于物资计划分配的基本原则，统一管理区内的各类生产建设物资。国家主管部门分配给自治区的各类物资，除重大项目外，自治区可以根据需要调剂使用。对区内出产的原料、材料和产品，可以视定内销和外销分配计划。纳入国家计划的，按实际完成数给自治区留成，未纳入国家计划的可以自行安排。同时，在招工中规定，自治区“对回族和其他少数民族要规定招收比例，使回族职工在全体职工中的比重，逐步达到和民族构成相一致。近期在招收的职工中，回族和其他少数民族的比例，不低于百分之二十五。城镇招工达不到规定比例时，允许在农村招收回族和其他少数民族的回乡知识青年”。这些表述都是根据当时的一些政策确定的，是那个历史时期的产物。

四是就商业和外贸管理权事项，从两方面规范。一方面明确：自治区的商业，全面实行国家规定的民族贸易体制，充分享受国家规定的给予民族贸易的一切照顾。另一方面明确：自治机关统一管理自治区的对外贸易。根据国家对外贸易政策和本区域内的资源和生产情况，可以直接与国外客商进行贸易洽谈、商品成交和汇款结算。而且，自治区按计划向国家外贸部门提供的出口商品的外汇收入留成部分，应高于其他省市，对超额部分实行全额留成。

第四章是财政管理权，共7条。在当时的体制下，中央对民族自治地方的财政管理体制已经有了很大的改进。但自治地方在定员定额、开支标准和税收调节等方面，还是没有什么治权，这极大地抑制了民族自治地方的社会经济发展。为了扩大自治区的财政收入，促进自治区经济建设，草案从3个方面来确立自治机关在财政管理上的权利：

首先，自治机关对国家下达的各项财政补贴，包括各项建设投资、拨款、贷款，以及各项照顾资金，除重点项目外，要求国家按资金性质实行总额下达，由自治机关自行安排。

其次，自治机关从国家部门所属企业中提取的分成利润，不列入财政包干基数，作为专项资金，自行安排使用。

最后，自治机关根据国家的法律、法令和征税政策，结合自治区的具体情况，本着“从轻从简”的原则，修订地方税则，决定本自治区的税种开征、停征、税目增减和税收的减免。

第五章是文教卫生科学技术，共14条。由于宁夏当时在文化教育，科学技术事业比较落后，普及不够，提高缓慢，对改变少数民族地区特别落后的状态没有采取特殊的有效措施，试拟草案着重从发展民族教育方面作出规范，强调建立民族教育体系。规定：自治区内各地恢复和建立回民小学、回民中学。回民小学以公办为主，对少数民族儿童实行免费义务教育；回民中学以公办、助学金、住校为主；中等专业学校增设民族班，逐步兴办民族职业学校；积极办好民族公学，根据条件和需要逐步增设专业过渡为民族学院，高等院校要设立民族班或民族预科班。自治区高等院校和中等专业学校招收回族和其他少数民族学生的比例，不低于各民族所占总人口的比例。自治区高等院校和中等专业学校招收回族和其他少数民族学生的比例，不低于各民族所占总人口的比例。自治机关加强师资培训，大力培养回族教师。自治区内发展教育事业的投资应高于其他省市投资的比例。回族学生的助学金、奖学金应高于国家规定标准。

另外，提出自治区的卫生事业费应逐年有所增加。对山区农村群众实行免费医疗。要广泛开展爱国卫生运动，大力宣传卫生知识，教育各族人民树立爱清洁、讲卫生的新风尚。自治机关采取有力措施，全面防治、重点消灭和及时控制严重危害人民健康的地方病、流行病和多毙病。

在科技方面，提出自治机关大力培养回族和其他少数民族的科技人才，提回族科技人员在经济、科学、文化教育、卫生等部门技术队伍中的比例。加强各民族团结合作的科技力量，为自治区经济文化建设作贡献。对到回族聚居的边远山区工作的教师、卫生工作者、科技人员等，在生活待遇上应给予适当补贴。

第六章是民族宗教，共8条。宁夏是回族聚居区，回族全民信仰伊斯兰教，宗教影响比较深，宗教信仰又同回族的风俗习惯交织在一起。因此，正确处理宗教问题，切实尊重回族的风俗习惯和宗教信仰，对改善民族关系，发展安定团结，关系十分重大。因此，试拟草案专设宗教一章，规定：自治机关加强对宗教事务的管理，保护合法的宗教活动，禁止利用宗教进行违法活动。宗教不得进行反马列主义、毛泽东思想的宣传，不得抵制、对抗、破坏党和政府的政策法令，不得干预行政、教育和婚姻。公民的一切宗教活动，都不得妨碍社会秩序、生产秩序和工作秩序。宗教组织必须取得合法地位才能进行活动。宗教职业者、清真寺、庙寓、教堂，不得借宗教名义向人民群众摊派勒索，或迫使人民群众进行无偿劳役，不得动用集体资财修建宗教活动场所。已废除的封建特权和封建压迫剥削制度不得恢复。其目的是吸取教训，防止重犯过去的错误，保证宗教信仰自由政策得到全面的贯彻执行。

第七章是附则，共3条。

(二)《宁夏回族自治区自治条例（初稿）》文本分析

从笔者掌握的资料看，初稿有两个稿本，一个注有“初稿”，另一个注有“初稿（四）”，同时注明“1982、12修改稿，供起草自治条例参考用”。这说明这3个稿本（加上试拟草稿）都是由起草委员会办公室草拟的，作为正式起草自治条例的参考原始本。从内容分析，初稿的两个稿本是在试拟稿的基本上修改完成，基本内容没有变化，都是设计了7章，即第一章总则、第二章自治机关（其中第一节自治区人民代表大会、第二节自治区人民政府、第三节自治区高级人民法院和自治区人民检察院）、第三章经济建设、第四章财政管理、第五章文教卫生科学技术、第六章民族和宗教、第七章附则。章节题目没有改变，只是在结构与条款上作了微调。结构上初稿两个稿本都增加了“序言”，这显然是参考了宪法的样式（1982年12月4日颁布现行宪法），条款上试拟稿是82条，初稿是77条，初稿（四）是74条，其实只是条款减少了，表述的内容并未“缩水”，是个别条款内容合并在一起。

（三）《宁夏回族自治区自治条例（第九稿）》文本分析

完成于1987年7月6日，是由起草小组完成的。与初稿相比，当时起草的社会环境发生了重要变化，一是现行宪法颁布实施了，二是民族区域自治法颁布实施了，特别民族区域自治法的颁布，它为自治条例的起草提供了直接的法律依据。但第9稿显然还没有脱离上述参考本建构的样式与内容，可以判定是在参考本的基础上完成的，与参考本有着渊源关系，基本逻辑思路没有改变。从内容看仍然是7章的结构，但对构成作了调整：去掉了“序言”；把初稿“自治机关”中的“自治区高级民法院和自治区人民检察院”抽出单立一章，这和民族区域自治法的表述相一致；将“经济建设”与“财政管理”合为一章。这样，第9稿由第一章总则、第二章自治机关、第三章自治区高级人民法院和自治区人民检察院、第四章经济与财政、第五章教育科学文化卫生、第六章民族与宗教、第七章附则，共66条构成。其中第六章题目排序发生变化，由初稿中“文教卫生科学技术”的排列，改变为“教育科学文化卫生”。这不仅是一个名词排列顺序的问题，而是反映出草案起草者认识程度的进步与提高，凸显出“教育”的重要性与基础性。因为，科学与文化卫生是教育程度高低的结果，是一个因果关系，教育程度决定着科学与文化卫生的水平，没有教育程度的提高，绝不会有科学与文化卫生的大幅度提高。

总之，第9稿与初稿相比，整体内容与条款设计以民族区域自治法为依据，一些条款是直接从民族区域自治法移接来的，文字表达有所提高，但口号式语言、宣誓性语言仍然大量存在。具体条款的表述上，有进步也有退步，进步的如：初稿第25条第2款“自治区高级人民法院院长、自治区人民检察院检察长由回族人员担任。”第9稿第20条第2款“自治区高级人民法院应有回族公民担任院长或副院长、自治区人民检察院应有回族公民担任检察长或副检察长”；退步的如：初稿第14条第2款“自治区人民政府的组成人员以回族为主，汉族和其他少数民族应占适当比例，主席由回族人员担任。”而在第9稿第14条第2款却是“自治区主席由回族公民担任，其他组成人员中，回族人员达到百分之四十以上，其他少数民族也应有适当名额。”这里明确回族成员要“达到百分之四十以上”，就是一个退步，它与民族区域自治法相抵触，也违背“公平正义”的原则。

（四）《宁夏回族自治区自治条例（第十稿乙）》文本分析

完成于1988年11月25日，从逻辑上分析，此稿还应有“第十稿甲”，遗憾的是我只收集到乙稿而没有甲稿（以下简称乙稿）。乙稿的结构是：序言、第一章总则、第二章自治机关的组成、第三章自治机关的自治权、第四章回族干部和职工队伍的建设、第五章自治区的人民法院和人民检察院、第六章自治条例的监督执行、第七章附则，共79条。

就结构而言，与第9稿相比，此稿有了较大的改变。一是将第9稿的第四章、第五章的内容（经济与财政、教育科学文化卫生）归入第三章自治机关的自治权一章；二是取消了第9稿中的第六章民族与宗教一章，新增了第四章回族干部和职工队伍的建设和第六章自治条例的监督执行。

就内容而言，也有值得注意的变化。一些条款与民族区域自治法相抵触，如第15条第2款“自治区人民代表大会的代表中，实行区域自治的回族代表不低于代表总数的百分之四十……”第3款自治区人大常委会的组成人员中，“回族公民应超过半数……”

第4款自治区人大常委会主任“由回族公民担任。”第5款自治区人民政府的组成人员中，“回族公民应达百分之五十”。在2000年，回族人员占宁夏总人口的33.88%，这样的规定大大超过回族人口比例，用法律使之固化，既与上位法抵触，又违反公平原则。同时，第15条与第16条是相互矛盾的，第16条规定：“自治区人民代表大会及其常务委员会在选举和任命干部时，要按照规定的回族、汉族和其他少数民族的比例进行，选举和任命干部不得互相挤占名额。”这里的“比例”是按什么原则确定的？是人口比例原则还是人为设置的原则？如果按第15条关于回族的比例，那汉族和其他少数民族的比例如何确定？这条规定其实是干部名额配备的“比例原则制”，这在中国没有任何法律依据，“不得互相挤占名额”就成为了因身份而固化的特权，这是违反民族平等原则的，与现代社会是不相容的。乙稿专门设计“回族干部和职工队伍的建设”一章，在当时的环境下有一定的意义，但内容却设置了一些片面追求回族利益的条款，如第65条第1款“自治机关各工作部门至少要配备一名回族领导干部，处、室负责人中要尽量配备回族干部”。第2款“回族人口占总人口的百分之三十以上的市、县、乡、镇的市长、县长、乡长、镇长，都应由回族公民担任。”这些条款都清晰地反映出当时草案起草者的心态与认知水平，以及对民族理论与民族政策的把握和理解程度。

此稿的突破点，是设计了第六章自治条例的监督执行，这是前面几稿没有的内容，明确自治区境内一切机关、党派、团体、企事业单位和公民，均须遵守本条例；制定和发布地方性法规、规章、决议、行政措施和各项规定，都不得违反本条例。明确由人大常委会负责条例的监督执行。虽然还没有具体的救济条款，但和前面几稿相比，有了监督执行的意识，这是此稿的一个进步。

（五）《宁夏回族自治区自治条例（第十一稿）》文本分析

完成于1989年8月19日，与乙稿相比较，内容没有太大的改变，特别是乙稿中关于自治机关中回族公民的表述被原样继承。不同的是结构进行了调整，由7章变为9章，即序言、第一章总则、第二章自治区的自治机关、第三章自治区的经济建设、第四章自治区的财政金融、第五章自治区的教育科学文化卫生、第六章自治区的民族干部和职工队伍建设、第七章自治区的人民法院和人民检察院、第八章自治条例的监督执行、第九章附则，共74条。从结构来看，第11稿只是把乙稿第三章的内容分出来，列为了三章而已，在第11稿的第六章作了“一字”修改，由乙稿中的“回族干部”改为“民族干部”，虽是一字之差，但意义就不同了，改变了原来保守的趋向，表现了在干部问题上的开放的心态。

（六）《宁夏回族自治区自治条例（第十二稿）》文本分析

完成于1989年11月24日，与第11稿比较属于微调，在内容上没有大的改变，只是文字上精炼一些，个别条款作了些调整。结构也是9章，只是题目中去掉了“自治区”三个字，即序言、第一章总则、第二章自治机关、第三章经济建设、第四章财政金融、第五章教育科学文化卫生、第六章民族职工队伍建设、第七章人民法院和人民检察院、第八章自治条例的监督执行、第九章附录，共68条。

（七）《宁夏回族自治区自治条例（送审稿13）》文本分析

第13稿是送审稿，完成于1991年9月4日，与第12稿相隔近2年。该稿的结构与内容与第12稿基本相同，也是9章68条。不同的只是个别条款的表述，在文字上有所增减，增减的文字没有本质上的区别，只是加入了当时流行的官方语言。如第12稿第20条第2款的表述是："自治区坚持改革开放，制定优惠政策，引进资金、技术、人才和设备，合理开发利用资源，发展经济建设。"在第13稿中将这款改为："自治区坚持改革开放，发展社会主义有计划的商品经济，实行计划经济与市场调节相结合的原则，制定优惠政策，引进资金、技术、人才和设备，合理开发利用资源，发展经济建设。"诸如此类，对条款增加一些文字的共有8处，只有一处是删除了一些文字，如第12稿第20条第4款的表述是："自治区坚持以按劳分配为主体的多种分配形式，实行正确的分配政策。控制消费基金的过快增长。"在第13稿中同款只是删除了"控制消费基金的过快增长"这几个文字。

总之，第13稿是对第12稿稍作了修改，成为送审稿的。

（八）《宁夏回族自治区自治条例（第十四稿）》文本分析

我收集到两个文本，一个完成于1993年4月10日，另一个完成于1993年9月29日。前一稿9章66条，后一稿9章68条，这里取后一稿为分析样本。第14稿的结构是：第一章总则、第二章自治机关、第三章人民法院和人民检察院、第四章经济建设、第五章财政金融、第六章教育科学文化卫生体育、第七章民族职工队伍建设、第八章本条例的监督执行、第九章附录，共68条。

就结构而言，第14稿删去了"序言"，将"人民法院和人民检察院"由第七章，提前为第三章。

就内容而言，此稿较第13稿，进行了较大的修改。首先，第14稿取消了"序言"，自治区自治条例作为下位阶的法律，一味模仿上位法的结构是不恰当的，序言一般只是阐述本地区历史事实，内容与条款内容不同，不具法律效力。其次，修改比较大的是“总则”“经济建设”“财政金融”这三章。与第13稿相比，“总则”第5条至第11条基本上是重写的，去掉了一些不合时宜的表述，反映了当时的政治生态，因为到1993年改革开放的目标、方向逐渐明确了，如“努力发展社会主义民主，健全社会主义法制”，写入总则。在“经济建设”这章中明确了“社会主义市场经济”的表述，如第13稿第20条的表述是：“自治机关坚持改革开放，发展社会主义有计划的商品经济是，实行计划经济与市场调节相结合的原则……”在第14稿第23条中的表述是：“自治区实行社会主义市场经济，通过改革，建立和完善适合自治区经济发展的市场经济体制及运行机制。”第24条：“自治机关根据自治区地处内陆的实际，加强引导，以发展生产要素市场为重点，逐步建立比较完备的市场体系。自治机关加强市场制度和法规建设促进、保护合法经营和公平竞争。”这些虽然不是符合法律规范表达的文字，是宣誓性的言词，但也充分反映了草案起草者思想认识的转变。草案明确发展市场经济，完善市场经济机制的体现，却是一个不小的进步。最后，删去了一些与上位法相抵触和有失公平的提法，如在前几稿中都有这样的表述：“自治区人民代表大会的代表中，回族代表不低于代表总数的百分之四十。”在人大常委会中“回族公民应超过半数，人大常委会主任和副主任中回族公民应超过半。”自治区人民政府的组成人员中，“回族公民应逐步达到半数以上”。第14稿的表述就回归了理性，其表述是：自治区人大代表的“回族代表应当略高于回族人口比例”；人大常委会中“回族公民不低于百分之四十”；人民政府的组成人员中，“回族公民应当达到三分之一以上”。对自治机关工作人员，在第14稿中也加入了“严格依法行政”“为政清廉”“并自觉接受人民的监督”的规范。当然，也有一些不恰当的条款没有纠正，如前几稿都有这样的条文：“银川市和回族人口占百分之三十以上的市、县（市辖区）、乡、镇的市长、县长、区长、乡长、镇长，都应由回族公民担任。”条文之所以不恰当，一是银川市和所指的县、乡、镇不是自治地方，它们的选举要遵守选举法，因民族而确定“定向选举”，是违反有关法律规定的，同时也是对公民选举权的侵犯。二是自治条例是规范自治机关的，自治区自治条例规定市、县、乡的选举事项，是一种越权行为。为什么在几个草案中都有如此条款，这反映出草案起草者对民族区域自治制度与民族区域自治法在认识上有偏差，有违民族平等的基本原则。

总之，第14稿的条款设计与内容表述体现了当时社会发展的要求，比较严谨、理性，与前几稿相比，是较好的一个文本。

（九）《宁夏回族自治区自治条例（第十五稿）》文本分析

完成于1994年7月25日，由第一章总则、第二章自治机关、第三章人民法院和人民检察院、第四章经济建设、第五章财政金融、第六章教育科学文化卫生体育、第七章民族职工队伍建设、第八章本条例的实施和监督执行、第九章附录组成，共66条。第15稿以后，宁夏制定自治条例的进程就终止了。

与第14稿比较，在文本结构上没有变化，只是条款由68条改为66条。就文体内容而言，是在第14稿条款的基础上，做了一些局部的调整、修改形成的。

在“总则”部分：第5条是取消了第14稿第5条第2款形成的。第6条是在第14稿的第6条增加了第2款“自治机关从实际出发，在不违背宪法和法律的原则下，采取特殊政策和灵活措施，加速经济、文化等各项建设事业的发展”形成的。第7条是在第14稿第10条前面增加了“自治机关对各族人民进行党的基本路线教育，爱国主义、集体主义、社会主义和民族政策的教育”一句而形成的。

在“经济建设”部分：第22条是在第14稿第23条后，增加了“建立与自治区生产力发展水平相适应的多层次的社会保障体系”这句，又把第14稿第24条并入为该条的第2、3款形成的。第23条是把第14稿第25条第2款取消了形成的。第24条是在第14稿第26条第1款中间加了“不受结构比例限制”一句，和第2款后面加了“不限速度和规模”一句，形成的。第25条是在第14稿第27条第1款基础上，增了第2款“自治机关制定优惠政策，吸引外省区、港澳台地区及国外的企业、个人和其他经济组织在自治区内兴办企业、开发资源，并为其提供优越的投资环境”和第3款“自治机关依法保护投资者的合法权益，投资者必须遵守国家法律、行政法规和自治区地方性法规、规章”而形成的。第27条只是在第14稿第29条第1款后，加了“需要国家开发银行配置资金的项目，可以直接申请由国家开发银行统筹配备资金”这句形成的。第28条只是对14稿第30条第3款作修改而形成的，修改为：“自治区境内的资源实行商品化开发利用。依法享有资源使用权者，可以用资源投入的形式与投资者联合经营。”第32条是取消第14稿第34条第2款形成的。第34条是取消了第14稿第36条第1款形成的。

在“财政金融”部分：第39条只是把第14稿第41条第3款修改为“自治区内征收的中央、地方共享税种全部税收的百分之五十及消费税、增值税的年增长部分留成给自治区自主安排使用。”

第41条是对第14稿第43条增加了第1款形成的，新增这款是："自治区在国家扶持下，建立'少数民族地区发展基金'、'不发达地区建设基金'、'贫困地区温饱基金'等专项基金，扶持少数民族聚居地区、贫困落后地区的经济和社会发展。"第43条是把第14稿第45条第2款修改为："自治机关可以制定优惠政策，决定对贫困地区、回族聚居区、革命老区国家税的减免，报上级主管部门备案。"第45条是在第14稿第47条增加了1款，即"自治机关可以确定本区债券的发行规模，报国家有关部门备案；自治区发行股票的结余收入全部留自治区使用"。

在"教育科学文化卫生体育"部分：第47条是修改了第14稿第49条第2款形成的，第2款在"自治机关坚持办好寄宿制回民中学、回民小学……"后修改为："采取特殊政策和措施帮助回族儿童和少年特别是女性儿童和少年接受规定年限的义务教育，同时采取限定比例招收回族学生的办法，逐年提高高中教育阶段在校回族学生的比例。"

在"民族职工队伍建设"部分：第57条只是将第14稿第59条增加了1款，即第3款："与少数民族工作关系密切的单位和部门，要尽量配备少数民族干部；生产、经营民族用品、食品的企事业，要注意配备少数民族人员。"

总之，第15稿是在第14稿的基础上，略作修改而成的，没有实质变化，第14稿的长处与瑕疵也都保留在第15稿中，反映出起草者在认知上没有太大的改变。

第三章：自治区自治条例通过的主要障碍

实行民族区域自治，是中国的一项基本政治制度，也是党和国家正确解决国内民族问题的基本政策。民族自治地方制定自治条例，依法行使自治权，既是民族区域自治制度实施的重要体现，也是完善中国特色的法律体系的一个重要环节，关系着依法治国方略的真正实现。到目前为止，我国颁布的自治州和自治县的自治条例共139件（只有新疆的5个自治州和6个自治县没有制定自治条例）。一个特殊的现象，就是五个自治区尚未有自治条例出台。

自治区自治条例，在民族法律体系中的作用是无可替代的，其性质不同于自治州和自治县（旗）的自治条例，是构成民族区域自治制度的重要一环，缺了这个环节，民族区域自治制度就存在着"瑕疵"。自治区自治条例是调整自治区内民族关系及自治区与中央有关国家机关关系的综合性的自治法规，是自治机关依法行政的依据。它既是宪法、民族区域自治法基本原则的具体化，又是自治区具有纲领性、方向性、广泛性的法律文件，对自治区的社会和经济发展有着非常重要的意义。

五个自治区从20世纪80年代初，几乎是同步启动了自治条例的起草工程，各自治区为了自治条例的制定都倾入了大量的人力物力，但至今还没有一个自治区的自治条例进入立法的审议、批准程序。1994年后，制定自治条例的活动基本上停顿下来了。可见，自治条例的制定难度之大，费工耗时之多，是其他法律制定中少有的。出现这种情况的原因是多方面的，既有外部因素，又有内部因素；既有理论障碍，又有技术与程序障碍。

一、自治区自治条例通过的理论障碍

所谓理论障碍，是指有关自治条例的一些重要理论问题没有搞清楚，由于理论不清造成起草的结构设计与具体条款不合规范，权利与义务界定不明，或使一些性质不同的问题搅在一起，造成草案难以通过审议的门槛，从收集到的草案文本分析，主要反映在以下方面：

（一）自治条例的性质与规范主体

自治条例是构成我国民族法律体系的重要组成部分，是宪法赋予少数民族自治地方自治机关的一项法定立法权，是构成民族自治地方自治机关自治权的重要内容，《民族区域自治法》第19条又重申了宪法的规定，《立法法》就自治条例制定的提出、审议和表决程序，批准程序，以及适用和备案等问题作了具体的规定。

然而，自治条例，特别是自治区自治条例，它的性质是什么？它应规范的主体是什么？从现有草案分析与访谈调查的情况来看，人们的认识是不清晰的，一些人认为自治条例是一个包罗万象的、涉及民族自治地方的所有问题的法律，是民族自治地方的“小宪法”；一些人认为自治条例是一部为自治区与实行自治的民族要利益、争权利的法律。对自治条例性质的认识有偏差，就使条款表述定位不准确。从自治区自治条例草案与颁布的

139件自治条例就会发现，文本从结构到内容基本上大同小异，都是比照民族区域自治法的文本结构和条款内容设计，一些条文甚至是一字不差地转载，或者只是就个别概念和词汇作了替换，无一不是这一模式。

从法律性质而言，按照法律部门划分的标准，自治区自治条例应属行政法的范畴，规范的是自治机关的组成与自治机关的行为，是组织法加行为法的组合。在法律位阶中处于法律与行政法律之间，虽然也属于地方性法规，但又不能等同于一般的地方性法规。原因在于：一是它的法律效力高于地方性法规，地方性法规是由省、自治区、直辖市人民代表大会或其常务委员会批准实施，自治区自治条例则是由自治区人民代表大会表决通过，由全国人大常委会批准实施；地方性法规不能与自治条例相抵触。二是自治条例具有对抗行政法规与一般法律规定的功能，即有变通执行与停止执行权。

从规范主体而言，自治条例规范的是自治机关的行为，即自治机关行使自治权的作为与不作为，不是规范公民与国家机关之间的行为。规范自治机关行为，并不是自治条例把民族区域自治法规定的自治权条款转写在自治条例中即可，而是要规范自治机关如何民主、公平、公正、高效地行使自治权的行为，如何防止与惩治自治机关在行使自治权的过程中的不作为与权力滥用的行为。就上级国家机关的职责而言，自治条例并不是越权去规定上级国家机关的行为，即上级国家机关应该如何，而是要规范自治机关如何准确、公开、高效地去落实上级国家机关帮助、照顾的事项，体现民族自治地方有接受上级国家机关帮助的权利。

（二）明确自治机关“一个主体两个角色”的定位

所谓“角色”，最初是一个戏剧中的概念，即专指演员扮演的剧中人物，明确戏曲演员专业分工的类别。随后社会学借用这一概念，形成了“社会角色理论”。[1]社会角色（social role）是在社会系统中与一定社会位置相关联的符合社会要求的一套个人行为模式，每个角色都代表着一系列有关行为的社会标准，这些标准决定了个体在社会中应有的责任与行为。引入这一理论，是为了说明自治机关在国家行政体系中的定位。宪法和民族区域自治法都明确规定：人民代表大会和人民政府，是民族区域自治地方的自治机关，又是国家的一级地方政权机关。这样就形成了“一个主体，两个角色”的状态，“一个主体”是自治区人民代表大会与人民政府，“两个角色”是自治机关和地方政权机关，或者如人们常说的“两块牌子，一套人马”。

“两个角色”就意味着要有两套行为模式，如果是一套行为模式，社会学里就称为“角色混同”。这也就是说，在自治区，人民代表大会和人民政府必须履行二套行为模式，即作为自治机关要遵循的行为模式和作为地方政权机关要遵循的行为模式，而行为模式是要通过法律来确定，即权力法定。因为，自治机关的权力运作与地方政权机关的权力运作的性质是不同的，自治机关自治权行使的规则是自主性，而地方政权机关权力运作的规则是下级服从上级。而这点也是民族区域自治法的缺陷，尽管有“自治

---

〔1〕 这是由美国芝加哥学派最早运用社会角色概念，其中以乔治·米德的研究最为著名，米德在《心灵，自我及社会》（1934）一书中，说明在人们的交往中可以预见的互动行为模式以及说明个人与社会的关系。他认为角色是在互动中形成的，角色表演并没有一个先定的剧本，文化只能为角色表演规定大致的范围。

机关的自治权”一章，共31条，但其中许多也是一般地方国家机关的职权。并且法律并没有明确哪些是属于自治权的事项（是一般地方政府没有的权利）；哪些是属于地方管理权的事项。人民代表大会和人民政府在什么情况下的角色是自治机关，行使自治权；在什么情况下是地方政权机关的角色，行使地方管理权事项，在理论上并没有给出答案。

通过实地调查自治权在自治区、自治州、自治县（旗）行使的状况与实施效果，集中反映出的问题，就是自治权在实施过程中遭遇的各种阻力和困境，导致民族区域自治法难以真正落实。由于条款过于原则，事权划分不清，“操作性问题始终没有解决，中央与民族自治地方权责关系仍未理顺，并没有改变政府的权力来源机制，即民族自治地方政府的权力来自中央政府权力的让渡。中央与民族自治地方的权责关系包括两大内容，即财权分配和事权划分。从历次财税体制改革的效果来看，中央与民族自治地方的财权分成比例一直是个难题；中央与地方事权的划分并没有太多地考虑到财权结构的失衡，造成财权与事权严重不对称，结果是：事权可以大幅下放，而财权不能完全下放依旧是中国政府间权责分工的痼疾”。[1]由于“角色”不明、职权不清，使民族自治地方政府混同于一般地方政府，体现不出民族区域自治的特点与优势。

“一个主体，两个角色”的问题，其实质是中央与地方的关系，“是在一定的国家政权组织形式下中央政府与地方政府间权

---

〔1〕 参见张文山：《论中央与民族自治地方关系研究的几个问题》，载《中国法学会民族法学研究会2011年年会暨学术研讨会论文集》，民族出版社2011年版，第7～18页。

力分配及统属关系，而中央与民族自治地方关系，是在‘单一制’的国家结构形式下，民族自治地方实行区域自治的一种权力分配及统属关系。民族区域自治制度是我国的基本政治制度，保障民族自治地方充分行使自治权，既是完善这一制度的关键，也是合理构建中央与民族自治地方法律关系的依据与原则。中央与民族自治地方的关系是指中央政府与自治区政府之间的关系，它不同于中央与一般地方的关系。中央与一般地方关系，是单一制国家行政管理体系在中央与地方之间权限的划分，即‘条条与块块’的关系，其核心是收权与放权问题；而中央与民族自治地方关系的核心则是保障民族自治地方充分行使自治权的问题。中央与民族自治地方关系的调整虽然取得了重要进展，然而在权责划分、收支匹配、机构设置等方面还存在诸多不足，没有到位。因此，如何保障充分行使自治权，就是合理调整中央与民族自治地方关系的关键所在”。[1]

（三）如何体现“公平正义”原则

公平正义是现代法律制度的最高原则，是一切法律规范的基石，是现代国家的治国理念与政治文明的最高体现，是协调社会各个阶层、各个民族相互关系的基本准则，这是国家具有凝聚力、向心力和感召力，实现各民族大团结的重要纽带。

中国之所以实行民族区域自治制度，是基于“各民族一律平等”的理念，它是植根于“公平正义”这一基石之上的。由于历史上存在着民族不平等现象，一些少数民族不能参与国家事务的

---

〔1〕 张文山：《论中央与民族自治地方关系研究的几个问题》，载《中国法学会民族法学研究会2011年年会暨学术研讨会论文集》，民族出版社2011年版，第7～18页。

管理，不能行使自主管理的权利，处于不平等状态，这是不公平的，因而是非正义的。为了实现各民族一律平等，通过民族区域自治制度，行使自治权，实践"主权在民"、各民族平等管理国家事务与地方事务的权利，促进各民族利益的最大化。因此，在具体制度设计和安排的过程中，必须遵循公平正义的原则，才能取得民族自治地方社会各个阶层的共识和认同，使自治条例获得最广泛的社会支持并得以顺利实施；在调节各民族利益关系和处理各种社会矛盾的过程中，只有遵循公平正义的原则，才能使各民族公民受益，才能有效地整合社会各种资源和力量，实现各民族一律平等与各民族共同繁荣。

因此，行使自治权是平等权（各民族一律平等）实现的体现，平等权实现的关键是如何平衡各民族间的权利与利益关系，如何使"天秤"的两端不失衡，"砝码"就是公平正义原则。

自治条例的条款中如何体现这一原则，既是一个理论问题，也是一个技术问题。从自治区自治条例草案中可以看出，一些涉及权利分配与利益分配的条款，都违反公平正义原则。如宁夏的几个自治条例草案文本中都有这样的规定："银川市和回族人口占百分之三十以上的市、县（市辖区）、乡、镇的市长、县长、区长、乡长、镇长，都应由回族公民担任。"（不只是宁夏，在其他自治区的草案中也有类似的条款）这样规定的依据是什么？回族人口占30%，无视70%人口的存在，却要永久占有统治权，这是不公平的，也是非正义的（在当今世界，凡是由少数民族或种族固化掌握的政权，联合国都视为"种族歧视"政权），这样的规定在当代世界也是难以寻觅的。公民能否担任市长、县长、区长、乡长、镇长是由选举产生的，选举权与被选举权是公民的基本政治权利，选票投给谁是选民个人自由决定的结果，因民族不同，用法律固化被选举的资格，这既是对公民选举权的侵犯，也是对公民政治权利的剥夺，这是违反公平原则和各民族一律平等原则的；由少数人企图永久建立的统治权，是违反当代发展潮流的，是违背基本人权的，是非正义的。

自治机关是否充分行使自治权，衡量的尺子仍然是"公平正义"。弱化它是侵权行为，强化它是特权，可能造成新的"民族歧视"与民族不平等，这样的后果是十分危险的。

（四）集体权利不能异化为个人权利

自治权，是民族区域自治地方自治机关享有的专有权利，是一项公权利。民族区域自治，是实行区域自治的民族的权利，由自治机关来行使的集体权利，其效力是属地主义；它不属于实行区域自治民族的个人权利，不能由个人行使，其效力不具有属人主义。这是一个非常重要的问题，必须要有清楚的认知。如果将集体权利异化为个人权利，那么，民族区域自治就变为了民族特权，各民族一律平等就蜕化为民族歧视了。

这种蜕化，在自治区自治条例的草案中和一些已颁布的自治条例中都可以看到，"自治区内发展教育事业的投资应高于其他省市投资的比例。回族学生的助学金、奖学金应高于国家规定标准"。[1]"……城镇招工达不到规定比例时，允许在农村招收回族和其他少数民族的回乡知识青年。"[2]"自治区少数民族学生的奖学金、助学金标准，要高于国家一般规定。牧区、边境地区、林

〔1〕《宁夏回族自治区自治条例（试拟草稿）》第61条第3款。
〔2〕《宁夏回族自治区自治条例（试拟草稿）》第47条第2款。

区、山区、老革命根据地和民族自治旗学生的奖学金、助学金要高于区内一般地区。"[1]"自治州自治机关在安排教育经费时，优先安排朝鲜族教育经费。州、县两级政府每年拨出朝鲜族教育补助专项资金，保证朝鲜族在校学生人均公用经费的增长高于全州在校学生人均教育经费的增长。"[2]"自治州自治机关录用工作人员时，对少数民族的人员应给予适当的照顾。"[3]"自治州的自治机关对贫困地区的少数民族学生，采取助学金、奖学金和免费入学等特殊措施，帮助其完成九年义务教育。对以寄宿制为主的公办民族小学和民族中学，当地财政给予适当补贴。"[4]类似这样的条款还很多。

显然，这些条款是将集体权利变为了个人权利。这是一个值得研究厘清的问题。

二、自治区自治条例通过的技术障碍

所谓技术障碍，是指自治条例草案中存在一些不符合法律专业规范的内容表述、条款设计以及概念、词汇、语句等问题，这些属于立法技术的缺陷的范畴。

（一）法律语言问题

立法内容需要通过语言来精确地表达，否则就无法保证法律在实施过程中不被曲解或误解。立法内容离不开语言载体，这就必然涉及对立法语言的研究和应用。立法语言即立法主体按照

---

〔1〕《内蒙古自治区自治条例（第五稿）》第54条第3款。
〔2〕《延边朝鲜族自治州自治条例》第58条第2款。
〔3〕《延边朝鲜族自治州自治条例》第20条第2款。
〔4〕《海北藏族自治州自治条例》第41条第1款。

一定的规则表述立法意图、设定法的规范、形成法律文本的一种专门语言文字，是一定的意志或利益得以表现为法律规范的专门载体。[1]

自治条例立法语言应符合法律的要求属性，是条例意涵的载体，既有立法语言的一般共性，同时又具有自己的技术特点。对自治条例立法语言特点的把握有助于提升自治地方立法技术、增强规范权威。如果说立法语言的一般特点是专业性、统一性、严谨性、确切性的话，那么，当前的实际情况是：一方面，自治条例草案的文本中都未能很好地体现立法语言的内在要求；另一方面，自治区本身的立法内容也没能通过立法语言很好地体现出来。

法律由于自身特殊性，对立法语言的基本要求是：准确性、简约性、严谨性、概括性。

所谓准确性，主要是指每个词句都必须确切严密，都要符合法律内容的科学性和思维的逻辑性。法律是一项措词的职业。[2]在法律语言措辞中，准确性是第一位的要求。法律的本质既是规范人行为的准则，又是判断人的行为罪与非罪、守法与违法的准绳，还是惩治犯罪与违法行为的标准。这一特点决定了法律语言不求形象生动、概念也无须刻意去形容修饰，只求客观、准确、明白地叙述和说明，不允许有丝毫歧义和含糊。准确性是法律语言最本质的特征，是法律语言的生命线。法律语言的准确性主要是由以下几方面体现出来的：

一是法律专业术语的确定与使用，确保了法律语言的准确

〔1〕 参见周旺生：《立法学》，法律出版社1998年版，第54页。

〔2〕 参见克生斯特尔：《剑桥语言百科全书》，中国社会科学出版社1995年版，第563页。

性。准确用词是指在某一特定的语言环境中，选择最恰当的词语，去表达某一特定的内容。它要求所用的语词、概念不存在歧义、含混、模糊的现象，智力健全的人都能理解。是否做到准确用词，在立法中的一个突出表现就是能否以法律专业术语表达规范内容。法律专业术语是指约定成俗的、业内认可的、表示法律专用概念的词语，其突出的特点是语义固定而单一，而且是法律赋予的。因此，每一个法律专业术语都表示一个特定的法律概念，无法用其他词语替代，任何人在任何情况下都必须对它作同一的解释。

二是精心选用同义词，也大大增强了法律语言的准确性。在汉语言文字法律语言的词汇系统里，很多词汇与言语，既有法律专业术语，又有法律专业经常使用的一般词语，还有大众日常使用的生活用语。而无论是在法律专业术语中，还是在一般词语中，都存在着数量众多的同义词，这也是汉语言的特点与魅力所在。因适应对象有别，就得根据不同的适应对象选择不同的语词，以达到准确达意的效果。

三是恰当使用模糊词语，从另一方面保证了法律语言的准确性。法律语言是力求表达准确，就我们使用的中文而言，文学家认为是一种高语境的语言，情在词外，意在言外，句中有余味，篇中有余意，形成了委婉、含蓄、藏而不露的民族性格，使汉语的模糊性特征更为显著。而法学家认为从表达准确性而言，中文不是世界上最好的语言。在法律语体中，使用含义十分确切的词语的确极为重要，但法律语言表义的准确、完备往往是靠确切词语和模糊词语共同完成的。不论是英语，还是法语和德语，当今世上还没有一种绝对精准的语言，可以准确描述所有事物与行为。任何一种语言都存在一些模糊词语，只是多少而已，这是由人类进化过程中的智力决定的，当然，再过10万年，人类的进化程度能否达到，是无法妄言的。不过为了追求法律语言的准确性，有时选用一些模糊词语来准确达意，也是不得已而为之。法律和法规是用立法语言这个工具，来表述、调整全社会的行为规范。因此，需要准确、具体，力求周密、完备。否则，人们就会手足无措。法律行为是人的行为，人的行为是由动机支配的，而人的动机是一个内部心理过程，是一个看不见、摸不着的生理过程，而判断法律行为又必须探究其动机，这就是立法语言在表义上的一个特点，动机表达只有靠确切词语和模糊词语的合理配合才能体现。可见，恰当地使用模糊词语，能使法律语言具有不变的原则性，也有周延的灵活空间，从而在人的认知能力下最大地体现出法律“疏而不漏”的特点。

所谓简约性，就是条款表述必须做到剔除赘语、言简意赅、通俗易懂，这与相对体现个性的其他体裁的文本有着很大不同。法律要起到为人们的行为提供标准和指明方向的作用，就要易于为人们理解和掌握。法律是对所有人而制定的，为了使人们知所避就，就必须用通俗易懂的语言文字表述，避免使用地方语言，应当采用绝大多数人们易于接受的语言文字和文风。

所谓严谨性，立法语言文字必须具有庄重、严谨的风格。风格的严肃性和一致性还要求杜绝文学风格，杜绝情绪化语言，前后风格保持一致，用书面语，不用口语，避免使用同义同词，同词同义等。严谨性是由法律的庄重、严谨的特性所决定的。

要做到立法语言文字的庄重、严谨就必须注意：一是表达法的内容，须使用明确、肯定的用语；而不能用不肯定的用语来表述法的内容，如怀疑性的、询问性的、商榷性的词汇。二是用全称来称谓所指的事物与对象。三是用语要统一、规范，不仅要保证在同一个规范性文件中使用外延统一的名词术语，而且在不同的规范性文件之间要保持协调一致。四是必须严格按照逻辑要求来进行语句表述，篇章布局，以确保法的统一性。

所谓概括性，是指对无法准确定义、指称或描述的事物，采用可能有多种解释的表达手段，将其最本质的属性抽象出用语言进行表达的效果。

但概括性的特点在于对本质属性的把握，不同于“含混不清”。“含混不清”是指人们运用语言不当、本质属性表述不清而产生的消极结果，是尽量要避免的现象；概括性表达的是对象、事物的本质属性而不是细节，具有一定的不确定性，既有消极的效应，也有积极的作用。法律语言的概括性给司法活动留出了自由裁量的空间。从实践过程考察，灵活性与准确性并不矛盾，能够满足在变化的社会环境中，成文法适用过程中权力的分配变更的要求。正是存在灵活性空间，才赋予法的解释者权力，通过释法来适应社会变化；反之，如果法律规范十分具体，则条款的刚性很强，适用的范围就会有限，难以避免规则无法适应变化中的社会。

自治条例作为一种特殊的立法形式，规范的内容不同于一般的地方性立法，立法语言文字是否规范，反映的是立法技术是否成熟。五个自治区的自治条例草案未能进入审议程序，这是原因之一。因此，自治条例立法的进程和水准，与起草人员是否具备专业素质有着直接的因果关系，如价值观念、认知水平、法律意识、法理素养、文字能力，以及对本自治区所需调整的社会关系的认识程度等。

严格甄选起草者是改善这种状况的唯一方法，自治条例的起草者应当具备以下素质：第一，完整准确地反映立法意图，这就要求起草者不但对本自治区域的情况必须十分熟悉，而且对相当长一段时期内需要重点体现的方面也必须十分清楚；第二，掌握立法一般规律，当前有相当一部分自治条例文本都显得粗疏，内容也有许多盲目照搬之处，反映出某些立法者不重视立法规律，急功近利，缺乏实事求是的、严谨负责的立法精神；第三，不仅要通晓宪法、立法法、民族区域自治法等上位法的内容与法律精神；还要掌握其他有关法律、行政法规中与自治条例有关联的条款及法律原则；同时还必须明悉立法主体的立法权限和立法职责。只有具备这些条件，才能正确处理好自治条例的规范内容与上位法和其他相关规范的关系；第四，必须具备相应的语言文字表达能力，能以简练的法律语言表达立法原则和各项具体规范。

（二）制度性规范与政策性规定

任何法律都要求具有稳定性与前瞻性，能够适用于当下与未来可预期内的变化，法律能在长时期内保持不变，任何一部朝令夕改或过于频繁修改的法律，都不是一部好的法律，甚至是一部“恶法”，这是法律的内在属性决定的。亚里士多德说过：“法律所以见效，全靠民众服从。而遵守法律的习性须经长期的培养，如果轻易地对这种或那种法律常作这样或那样的废改，民众守法的习性必然削减，而法律的威信也就跟着削弱了。”[1]

另外，法律具有稳定性，也取决于条款规范内容的筛选，这

〔1〕［古希腊］亚里士多德：《政治学》，吴寿彭译，商务印书馆1965年版，第81页。

也是一个值得注意的环节。具体就自治区自治条例而言，条款要规范制度性的问题，而不能是政策性的问题。制度性的规范具有一定的稳定性、长期性；而政策性的规范则是阶段性、多变性。自治条例草案中一个普遍的缺陷，就是存在过多的政策性条款，如广西自治条例草案中"自治区根据国家信贷政策的规定，实行差别利率和浮动利率，引导信贷资金投向"。"自治区横向引进的建设项目，不占双方计划内指标。"这些都是政策性的规定，国家信贷政策不是一成不变的，同样建设项目指标也是随年度计划而改变的，如果发生了变化，这些条款就没有意义了。再如内蒙古自治条例草案中有这样的条款："自治区实行以'林牧为主，多种经营'的方针。"我们知道，当下一些省、自治区的发展方针都是随着主要领导的更换而变化，当任领导提出这样的发展方针，到下任领导就提出那样的发展方针，这是中国政治生态的现实，发展方针变了，自治条例怎么办？诸如此类的条款不仅在自治区自治条例草案中出现，也是现今地方性法规的一个通病。

法律是人们的行为规范，不但对人的行为起着警诫或教育作用，还对人们相互行为起着预测作用。一部法律的稳定性不够，柔性太强，就会使人们在规范面前无所适从，法律也会因此丧失其权威性与强制性。提高立法技术，消除自治条例草案中政策性的规定，这是自治条例草案顺利通过审议程序的前提。

（三）工作原则与具体工作

自治条例是规范自治机关行为的，它是法律文件，不是政府的发展规划和工作计划。因此，自治条例只能规范自治机关的行为准则与工作原则（行为底线），而不能出现有关具体工作的条款。如广西自治条例草案中有这样的条款："已建或新建企业，凡因工程建设需要群众搬迁或影响群众生产生活的，兴办单位应与当地政府协商，负责对群众进行开发性的生产安排和生活安排，保证当地群众的物质文化生活水平得到提高。”“自治区自治机关根据国家有关规定，审批成交需要进口的商品，包括出口加工所需的原材料和辅助材料。属于国家统一经营和控制进口的某些商品，自治机关在国家安排的数额内审批成交。”宁夏自治条例草案中也有如此条款：“自治区在国家扶持下，建立出口产品生产基地，发挥信贷、税收、价格和汇率等经济杠杆的作用，鼓励出口产品的生产。”“自治机关可以参照国家给予经济特区和沿海开放区的政策原则，制定特殊的对外开放政策，充分利用国外、区外的资金、资源、技术和管理经验，加快自治区的开放和建设。”内蒙古自治条例草案中的条款则是“大力发展毛纺、皮革、肉食、乳品、木材加工和综合加：〔利〕用、饲料加工、制糖等轻纺工业和民族用品工业；要积极发展煤炭、电力、建材、木材工业和稀土工业。对钢铁工业和机械工业，在搞好挖潜改造和调整服务方向，充分发挥现有设备生产能力的基础上继续发展。”“要继承和发扬民族医学，大力培养蒙医蒙药人才，提高蒙医蒙药人员和中蒙西医结合人员业务技术水平。”

同样，在自治条例中写入有关具体工作的条例，也影响着法律的稳定性。因为，具体工作的变动是常态，也是有时限的，具体工作发生了变化或已完成了，那涉及的条款就没有意义了。法律所规范的应是“底线”，即在底线范围内的任何行为都是可行的、合法的，任何跨越底线的行为都是禁止的、违法的。

（四）操作性与可诉性

任何立法的目的都在于法律的实施，成为规范人们行为的准则，而法律的实施，就要求法律具有操作性，也就是在条款中要将一个抽象性定义转变成操作性定义，这样才具有可实施性，否则，法律即使颁布了，也只有文体宣示作用，而无实际意义。缺乏可操作性是自治区自治条例草案中的一个"顽疾"。在草案中充斥着大量宣教性、抽象性概念与词语，如"积极""应当考虑""适当照顾""注意进行……""坚持……""重点抓好……""重视""鼓励和扶持""特殊政策和灵活措施""互利互济，共同发展""充分发挥""全方位、多层次""吸引""集中财力、物力""提倡发展繁荣""大力发展""继续发展""逐步建成""要继承和发扬""要全面……重点……""提高""加强"……凡此种种。这些让人一头雾水、抓不着北的概念和词语，如何能具体实施呢？

另外，自治条例是民族自治地方审理案件依据的法律，这是与一般地方司法机关审理案件依据的法律区别之处。如果自治条例中存在太多的抽象概念和不确定词语，就会使法律的可诉性无法实现（这只是就法律文本而言），没有可诉性的法律，是一部"死法"。

三、自治区自治条例通过的程序障碍

《中华人民共和国立法法》规定了自治区自治条例的立法程序（法定程序），现实的情况却是，因非法定程序的障碍，无一个自治区的自治条例草案能够进入法律程序。

这里所说的程序是指自治条例的提议、起草以及自治条例草案的提出、审议、表决和批准生效的工作程序，既包括法定的立法程序，也包括非法定的必经程序。什么是“非法定的必经程序”？它的含义是什么？从逻辑上讲，非法定的就是法律没有规定需要经过的程序，可在实际操作中却是必须要经过，否则就进入不了法定程序。可以说是我国长期以来在立法实践中形成的一种惯例。就自治区自治条例而言，在草案形成以后、进入法定程序以前必须要进入征询国务院有关职能部门意见这一门槛。虽然宪法、民族区域自治法以及立法法都没有关于自治区自治条例，在进入法定程序前征询国务院职能部门意见的规定。但在地方不管是出于谨慎、还是尊重原因，或是怕犯错误、把握不准的原因，在立法实践、凡涉及民族关系与民族问题的立法过程中，上述做法似乎已成为一种惯例。尤其是对于自治区的自治条例，认为其敏感性十足，更需慎之又慎，五个民族自治区在起草自治条例的过程中无一不是遵循这个惯例。这样造成的结果似乎是：对于自治区自治条例，法律形式上或程序意义上的批准权在全国人大常委会，但是国务院的一些职能部门，特别是一些重要的经济部门与权力较大的部门，却握有实质性的批准权。这一惯例弊大于利，因为：

第一，“征询意见”的实质是“预先审查”，甚至是“事先审批”。在法律上，国务院各部委只有尊重和保障自治区自治条例的义务，没有对它进行合法性审查的权力。这也就是为什么宪法要规定所有地方性法规须报国务院“备案”，而自治区自治条例“报全国人民代表大会常务委员会批准后生效”。自治州、自治县的自治条例，报省或者自治区的人民代表大会常务委员会批准后生效，并报全国人民代表大会常务委员会备案。[1]这是因为自治条例与地方法规不同，它的地位和效力不仅高于各部委规章，而且可以不以国务院行政法规为立法依据。《宪法》第116条规定："民族自治地方的人民代表大会有权依照当地民族的政治、经济和文化特点，制定自治条例和单行条例。"《民族区域自治法》第6条第2款规定："民族自治地方的自治机关根据本地方的情况，在不违背宪法和法律的原则下，有权采取特殊政策和灵活措施，加速民族自治地方经济、文化建设事业的发展。"这里并没有规定不得违背"行政法规"，而这里的"特殊政策和灵活措施"，往往就是自治条例的重要内容。由于部门规章和行政法规，不是自治区自治条例的上位法，没有"预先审查"的授权，也就没有义务接受这些职能部门以各种理由所作的审查。另外，受国务院行政法规约束的一般地方性法规，尚且不用征询各部委的意见，何况是不受行政法规与部门规章约束的自治条例呢？遵循这种非法定程序其实是本末倒置，也不符合"特别法（自治条例）优于普通法规（一般地方性法规）"的原则。

第二，"征询"国务院各部委意见，并非法定设立的自治区自治条例的立法程序，是一种法外程序。这种非法定的、不成文的惯例，难免有"人治"和"部门利益"因素渗透，即使是全国人大常委会交付征询意见也是不应该的。这一做法的缺陷在于，一是使部门"规章"凌驾于自治区自治条例的现象合法化；二是为一些维护本部门利益的部门规章、行业政策来侵占、损害民族自治

---

〔1〕 参见《中华人民共和国宪法》第116条；《中华人民共和国民族区域自治法》第19条。

地方的合法权益开了绿灯；三是从实践看，部委的“意见”至关重要，实际上拥有了对自治区自治条例的否决权。因为在现实中，一些部门的“高压”政策的干涉能力是很强大的，而自治区的自治机关对这些部门又相当敬重。总之，这一非法定程序，被视为自治区自治条例出台的关键门槛，这恰恰是自治区自治条例难以出台的重要原因。

第三，国务院及各部委是自治区各级人民政府的“上级国家机关”，对自治区自治机关及各部门有领导和业务指导的职责。但不能由此理解为可以“领导”自治区制定自治条例。自治区人民代表大会是制定自治条例的主体，自治区人民政府是执行自治条例的主体。宪法规定国务院的职权之一是：“领导和管理民族事务，保障少数民族的平等权利和民族自治地方的自治权利”。[1]具体职能由其所属的国家民族事务委员会承担。这一宪法规定，只表明国务院与自治区人民政府之间，存在领导与被领导、监督与被监督的关系；国家民族事务委员会与自治区民族事务委员会之间，存在部门上下级的业务指导与被指导关系；而且明确了这种“领导”和“管理”“指导”和“被指导”的对象是民族行政事务，目的是“保障少数民族的平等权利和民族自治地方的自治权利”，其中包括尊重自治机关立法权在内的自治权。

第四，自治区自治条例涉及国务院职能部门的利益分割，听取这些利益相关部门的意见，是有助于今后在执行中得到这些部门的理解与支持。但绝不能因此而理解为自治条例必须屈从于部门利益（只应遵从国家利益）。

---

〔1〕《宪法》第89条第11项。

从法治的角度看，五个自治区自治条例难以出台的一个原因，就是这些职能部门与民族自治地方的经济权限不清，在一些事权上划分不清，国家应该通过立法的形式，来调整、划分中央职能部门与民族自治地方的经济权限。也就是说，在对民族自治地方的“放权让利”问题上，不能由一些部委以部门规章说了算，而只能由国家立法机关以法律来规范。[1]

如何才能使非法定程序让位于法定程序，这是中国实现“依法治国”进程中，需要以极大的勇气与智慧才能解决的问题。

---

〔1〕 参见韦以明：《关于自治条例出台前的“征询意见”制的思考》，载《学术论坛》1999年增刊。

第四章：自治区自治条例的理论基础

一、民族区域自治与自治权的一般理论

民族区域自治的自治权，在中国的法域中，不同于一般意义上的自治权（如企业自治权、村民自治权）。宪法和民族区域自治法将自治权的概念表述为：民族自治地方的自治机关，在国家宪法和民族区域自治法及其他法律授予和规定的权限内，结合当地民族政治、经济和文化的特点，自主地行使管理本地方、本民族内部事务的一种特定的民族权力和国家权力。以逻辑的角度而言，二者之间是种属关系，自治权是属概念，即没有民族区域自治也就无所谓自治权，没有自治权，民族区域自治制度只是一具"躯壳"。

（一）民族区域自治与自治权

认识民族区域自治的自治权的性质，就必须认识、理解它赖以存在的国家经济基础和其反映的社会生活面貌。要从两方面去认识：

一方面，自治权反映我国的经济基础。我国的经济基础是以生产资料公有制为主体、多种所有制经济共同发展的社会主义市

场经济体制。"社会主义民主的本质是人民当家作主。国家的一切权力属于人民。"[1]因此，自治权是属于民族自治地方各民族人民的权力。自治机关自主地行使管理本区域社会经济与文化建设方面的自治权，自主地行使管理本民族内部事务的自治权，自治权行使要适应国家进行经济体制改革以来，对内搞活、对外开放政策所带来的政治经济生活的重大变化。所以，离开我国的经济基础与改革开放的实践，就无法认识自治机关自治权的性质。

另一方面，自治权是属于我国人民民主专政的国家权力的一部分，是人民民主专政在民族自治地方的具体体现，是我国政治生活的重要内容之一。从自治权的主体构成和行使自治权的过程看，都反映了我国的政治制度和政治生活。由此，我们可以从考察国家性质和政治制度这两个基本方面去认识自治权的性质。

国家保障民族自治地方的自治机关享有广泛的自治权，这是民族区域自治法的一个基本原则，也是实行民族区域自治制度的初衷。首先，行使自治权是少数民族当家作主，管理本民族内部事务的重要标志，是自治机关享有管理本地方事务的自主权的基本内容。实行民族区域自治，就是要在维护国家统一和中央集中领导的前提下，保证各少数民族在其实行区域自治的地方，享有当家作主的权力，这既是少数民族的一项政治权利，也是少数民族应享有的基本人权。没有广泛现实的自治权，就无所谓民族区域自治。

从新中国建立以后的历史看，凡是在民族工作上出现失误或

---

〔1〕《江泽民在中国共产党第十五次全国代表大会的报告》。转引自《中国共产党第十五次全国代表大会文件汇编》，人民出版社1997年版，第31页。

偏离方向时，一是表现为极“左”思想大行其道，无视民族特点和民族问题的存在，或采取民族虚无主义，大搞“一刀切”的政策，看不到社会经济发展的差异与文化多元性的存在。二是对少数民族的自治权利不够重视和尊重，把自治机关的自治权与一般地方国家机关的职权等同看待，缩减或取消自治权的权能，从而侵犯了自治机关的自治权利。

所以，坚持和完善民族区域自治制度，就是要保障自治机关享有广泛现实的自治权利。另外，自治机关享有自治权是改变民族自治地方落后面貌，实现各民族共同繁荣的重要保证。

各民族、各地区间的发展很不平衡，是中国的基本国情，这是几千年的历史发展和自然地理条件限制造成的，大多数少数民族地区还处于贫穷落后的状况，与内地特别是沿海发达地区的发展差距，有越拉越大的趋势，个别地区和一些少数民族至今仍未摆脱温饱的困扰。尽管我们在努力，但改变这种状态，需要付出几代，甚至十几代人的辛劳。法律赋予民族自治地方的自治机关享有自治权利。自治机关根据各民族的愿望和本地方的实际情况，有权采取特殊政策和灵活措施，加速发展民族自治地方经济和文化建设事业。

自治权是衡量民族区域自治程度的尺度。自治权权能的多少、范围的大小、运用的好坏，都反映着民族自治地方实行自治的程度。自治权的权能多、范围大、运用状况好，表明自治程度高。反之，则表明自治程度较低。所以，只有保障自治机关充分享有自治权，才能坚持和不断发展、完善我国的民族区域自治制度。可见，“完善”的要义就在于“充分”。

从学理上讲，自治权既是一个私法的概念，也是一个公法的概念，如个人自治、家庭自治、公司自治，凡此种种是一个属于私法范畴的概念；而民族区域自治地方自治机关行使的自治权，则是一个属于公法范畴的概念。从其权力的性质而言，它是一项公权，即自治地方的公共权力，只能由自治机关来行使；它不是私权，不是自然人的权力，个人自然不能行使。

只有从公共权力的产生与法律属性的发展变化入手，才能认识自治权概念的本质。公共权力的出现，是伴随人类社会出现群体组织而产生的，是人类早期群体组织的管理权，与人类社会的存在一样古老。它直接来源于人类早期的公共意志。据考古资料，人类社会大约在100万年前，就产生了关于生产关系和两性关系的公共意志。那时的公共意志，是以公有制为经济基础，以氏族首领的权威和原始民主制度为政治基础，主要通过社会规范表现出来。社会规范主要来源于氏族首领的命令、氏族大会的决议、原始裁判以及不断重复的社会生产和社会生活的规则。恩格斯曾深刻指出，在原始公社时代，为了维护公社的共同利益，解决争端，制止越权，监督用水（特别是在炎热的地方），以及执行宗教职能，设立了一些职位，赋予其某种全权。这种权力是“国家权力的萌芽”。[1]恩格斯这里讲的“萌芽”，在国家形式没有出现以前，其实就是早期人类氏族组织的公共权力。人类社会出现民族以后，民族内部事务的管理权也来源于公共意志，也是公共权力。

自治权作为一种权力，只存在于社会团体（或社会组织）和人们的互助关系中，可以说社会团体是权力的载体。权力对社会

---

〔1〕 参见《马克思恩格斯选集》（第4卷），人民出版社1972年版，第166～168页。

团体中的成员与财富，具有合法的约束力和支配力。

自治是相对于他治的一个概念。自治是一种在一定的社会团体中，由其成员独立自主地制定章程，并由章程支配其成员行为的能力。它的核心是独立自主，即自主性，也就是不受外力的干涉和影响，否则就是他治了。

明确了什么是权力，什么是自治？就可以给自治权下一个定义：自治权是一种在社会团体内，经过团体内多数人认可或默示的，合法地、独立自主地行使具有约束力和支配力的一种权力。自治权的行使是通过"章程"规定而行使的。换言之，是一种体现在社会团体内的具有约束力和支配力的，自主合法的行为。是一种权力的体现，它的本质属性是：团体内的合法自主的权力。

（二）自治权的一般理论

自治权是一项公权，即公共权力。它所体现的意志与利益并非是个人的，而是团体共同的（民族共同体或区域共同体）意志和利益。它要求在某一特定空间内（或共同体内）构成最高权威。在主权国家没有出现以前，自治权是氏族共同体的公共机构行为的结果。氏族公共机构是自治权行使的主体，"公共机构时常伸入社会内部，或是把它的某些部分合并到公共机构中来，或是它的某些部分变为统治实施的对象；它们这样做是为了减少社会环境的动乱和复杂性，并使它以及它们与它的关系稳定。它造成一种使一个行政机构更加舒适和自然地，对一种既定的社会利益加以控制的形势，而不是把它看作一个自主的实体或者作为与它讨价还价的一个组成部分"。[1]这是早期氏族共同体生存发展的必

---

〔1〕 [美]贾恩弗兰科·波齐：《近代国家的发展》，商务印书馆1997年版，第133页。

然结果。公共机构行使的公共权力（自治权），是体现民族成员最大利益的，个人意志和利益是寄于这种公共权力之中的。“人们不是生来就有自由和平等权利的，但他们生来却是集体的一个成员，并且由于这个事实他们有服从维护和发展集体生活的一切义务。”[1]也可以说，这时的自治权就是个人自由权的体现，是一种自然权力。但是，主权国家出现后，国家共同体取代了民族共同体，若干民族共同体组成了国家，民族自治权的外延受到了限制，自治权从属于国家主权、服从于国家主权，使之具有国家权力的性质，是国家权力让渡的一部分。

马托·赞帕尼认为：“社会组织的兴起是由于自保，为了保护自己的安全、和平，产生了国家，这是一个完全自我满足的能够保卫自我的政治组织。在国家之中存在着作为最高意志和权力的主张，这种主权既不能被分割也不能受限制。所有限制都将包含着分割，而主权的分割将只会带来国家的混乱。”[2]但是自治权不能完全等同于国家权力，也不能分割国家主权，其只是国家授予权力主体的在一定民族或一定空间范围内行使的一种自主管理权利。

随着自治共同体的变化，自治权的内涵也在演变。在民族自治的形态下，自治权是一种简单地、垂直地自主管理本民族内部事务的权利，不具有国家权力的性质，其权力外延是民族共同体与其活动空间的边缘，超出这个边缘就失去了效力。当它是区域自治（地方自治）体制时，自治权是一种管理地方的自主权，它的

---

〔1〕 [法]狄骥：《宪法论》，商务印书馆1959年版，第153页。

〔2〕 转引自李宏图：《西欧近代民族主义思潮研究》，上海社会科学出版社1997年版，第46页。

外延不是以民族共同体，而是以地区的行政区域边缘来界定，即自治权是在一定空间内行使的自主权利。

由于我国家实行的是民族区域自治体制，既不是单纯的民族自治，也不是单纯的地方自治，是民族自治与地方自治的有机结合。如何理解呢？就是这个区域的居民不是由单一民族构成，而是多个民族共同的世居地。因此，自治权的性质就具有双重性，既有自主地管理本民族内部事务的权力，又有管理本地方事务的权力，是民族自治权力与地方国家权力的叠加。因为，自治机关既是实行区域自治的民族的自治机关，又是一级地方国家机关。

自治权作为一项公权，具有双重性，它的理据是什么？即其法源在哪里？这是就从法理学去探寻，去确立自治权的学理根据。我认为，自治权的法理学渊源：一是公平与正义原则；二是平等与自由原则；三是发展权原则。

公平与正义原则，是人类社会的一个普遍原则。社会发展史表明，人类社会的进步并不是齐头并进、同步发展的，在种种条件的限制下，各个民族的社会发展呈不平衡状况。反映在规模上，各民族有大小之；反映在发展上，各民族有发达与欠发达、富裕与贫穷之分，这是全球范围内的普遍现象。中国各民族的发展状况更具典型性，地理环境与人口禀赋的差异，不仅汉族与少数民族之间存在发展差距，就是各少数民族之间甚至一个民族在不同地区之间也存在很大差距，发展不平衡是中国的基本国情之一。这是几千年历史车轮造成的结果，弥合这个差距需要时间与汗水。因此，公平原则不仅客观上要求对于同一类型的事情同样处理，而且主观上要求对于不同类型的事情也要区别对待。

遵循这一原则，少数民族作为地球公民的一部分、中国多民族大家庭的一员，首先各个民族都享有平等权利，这要求消除民族之间的不平等与歧视；其次，不能因为少数民族人口居于少数，使其在社会生活中与权利享有上处于不利地位，“使各少数民族在享受民族平等权利时，不能不在事实上受到很大的限制”。〔1〕对于少数民族具有特色的传统文化、语言和宗教习俗应得到国家的保障，逐步缩小各民族间的发展差距。宪法赋予民族区域自治地方的自治权就是这一原则的具体体现。“在我们这个多民族的而且汉族占人口绝大多数的国家，必须让少数民族真正地充分实行民族区域自治，才能充分保障民族平等权利，巩固和增进民族团结。”〔2〕如果把所有民族都置于同一水平、同一起跑线，平均地分配各种权利和义务，一视同仁。看似公平，实际上失去了正义的基础，非正义也是非公平的。

罗尔斯的《正义论》一书中提出了两个公平正义原则：“第一个原则：每个人对其他人所拥有的最广泛的基本自由体系相容的类似自由体系都应有一种平等的权利（平等自由原则）。第二个原则：社会的和经济的不平等应这样安排，使它们被合理地期望适合每一个人的利益；并且依系于地位和职务向所有人开放。”第一个原则是平等自由的原则，第二个原则：社会与经济的不平等应这样安排，使它们：（1）在与正义的储存原则一致的情况下，适合于最少受惠者的最大利益（差别原则）；（2）依系于机会公平、平等的条件下职务和地位向所有人开放（机会的公正平等原

---

〔1〕 李维汉：《统一战线问题与民族问题》，人民出版社1981年版，第508页。“有关民族政策的若干问题”（1951年12月21日在中央民族事务委员会第二次委员扩大会议上的报告大纲）。

〔2〕 同上注，第738页。

则)。[1]罗尔斯上述两个原则的基本精神，是平等分配各种权利义务，使之尽量平等地分配社会合作所产生的利益和负担，坚持各种职务的地位公平向所有人开放。只允许那种能够给最少受惠者带来补偿利益的不平等分配，任何人或团体除非以一种有利于最少受惠者的方式谋利，否则就不能获得比他人更好的生活。不难看出，这两个正义原则不仅导致平均主义的倾向，而且还导致自由和平等的冲突，为了保证平等，就有可能减少自由。罗尔斯也注意到了这一点，因此又规定了两个“优先”原则，以适应冲突发生后的情况。这两个优先原则是：第一个原则优先于第二个原则；而在第二个原则中，机会公正平等原则又优先于差别原则。正义是权利的逻辑基础，指“正当”“应该”等。享有一项权利就意味享有一种正当的利益，意味着有资格提出关于该种利益的要求。履行一种义务，就意味着按照正义的要求，提供某种作为或不作为。因此，当施莱格尔看到一个落后的民族要同化于一个胜利的高级民族（意即法兰西）时，愤慨地指出：这是不道德的，是对另一个民族的侵犯，因为“一个民族的原始道德特性、它的风俗、它的特质必须被看作神圣的”。[2]

平等与自由原则，是一项基本人权原则，是民族立法必须贯彻的原则，是确立自治权的重要法理学基础。民族平等和自由是对民族压迫和民族歧视的否定，“保障各少数民族享受民族平等权利，即在一切权利方面实行民族平等；实行民族的区域自治和

---

〔1〕 参见[美]约翰·罗尔斯：《正义论》，中国社会科学出版社1988年版，第56~60页。

〔2〕 [美]汉斯·柯恩：《浪漫主义与德意志民族主义的兴起》，第460页。转引自李宏图：《西欧近代民族主义思潮研究》，上海社会科学院出版社1997年版，第222页。

民族民主联合政府政策……"[1]这是宣告新中国成立前，中国人民政治协商会议共同纲领所确定的，新中国人民政府解决国内民族关系的基本原则。并且在党纲和宪法中多次庄严地昭告于世界，成为了我国一项重要的宪法原则。在现代社会中，平等权是实现法治的基础，舍此难以实现真正的平等。法律平等实质上既包括权利的平等，又包括义务的平等。任何公民都要与其他公民一样，平等地享有权利，平等地履行义务，不允许有任何因地位、身份、民族、职务的不同而享有特权。人人生而平等也包括民族的平等，自治权的授予是对人类这一基本权利的尊重。社会主义民族关系的基本原则，只能是民族平等原则，少数民族实行民族区域自治，享有自治权就是源于这一原则，也体现了这一原则。自由权是基本人权，在个人权体系中占有突出地位。自由权是任何人的一项基础性权利，没有自由，其他权利无法获得。自由权是平等权的基础，没有自由，就没有平等；享有平等，必然有自由。对公民个人如此，对民族也是如此。

发展权原则，是自治权的另一个法源。发展是第一要义，民族不平等是根植于民族间发展的不平衡。建立民族区域自治制度，授予自治机关自治权就是使自治机关能够更好地制定符合本民族、本地方实际情况的方针政策，促进各少数民族社会、经济、文化等方面的全面发展，达到各民族共同繁荣的目的。促进少数民族社会经济全面发展的原则，在新中国成立那一天起，就是中国共产党和中国政府民族政策的一项基本原则，"当民族区域自治和民族民主联合政府已经普遍推行，民族平等权利已在各方面

---

〔1〕 李维汉：《统一战线问题与民族问题》，人民出版社1982年版，第509页。

实现，还不等于根本地解决了民族问题。民族问题的根本解决，有待于改变历史上遗留下来的各民族在政治上、经济上和文化上的落后状态……中华人民共和国的民族政策，不仅在于保障各民族在政治、经济、文化以及社会生活各方面的平等权利，而且在于帮助各少数民族发展其政治、经济和文化教育的建设事业，使能逐步地改变其落后状态，逐步地达到事实上的平等”。[1]可见，发展权是自治权的法源，成为中国民族理论与民族政策的基本原则之一。

当然，发展权作为一项国际法准则和一项不可剥夺的人权理论，是发展中国家提出，经联合国大会通过确认的。第二次世界大战以后，第三世界国家虽然获得了国家的独立，却仍处于贫穷和不发达状态。不合理的、不公正的国际经济秩序束缚着这些国家的发展，于是，改变旧的国际经济秩序，尽快发展各自民族经济和提高本国人民的生活水平，就成为发展中国家共同的强烈愿望。发展权的概念是在这种背景下产生的。

1975年联合国人权委员会第31届会议，广大第三世界的国家要求把实现《世界人权宣言》和《经济、社会及文化权利国际公约》中规定的各项经济、社会和文化权利等有关问题，列为人权委员会长期的优先议题。

1979年第34届联合国大会通过的34/46号决议指出：发展权是一项人权。平等的发展机会是各个国家的天赋权利，也是各国国内个人的天赋权利。从此，发展权开始得到国际社会的关注，

---

〔1〕 李维汉：《统一战线问题与民族问题》，人民出版社1981年版，第516页。李维汉在1951年12月21日在中央民族事务委员会第二次委员扩大会议上的报告大纲。

并成为人权领域里的一项具有重要意义的新议题。

1986年12月4日，第41届联合国大会通过了《发展权利宣言》，“确认发展权利是一项不可剥夺的人权”，使之成为一项国际法原则。

《发展权利宣言》明确肯定发展权既是一项个人权利，也是一项国家或民族的集体权利。

发展权是公民的政治、经济、社会和文化权利的全面综合，不能片面地将发展权解释为仅仅是个人的权利。

作为联合国的常任理事国，有责任承担国际义务，中国政府一贯重视发展权问题，积极参与促进发展权的各项活动。因此，法律赋予民族自治地方自治机关的自治权，就是落实少数民族发展权的体现，只有少数民族充分享有自治权，才能根据本民族、本地方的实际情况，加速发展少数民族地区经济、社会和文化建设事业。这是当代国际法原则赋予自治权的新内容，因而发展权成为自治权拓展的新法源，这应该纳入我们研究自治权法理基础的视野。

从国际社会确定的国际法准则与中国宪法和民族区域自治法来看，自治权是国家赋予实行民族区域自治民族的一项特有的权利，同时也是一项少数民族的基本人权。在主权国家里具有国家主权的属性，是一种“权利与权力”，是自治机关的权利，也是国家权利与自治机关的权利的有机结合。因而，是一种“法定权”。

所谓法定权，是指自治权的设制、内容、范围是由法律规定的。如果超出权限，属于无效或违法。自治权的原则是由宪法规定的，自治权的权利义务是由民族区域自治法规定的，自治权的行使也是按法律规定的程序实施的。

（三）自治权与民族平等原则

马克思主义民族观的基本原则，就是民族平等原则，也称民族平等权。《中华人民共和国宪法》序言第4条载明："中华人民共和国各民族一律平等"，民族平等成为一项宪法原则。这样，民族平等原则就成为民族区域自治制度与自治权确立的基本原则。可以说自治权是民族平等原则的直接体现，二者具有因果关系。

从学理上探讨，法学的权利平等原则是民族平等原则的来源，权利平等是基本人权。权利平等原则又源于平等权思想。于是，由人的基本权利发展为民族的基本权利，主体由自然人延伸到民族共同体，这一发展的脉络非常清晰。

最早，平等权作为一项天赋权利，渊源于古代的自然法思想。古罗马时期，著名的政治家、雄辩家和法学思想家西塞罗，以永恒、普遍的自然法则为前提，导出人类自然平等的人权观念。在他的著作《法律篇》中提出："我们所谓的人是具有充分理性的动物"，而理性为上帝和人共有的第一份财富。因为"正当的理性就是法律"，所以"人和上帝共同具有法"。其结论"就把共享法律的人们看作同一国家的成员"。这里所指的法律是"自然法"，所指的国家是"世界国家"。这就是说，只要在"世界国家"的大家庭里共同服从"自然法"的任何人，不论其原来的国别、种族、社会地位即使是奴隶，也都是"与上帝共同具有理性"的公民。虽然人们的知识、财产各不相等，但他们却都共同具有"理性"这一最大的财富。这种理性使他们的心理状态相同，使他们判断光荣与耻辱、善与恶相同。西塞罗认为，人与人之间种类上是没有差别的，“人之所以超越禽兽，是因为人共同具有发达的智力，能以进行推理、判断、直至取得结论的本能”。因此，每一个人都具有人类一分子的尊严，而且人与人之间在“真正的法律”面前是平等的。从此，平等权就经历了一个由平等权利思想，到当代世界大多数国家接受的宪法规范与权利原则的过程。[1]

继西塞罗之后，继续探求人类自由平等的自然权利，并寻求其理论根源的，而明确提出平等权的是思想家洛克和法国的启蒙主义者。他们认为人人生而平等。尤其是1776年杰弗逊等为美国独立战争后起草的《独立宣言》，正式把平等思想归纳为国家的主导思想：“我们认为这些真理是不言而喻的：人人生而平等，他们从造物主那里被赋予了某些不可转让的权利，其中包括生命权、自由权和追求幸福的权利。”之后，1789年法国的《人权与公民权宣言》公开宣称：“在权利方面，人们生来就是而且始终是自由平等的”，“法律对于所有的人，无论是施行保护或处罚都是一样的。在法律面前，所有的公民都是平等的。”此后，各国宪法都相继接受并承认了平等权。

资产阶级在反对封建专制统治与封建等级特权斗争中，最锐利的思想武器就是平等权。在政治上，取代封建专制统治的是民主共和体制；从阶级力量对比来说，资产阶级的力量已经空前壮大，成为领导时代前进的先进力量；就公民个人而言，有了“与生俱来”的自由权利，人民的自由成为一种现实。埋葬了封建等级

---

〔1〕 参见法学教材编辑部·西方法律思想史编写组编：《西方法律思想史资料选编》，北京大学出版社1983年版，第66～68页。

与特权，使每个人都享有了过去所无法享有的自由和权利，公民一律享有了参政、选举的权利等。总而言之，平等权的诞生，不仅改变了资产阶级的整体利益，也使每个人的精神财产和人身自由都获得了解放。

伴随工业社会的来临，资本主义生产方式不但需要经济上的自由竞争、平等发展，同样也需要政治上的自由和平等权利，这些都有利于资本主义经济和民主政治的发展。这样，无论经济上还是政治上，都需要一个平等竞争和公平发展的机会。因此，机会平等，也是平等权在现实政治、经济领域里的一个重要含义。

宪法对平等权的规定，本质上是为资本主义自由发展，奠定了一种能够充分发挥资本主义政治、经济特点和公民个性解放的权利原则和基础。

当平等权作为一种天赋权利提出时，它只是一种思想和观念。当资产阶级革命把这种平等权思想变成宪法规范及其权利时，它已经被赋予了一种法律含义，即成为一项名副其实的法律权利。所以，我们所指的平等权是法律上的平等权利，不是指思想观念中的天赋平等的权利。在学理上，我们可以从自然法去追溯西方平等权的思想渊源，但真正能够对人们起到约束作用并具有实际效力的，是近代法律上的平等权利。

平等权利在法律上有着三种蕴意：一是指一切公民依法享有平等权利。在现代国家里享有平等权的公民也包括法律规定的其他权利主体，如外国公民、侨民、法人等，这些主体都能平等享有公民的各项权利，不容许任何人超越权利范围行使特权，在权利面前人人平等。二是国家及其政府，保障公民同等地享有各项权利与待遇。也可以说，保障公民权利是国家和政府的义务与责任，不允许任何国家机关或政府部门歧视或以不同等的举措，对待公民行使权利。三是平等权不仅指公民平等地享有权利，也包括公民平等地履行义务，这是构成权利的两个部分。在任何一个社会形态里之所以出现特权、出现不平等，就在于权利与义务之间的分离与不一致，把一切权利赋予一个阶级，几乎把一切义务推给另一个阶级。法律上的平等权利，不允许任何人享有特权，所有人都平等地履行其义务，从而确保了权利的平等行使和权利义务的一致性。总之，平等权利三层面的内容才能构成这一法律原则全部含义。它既约束公民平等地享有权利，诚实地履行义务，又约束一切国家机关都平等地对待、处理和保障公民享有的一切权利，又平等地约束所有公民依法履行其义务。权利和义务的统一是法律原则，不是其他任何道义或道德原则。因此，该项原则的实施具有法律约束力，也受到宪法保障。平等权的这种法律属性也表明了作为权利原则的法律特征。

平等权作为一基本人权，民族平等原则就来源于此。从广义上，民族平等是指民族间的平等，也包括种族、家族、血统、归化人、外国人、少数民族等的一律平等。一些国家在宪法中，将民族与种族的概念分开；在实际语境中，二者是一个同义词，有时二者也同时使用。尽管民族和种族在人类学意义上是不同的，但从平等原则上看，两者是一样的。不论哪个民族或种族，也不论其大小、强弱以及肤色，在法律面前一律平等。

中国是一个统一的多民族国家，在这块土地上，文化多元、各族共处，自古如此。从1949年《共同纲领》开始，到1954年第一部宪法以及现行的1982年宪法，都明确规定了民族平等的原则。

在中国，作为宪法原则，民族平等具有以下含义：

一是民族不分大小、人口多少，以及社会、经济和文化发展程度的差异，均一律平等。国家采取一切措施促进各民族的共同繁荣和发展。

二是维护各民族团结、平等，既反对大汉族主义，也反对地方民族主义。

三是保障民族自治地方自治机关充分行使自治权，对少数民族和民族自治地方等，实行特殊的政策，使各民族根据本民族、本地区的特点发展自己的经济文化事业。

四是各民族一律平等地享有政治权利。不论人口多少，都有代表参加全国人民代表大会和各级地方人民代表大会，行使当家作主的权利。各民族在中央和地方的国家机关中享有同等权利。

由此可见，自治权源于宪法原则，是民族平等的具体体现，没有民族平等，也就没民族区域自治制度，当然也谈不上自治权，皮之不存毛将焉附。只有自治机关充分行使自治权利，才能根据本民族、本地方的特点，发展经济文化建设事业，调动各民族公民的创造性与积极性，逐步缩小与发达省区的差距，促进各民族共同繁荣。这是消灭差距，真正实现民族平等的最有效的途径之一。

二、国家主权与自治权的关系

在现代社会里主权与自治权是两个不同的概念，但不能排除二者之间的联系。主权国家没有出现前，各民族群体的自主管理治权就具有主权的属性，它是民族群体不容侵犯的最高权力。“主权国家出现后，这一权力让渡于主权，属于主权统领下的自治权，即自治权服从于主权或主权管辖自治权。自治权虽然是主权的下属概念，但自治权含有主权的一些内容，即主权授权于自治权行使一部分主权，其前提是不得损害与削弱主权，主权对自治权具有否决权。”[1]

（一）国家主权

国家主权，是国家的标志与重要的属性，是国家固有的权力。国家主权对内表现为最高权，对外表现为独立权与防止侵略的自卫权。主权原则是国际法确认的一项普遍的宪法原则。主权理论与主权思想，是近代启蒙思想家一直热议的话题，这些思想家都留下了大量的言论和不朽思想，至今仍然大放异彩。

奥斯丁“借助主权这个概念，把实在法与仅仅是实在道德的那些规则区分开来。在他看来，实在法是由主权者所制定的，而实在道德则不是。后者在他看来只不过是实在的道德规范。主权是某个特定个人或团体的属性，对于这个人或团体，社会上的大部分人都习惯地遵从之，而这个人或团体本身则习惯上不服从任何其他的个人和团体。在这种社会中，主权者有最高的立法权。”[2]由此可知，主权是属于国家的最高权力，它具有绝对的排他性和唯一性。主权不受任何权力的管辖、侵犯和控制，主权归属于国家，是不可分割与转让的。

最系统的表述莫过于16世纪末的博丹，在他1576年出版的《国家论六卷集》一书中，把“国家”作为独立权力的载体，拥有主权。国家是既不同于统治者，也不同于人民的权力载体。他认为国家形成之后，由主权寄寓方式不同，分成了不同的政府形式：

---

〔1〕 张文山：《论自治权的法理基础》，载《西南民族学院学报》（哲学社会科学版）2002年第7期。

〔2〕《牛津法律大辞典》，光明日报出版社1988年版，第842页，“主权”目。

君主制主权属于国王，贵族制主权属于议会，主权属于某种公共团体，则是民主制。这样，形成了国家与政府截然分开的两种权力。国家的权力始终是“不可分割的和不可转让的”，绝对不能将国家权力与国王及政治官员所拥有的权力混为一谈。博丹把国家看成是一种独立的，又非人格化的政治组织或政治权力。他是在此基础上，提出了“主权”的概念，作为探讨的出发点。他认为，“人的本性所要求的生活基本需要，使人们组成家庭，家庭是人类社会联系的首要的和关键的形式，是最合乎自然的社会组织”。在社会进化过程中，随着时间的演进，一些家庭为了彼此的利益结合起来，形成了松散的联合体，当这种松散的联合体承认了一种最高权威时，国家便形成了，这个最高权威即为主权。家庭是“国家和它的一系列原则的真正的起源”，如同家庭要靠家长的至上权威才能正常活动，国家也只有依靠国家主权的绝对权力，才能顺利运转。因此，主权是人的创造，是在人们共同的社会需要，如安全、秩序、利益、保护等需要中产生的。这一杰出的论点，是博丹学说最光辉的贡献。

主权是国家的标志，没有主权，国将不国。“博丹认为，主权是不受法律约束的，对公民和臣民进行统治的最高权力，它是至高无上的、绝对永恒的。”[1]主权作为至高无上的权力，它体现为主权者可以任意支配人们的财产、生命和整个国家。所以，国家的合法化，就在于法律反映了国家的主权，通过国家法律所体现的主权，保证了政治社会的秩序和统一。对主权来说，它在权限、

---

〔1〕 [英]J.W.艾伦：《16世纪政治思想史》，第412页。转引自李宏图：《西欧近代民族主义思潮研究》，上海社会科学院出版社1997年版，第47页。

职能和时间上不受限制，也不可分割。由于主权属于国家而不属于政府，因而主权是永恒的权力，是国家之灵魂，是国家存在的根本，不论政府的形式怎样变化，国家主权依然存在。

博丹的主权理论刚一发表，就为大多数政治理论家们接受。16世纪80年代，加布里埃尔·哈维曾说过："当你走进任何一个学者的书房，十有八九会发现他不是在阅读勒鲁瓦论述亚里士多德的著作，就是在阅读博丹的《国家论六卷集》。"[1]由于他的主权理论摆脱了道德的论证和神学的色彩，其理论已经属于近代国家观念的范畴。作为论述国家主权理论的第一人，为日后民族国家的兴起，创立国家权威奠定了理论基础。

主权国家出现后，如何能使国与国之间和平相处，确保国家主权不受侵犯，就成为面临的问题。对此，格劳秀斯在其《战争与和平法》一书中，从国际关系、国际法的角度探讨了国家主权问题。他指出，主权即国家的最高统治权，主权的行为不受另外一个权力的限制，它的行为也不是其他任何人的意志可以视为无效的，国家主权者即国家本身。由此出发，格劳秀斯认为，在国与国之间的关系上，不应以强力只应以法律即国际法为基础，而国际法的准则只应为正义和公理，以此来确保每个国家的主权不受外来权力的干涉和侵犯。[2]格劳秀斯从对外主权理论，丰富了主权学说。

任何思想理论的提出，都是植根于社会的迫切需要，都是时

---

〔1〕 [英]昆廷·斯金纳：《现代政治思想的基础》，求实出版社1989年版，第575页。

〔2〕 参见[荷]格劳秀斯（Grotius H.）：《战争与和平法》，何勤华等译，上海人民出版社2005年版，第87～88页。

代呼唤的结果。在16世纪的法国，主权理论之所以得到更进一步的发展，其亦源于此。从15世纪末法国实现了政治统一以来，法国政治权威的基础还没有稳固，国王的权力受到各方面的限制与挑战。特别是开始于16世纪60年代的宗教内战，国家陷入了混乱状态。此时的法国迫切需要一种权威，来重整国内秩序，实现社会稳定。在这种社会背景下，国家主权理论得到了长足发展。对此，帕尔默直言不讳地指出："主权专制主义和主权国家的观念是在法国宗教战争的混乱中萌生发展的。"[1]

主权是国家的最高权力，主权是构建在什么基础之上？主权体现的是国家利益，国家利益又是构建在什么基础之上？这是当时主权理论必须要回答的问题。于是，启蒙思想家们根据自然法和社会契约理论，提出了"主权在民"的思想。人民同意是君主权力建立的基础，人民的权力处于君权之上，最高主权只能是体现这个共同体人民的共同意志，人民才是真正的最高主权者。卢梭社会契约的理论认为，人们从自然状态过渡到社会状态时，达成了最初的约定。一约定结成时，从前分散于世的个人，凭借一种共同的联系（利益、自由等关系）结成了共同体，代替了每一订约者的个人。通过这种结合，使每个结合者毫无例外地成为共同体的一个成员，他们的意志形成了共同体的共同意志，并成为最高主权。卢梭说："我们每个人都以其自身及其全部的力量共同置于公意的最高指导之下，并且我们在共同体中接纳每一个成员作为全体之不可分割的一部分。"[2]在他眼里，国家就是所有成员

〔1〕 [美]帕尔默·科尔顿：《近代世界史》，第131页。转引自李宏图：《西欧近代民族主义思潮研究》，上海社会科学院出版社1997年版，第46页。

〔2〕 [法]卢梭：《社会契约论》，红旗出版社1997年版，第23页。

的一种约定，是个人意志的产物，是人们摆脱自然状态，趋向于过社会生活的一种意志所联结而成的。人民由约定结合成国家是根据理性的召唤、自由的指引。国家构成的基础，不是由许多不平等的阶级，而是由具有相同权利的独立的公民构成。每一个个体的自由和幸福就成为国家存在的基础和目的，人民主权成为促进共同体牢固结合的核心，使所有人紧密团结在一起。因此，公共意志就是在所有个人意志的基础上形成而作为普遍的最高律令，国家是通过公意来表达自我和作为最高主权。公共意志不同于个人意志，是整个共同体意愿与利益的表达，也体现并代表了每个个体的愿望、诉求和利益。所以，公意的合法性，在于它能表达每个个体的理性、自由和平等。否则，就是无效和空洞的。主权之所以是不可分割与不可转让的，在于国家是植根于全体人民之中。主权是一个内化了全体人民公共利益的国家最高权力。难怪卢梭曾说过："国家创制的目的，即公共幸福"，"公意永远公正，而且永远以公共利益为依归"。[1]主权只能是归国家享有的权力。

正因如此，现代国家政权确立后，都会在宪法中确认主权在民的原则。从1789年法国的《人权宣言》到1919年德国的《魏玛宪法》，直到第二次世界大战以后，所有民主国家无一不在宪法中明确这一原则。

然而，进入20世纪以后，主权绝对理论开始不断受到了挑战，一些学者提出了"主权相对性"的原则。"二战"以后，国际交往和国际间互相合作的密切，促进了全球化的进程，当代许多国家

---

〔1〕 [法]卢梭：《社会契约论》，红旗出版社1997年版，第69页。

的主权，实际上受到他们缔结的国际协议、国际法以及道德的限制。有些国家在宪法确认的对等条件下，对本国主权作出必要的克减。如随着欧洲一体化进程，成员国都确立了欧洲共同体法优先于国内法的原则。学者们认为："限制主权是立宪主义的必然结果"，甚至认为，"世界上所有国家……现在都处在把限制主权作为必须解决的一个问题的历史时刻"。[1]总之，全球信息化时代的到来，必将对主权理论提出新的要求。

（二）自主权与自治权

自主权与自治权有着紧密关联性的概念。从某种意义上可以说，自主权体现着自治机关行使自治权的能力与程序，自治权是自主权行使真实与否的验证，是自治权行使的理性基础。

从学理上讲，自主权是一种不受外来干涉或强迫决定的主观行为与能力，自主地决定行为和自主地享有权益与承担义务的权利。它一方面表现为一种行为，另一方面又表现为一种能力。当它是一种行为时，是指行为主体的行为是否是受外力影响的行为。就自治权而言，是指自治权是否自主地行使。当它是一种能力时，是指行为主体是否具备独立享受权利和承担义务的能力。就自治权而言，就是有无行使自治权的能力。

自主权的早期讨论，是和人的自然理性联系在一起的。在古希腊时，就提出了这样一个命题：由谁来捍卫自己的利益、由谁来维护自己的价值和尊严呢？是靠英雄、上帝、圣哲、宗教、国家，还是靠自己。在古代西方哲学中，对英雄、圣哲、上帝、宗教

---

〔1〕 [日]长谷川正安：《八十年代和宪法的一些问题》，载《法律时报》（日文版）1981年5月号。

以及国家的尊崇占据主导，他们的意志被宣布为自然法的体现或直接宣布为自然法。然而，还有一种不同的思想传统在顽强地生长与延续着，这就是人的自治观。自治观认为，个人的利益、尊严是与个人的要求、能力和自由相联系的，行使权利的要素在逻辑上得以形成。于是，自然法便开始与个人权利结合。自然法对民众来说，逐渐由自然义务变为自然权利。

人的自治观，就是人的自主权，而人的自主能力则来源于人的理性。希腊先哲最早提出了自然理性的概念，认为凡是有理性的动物，可以凭借理性去认识自然。而人的理性则是由人之外的东西规定着的。人并不是一个独立的自在自为的存在物，既是自然秩序的一部分，又是社会秩序的一部分，理性使他能够认识和服从这两种秩序。因此，在柏拉图、亚里士多德那里，理性的概念是用来建构城邦社会的等级秩序。伴随城邦社会的解体，公民们维系在一起的社会联系遭到破坏后，个人独立的概念才开始出现。追求个人自足和个人幸福，成了希腊后期哲学的一个显著特征。大家在宣扬人人自由平等和人类大同时，突出个人的社会独立性，伊壁鸠鲁认为：神与人的生活，与人的幸福全然无关，“神的祈求是徒劳的，人自己能够满足其需要”。[1] 人的道德生活取决于人自己，人凭借自己的力量可以达到最高的善。他从原子论的自然观出发，认为原子既有必然运动，也有自由运动。因此，人依靠自由意志去选择自己的行为，以追求最快乐的生活。

---

〔1〕 [英]西里尔·贝利：《伊壁鸠鲁现存著作》(1926)，第115页。转引自章海山：《西方伦理思想史》，辽宁人民出版社1984年版，第117页。

在中世纪基督教的思想传统里，原罪说、预定说、救赎说、天国说等占统治地位。在神学意义上，虽然在上帝面前，每个人都是平等的，但他们不可能主张自己的权利。如果一个人犯了死罪，他就丧失了最终对于一切永生的权利，从而得到永劫的惩罚，这是理所当然的。然而，基督教在中世纪里，却始终存在一股自由意志论的强劲逆流。早期有与奥古斯丁的神学预定论相对立的斐拉鸠斯的自由意志论。他拒绝原罪论，认为人生来并无善恶之分，亚当犯罪是他自己的选择，这个罪恶不能代代相传。后人倘若犯罪，也是他自己选择的结果。人是有自由意志的，自由是上帝的赐礼。人有选择自己行为的自由，可以凭借自身的力量获救，无需救世主，也无需教会的拯救和帮助。其后，又有阿伯拉尔的自由意志论，主张个人的意志完全自由，善恶出自人的意志。他勇敢地抵抗教条的权威，大声疾呼“先理解，后信仰”，反对“先信仰，后理解”。这些精神自主的火花，成为启迪近代思想自由权利的先声。

先哲们对自主意识的不懈探索，使我们理解，自主权的内涵就是理性和意志自由。用法律的语言表述，所谓理性和意志自由，就是行为能力。只有具有理性，意志才能够自由，才能够自主决定自己的行为。

这样，自主权与自治权之间的关系可以这样表述：自主权的本质是体现行为主体的行为能力，即能否具有认识和服从客观自然法则的能力。从法理上讲，自主权的行为主体，可以是自然人，也可以是法人。那么，就自治权而言，行使自治权的行为主体是自治机关（是公法人），其自主权的反映，一方面是自治机关是否具有依照宪法、民族区域自治法和其他法律规定的权限，根据民族自治地方的实际情况，自主地管理本地方、本民族事务的能力。可见，能否拥有自主权，是自治机关是否具有行使自治权的能力的标志。如果没有行为能力（自主权），就不能行使自治权。如文化大革命期间，民族区域自治制度遭到了破坏，虽然1975年宪法也规定了民族区域自治。但由于自治机关不能自主地行使权力，也就是抽去了自主权，自治权自然也名存实亡了。另一方面，自主权是自治权行使能力或程序的体现，即自治机关在行使自治权的过程或程序中是否独立自主地行使，如《宪法》第117条规定：属于自治地方的财政收入，“都应由民族自治地方的自治机关自主地安排使用”。第118条规定：自治机关在国家计划的指导下，“自主地安排和管理地方性的经济建设事业”。同时，自治权是行为主体拥有自主权的结果验证。〔1〕

三、政体理论及中央与地方权力划分的一般理论

民族区域自治制度的完善，本质上是一个政体问题，即中央与地方的关系，核心是中央与地方事权的划分，即分权事宜。不同政体的分权模式不同，其权力运行规则也不同。地方自治，则是现代世界各国普遍实行的中央与地方分权的一种国家制度。

一个国家采取什么样的政权结构形式，要受多种因素的制约。其中最主要的因素，则是该国居民的民族构成，各政治团体的力量对比。恩格斯在研究国家起源时指出，国家同氏族、部族这类早期社会组织的第一个区别就是，“按地区来划分它的国

〔1〕 参见张文山：《论自治权的法理基础》，载《西南民族学院学报》（哲学社会科学版）2002年第7期。

民”。[1]由于初期的国家形态规模较小，基本上是由部落组织演化而来，如早期罗马城邦国家和日耳曼人进入罗马后建立的众多“蛮国”。交往空间非常狭小，当然也不存在民族问题。随着人类文明的发展，社会生产力的进步促使经济生活联系的扩大。国家的规模越来越大，不断吸纳不同的民族成员。因而国家结构形式也变得日益复杂起来，出现了单一制、二元制的国家结构形式，二元制又包括联邦制和邦联制国家形式。

（一）地方自治

地方自治，是当今世界上一些主权国家，对地方行政单位所采取的一种管理形式，属于政体的范畴。在主权国家内，将部分领土划分为自治区域单元，由该区域的居民组成地方自治团体，行使自治权，自主管理该区域的行政事务。地方自治是地方政府的一种政治制度，是反映国家中央与地方关系的一种组织方式。一般认为，西欧中世纪的城市自治，是地方自治授权方式的直接来源，是自治权在内容与空间上扩张的必然结果，成为现代社会中央与地方分权的一种国家制度。

在欧洲，地方体制的雏形可以追溯到公元481年法兰克王国的建立。法兰克人在封建制度取代奴隶制度的过程中，在西罗马帝国的废墟上建立了封建王国。在瓜分罗马人土地时，实行了分封采邑制。以土地的层级分封为前提，形成了从国王到公爵、伯爵……直到骑士的等级制。各等级间结成领主与陪臣的关系，领主与陪臣的关系是分封采邑的基础，封建庄园是基本的组织单位，全西罗马帝国的土地均为领主占领，当时流行“没有无领主

---

〔1〕《马克思恩格斯选集》（第4卷），人民出版社1972年版，第166页。

的土地”的原则。一个领主就是采邑的世袭所有者，他是上级领主的陪臣，同时又是下级领主的封主，对于他下属附庸的领地没有干涉的权利。领主就是他自己领地的主宰，在领地内拥有军事权、征税权、行政权、司法权、铸币权等，充分享有在封建割据状态下的“自治权”。这种状况到中世纪后期，在主权国家形成的过程中才逐步消失。这种分封采邑制度，决定了地方体制是分立的、割据的。它的权力分配形式，不能说没有对以后的地方自治产生影响，地方自治理论中的“固有权力说”就源于此。只不过是自治权的性质发生了演变，本质的区别在于，封建采邑是领主个人拥有自治权，地方自治则是人民拥有自治权。

英国被认为是世界上最有地方自治传统的国家。爱尔兰人和苏格兰人为了改变1707年《合并法》（与苏格兰）和1800年《合并法》（与爱尔兰），从19世纪50年代开始，在英国就掀起了苏格兰和爱尔兰的地方自治运动。英国著名法学家史密斯，在1851年发表了《地方自治与中央集权》一书，从理论上对“地方自治”做了系统论述。对爱尔兰地方自治运动产生了极大影响。1870年爱尔兰成立了地方自治组织——地方自治协会，领导争取爱尔兰地方自治的运动。在爱尔兰地方自治运动的推动下，英国内阁于1886年和1893年两次提出了“地方自治法案”，但在议会均被否决。1912年，又提出第三个“地方自治法案”，该法案终于于1914年获得通过，但由于第一次世界大战而从未付诸实施。1920年英国的《北爱尔兰政府法》（“地方自治法”），把爱尔兰划分为有独立议会的北爱尔兰与剩余地区两部分。1921年，《英格兰——爱尔兰条约》给予爱尔兰以爱尔兰自由邦的名称，使其具有与加拿大自治领相同的地位，北爱尔兰享有放弃其选择的自由权。北爱尔兰行使了这项权利，于是地方自治在爱尔兰大部分地区得到了实现。[1]

随着资产阶级革命的胜利和资本主义制度的建立，地方自治这种管理地方的民主制度，在世界各国普遍建立起来，自治权与自治权的理论也随着地方自治的推行得到长足发展。

源于具体的历史传统和文化背景不同，各国按照各自的理论体系，在实行地方自治的过程中，构建了各具特色的组织结构与形式。采用普遍认同的分类法，地方自治可分“英美型”与“大陆型”两种。“英美型”是以英国最为典型，包括英联邦各国。“大陆型”则是法国为代表，包括德国、意大利、西班牙及南美各国。

“英美型”以“固有权力说”为理论基础，认为地方自治团体的权力是固有的，非国家让与的，这是由于地方自治团体先于国家而存在。因此，就如同个人的“天赋人权”一样，地方自治权是不可剥夺的。另外，美国学者对地方自治的研究，在相当长的一段时间内，是先从研究地区内政治结构着手的。主要代表是以浮罗德·哈特（Hunter）为首的学者，其基本理论分析框架是“地区权力结构分析”，认为美国的地区社会存在结构性的地区权力。以罗伯特·达尔（R. Dahl）为代表的学者则着眼于政府间的关系，认为是多元主义的政府权力结构。

“大陆型”则是以“权力让与说”为理论基础，认为地方自治是国家为了施政便利，将一部分权力分散到地方，而作为一种地

〔1〕 1972年3月24日，鉴于北爱尔兰地区两大民族的严重冲突，英国政府宣布暂时停止北爱尔兰“自治政府”的职权，由中央政府对北爱尔兰实行直接管理。由此又引发了北爱尔兰的民族问题，成为当代英国社会的重大社会难题。

方政治制度。固然地方公共团体先于国家而产生，近代主权国家形成后，将其置于辖制之下，如果承认地方公共团体的“自治权”与国家权力具有同等性质，势必要导致国家陷于分裂，使国家主权失去存在的基础。

在具体实践中，二者的区别主要表现在四个方面：

第一，权力赋予的方式不同。“英美型”地方公共团体的权力，是由国会的立法来确定。英国采用的是地方自治体制的单一制国家形式。由英国议会以立法形式，向各地方政府颁发特许状或制定自治法，来规定地方的自治权。一律采用“限度列举原则”，对地方自治权的权能作出明确规定，列举的主要是地方事务的立法权和行政权，具体是：(1)编制地方自治预算；(2)征收地方税；(3)发行地方公债；(4)维护社会治安，进行环境保护；(5)对娱乐、商业提供管理与服务。凡是未经英国议会规定的事项，地方政府无权管辖。如果地方政府认为需要增加其职能，需向英国议会申请。一些不属于自治权管辖的地方事务，则由增设国家的派出机关来解决。因此，在地方就形成了国家派出机关与地方自治组织并存的局面。“大陆型”则相反，地方公共团体被看成国家(或州)的下级机关，其权限直接由中央政府授予。法国地方政府在1982年前，有两种体制，即大区为行政体，省和市镇为自治体。1982年实行地方权力下放后，大区也改为自治体制。在法国，地方管理体系中，行政事务划分为国家(中央)行政事务和地方行政事务两种，中央驻地方的机构承担属于国家的行政事务，地方行政事务则由地方来承担，中央政府一律不加干预。此外，也可以通过“委托”“代理”的方式，将一部分中央政府职能，交给了地方政府管理。地方政府自治权的主要职能有：(1)兴办教育、文化、民生事业；(2)管理本区域的居民住宅；(3)负责市政建设；(4)提供各种社会服务；(5)负责公安和司法等方面和事宜。

第二，中央政府实施监督的方式不同。在英国，主要是由司法机构行使对地方自治组织的监督权(方式如前述市自治权的监督)。在“大陆型”国家，一般采取行政监督方式，中央各部门可以直接干预地方自治机构的行为。结果则是，地方自治组织享有的自治权，尽管在形式上较为详尽，但实际上自治权被分割得很小。

第三，自治机关的组织结构形式不同。英国的地方自治机构采用“议行合一制”，地方政府既是一个代议机关，又是一个行政单位，主要表现在议会的下属机关委员会的作用上。除教区议会外，地方各级议会都有若干个委员会，设置委员会的目的主要在于推行行政。从法律角度分，有“常设委员会”与“非常设委员会”。从分工角度看，有“常任委员会”与“特别委员会”。常任委员会负责处理日常行政事务，特别委员会负责解决某些具体问题。各级地方政府议会与委员会的关系是：各级议会对地方委员会授权，由委员会提出行政报告，在议会中作出决断。与其他国家的地方行政机构相比，英国地方委员会有较大的自主权，可以自行处理一些行政事务，议会只要求将处理情况如实报告。各级地方政府之间的纵向关系是：上级地方政府无权监督下级地方政府，它们之间不是上下级关系，只是伙伴关系。不同的地方政府的权力均由法律规定。只是教区议会例外，由于教区议会本身是由县议会审议的。因此，县议会对教区议会有较大的监督权和指挥权。“大陆型”国家则采用议决机关与执行机关相分离的体制。法国地方行政体制分大区、省、市镇三级，各级地方自治机构的设置是：大区在其首府设大区议会，大区议会主席既是议会召集人，又是为议会行使权力而设置的各机构的总行政长官。大区议会主席同国家驻大区代表建立会议制度，并根据内政部长的命令，批转大区行政长官所必需的职能。大区还设有协商机构——社会经济委员会，该委员会的职权主要是就国家在本区的有关文件、本区的计划项目、年度执行总结与预算方针等问题进行协商。大区还有共和国专员，作为大区的国家代表。由部长会议任命，负责国家在本区的利益，保证法律在本区的执行，并监督本区的行政管理。省设省议会和省委员会。省议会是地方自治的权力机关，省议会的职权与大区议会的职权基本相同。省委员会由议会选举议员4～7人组成，其职责是：监督省议员的选举；安排省议会的议程；起草省议会决议，并监督实施；决定公共工程的轻重缓急建设顺序；按受议会委托的其他事项。在1982年法国颁布《权力下放法案》前，各省设省长一人。《权力下放法案》颁布后，省长改为共和国专员，其地位不变，但权力大为减少。省长作为国家代表监督法律、法令和中央政府决定在本地区的实施，必须定期将本省行政工作的实际情况向中央汇报。市镇设市议会和市政府，前者是议决机关，后者是执行机关。市长是市的法人代表，是本市公务员的首长。

第四，自治组织的公职人员产生的方式不同。在“英美型”国家，所有地方自治组织中的公职人员都由地方依法选举和任命。“大陆型”国家，如法国等，一般是由中央政府任命地方主要负责人。

日本学者将世界各国的地方自治分为四类：

1. 单一国家的地方自治（发达工业国家）。

（1）集权式。

（2）分权式。

2.联邦制国家的地方自治（发达工业国家）。

（1）集权式。

（2）分权式。

3.社会主义国家的地方自治。

4.发展中国家的地方自治。[1]

在亚洲，日本是战后确立地方自治制度比较典型的国家，其自治权的形式，则兼取“英美型”与“大陆型”之所长，形成适合日本国情的地方自治。地方自治的实践带动了关于地方自治理论的研究，并具有一定影响。

日本的“地方自治”始于明治时期，由于“明治维新”是以德国为榜样改革的。所以，地方自治也是受德国的影响而接受“大陆型”的模式，基本上属于“团体自治”。第二次世界大战后，进行民主改革，地方自治又转向接受“英美型”的原则。可以说日本地方自治自治权的设计，是两大法系结合的产物。

现在日本的地方自治制度，是由1945年后《日本国宪法》和《地方自治法》规定的。《日本宪法》第八章关于地方自治的第92条指出：“关于地方公共团体的组织及营运事项，根据地方自治的宗旨，由法律规定之。”在日本《地方自治法》中写道：“本法律根据地方自治的宗旨，就地方公共团体的区分及地方公共团体的组织、运营等有关事项，规定大纲。”这里提出的“地方自治的宗旨”，是什么、如何理解？日本学者认为应从两方面把握。一方

〔1〕 参见[日]松村岐夫：《地方自治》，经济日报出版社1989年版，第1～2页。

面，涉及地方团体的行政，尽可能在所有范围内，让居民有参与的机会，最大限度地满足居民关心本地方公共团体运营的要求，赋予地方公共团体处理事务的权能；另一方面，把国家干预限制在最小限度内，充分发挥地方公共团体的自主性和自律性。这种居民自治与团体自治相结合而产生的组织形式，就构成完全意义上的“地方自治”，也是自治权划分的根据。[1]

中央与地方之间行政权限的划分，也就是地方自治权的确定，是地方自治制度的关键。日本地方的自治权是由《日本国宪法》《地方自治法》与其他法律规定的。宪法和自治法把地方行政权力划分为三部分，明确规定了中央与地方的权限。具体是：

第一，中央政府特有的权力。凡是关系到国家根本利益的重大事务，均属中央政府的权限，实行高度集中，地方政府无权干涉。主要是：国际事务、武装警察、外交、司法、邮电通讯、货币发行等。

第二，地方政府特有的权力。凡是关系到地方根本利益的行政事务，由地方政府自主管理。主要包括公共事务和行政事务，前者指市政建设、公共设施，如办学校、医院、建住宅等；后者指管理地方治安、维护公共秩序、消防、灾害等。

第三，中央与地方共有的权力。其是指由中央与地方两者共同负责管理，有共同利害关系的行政管理事务。如道路、桥梁的修缮、山川河流的治理等大型土木设施和维修事项，所需要的财政支出及其双方的职责。

日本地方政府与中央政府的财政权、外事权、人事权等方

---

〔1〕 参见邹钧：《日本行政体制和管理现代化》，法律出版社1994年版，第84页。

面，宪法和自治法都有明确的分工。此外，有一些中央政府的事项，按照“委托事务”管理的原则，交地方政府办理，如失业对策、国土综合开发、户籍管理和组织国会选举等。根据《地方自治法》的规定，地方政府行政长官有义务完成中央政府的“委托事务”。

日本属于单一制的国家，全国划分为都（东京都）、道（北海道）、二府（大阪府和京都府）、43县。县以下的行政区划是市、町、村。还有一部分称为“特别地方自治体”，即特别市、特别区等。按照法律规定，这些都、道、府、县、市、町、村及特别区都是各自独立的自治体，《地方自治法》对它们各自拥有的自治权和行政范围都作了明确规定，各自应负责的行政事务也有详细的划分。

《地方自治法》规定，日本的地方自治机关，由地方行政机关（地方自治政府）和地方议会两部分组成。地方自治机关的构成具有两个特点：（1）立法机关的“议会”和执行机关的“首长”，都是由居民直接选举产生，双方各自分享一定的权限，通过互相制衡达到地方自治体的正常运行。（2）执行机关除首长以外，还设有数个具有一定相对独立地位和权限的行政委员会，采取多元主义方式，以防止权限的过分集中和首长的专断化，致使自治权的滥用。

行使自治权的主体是地方政府和议会。日本地方自治政府具有双重性，既是地方行政机关，又是中央政府的委派机关。其职权是管理地方财产权，处理有关经济和福利事务权，执行行政权。可以在法律允许的范围内制定行政管理条例，但没有司法权。地方自治政府管理事务的内容，分“固有事务”和“委任事务”二种。“固有事务”是指处理地方居民的一系列有关事务，“委任事务”是指受国家委托处理的有关事务。地方议会是自治体的立法机关，其权限是：(1)可制定和修改国家允许的有关本地方的法令、条例，有法案审议权。(2)对地方行政执行机关和行政长官的工作进行监督。(3)对本自治体的公共事业具有向有关部门提出意见和建议权。(4)对执行机关持有调查权。(5)有管理和参与人事的决定权。

日本地方自治体的行政机关与议会之间的关系，是自治体内的一种横向结构的分权制衡关系，即行政与立法关系。一般是行政长官的权力大于议会权力，行政长官有权向议会提出立法议案，通过的议案必须要送交行政长官签署，方可发布。尽管议会可以通过对地方政府的不信任案，迫使行政长官辞职，行政长官自接到不信任案之日起，在10天之内，有权宣布解散议会。如果议会通过的议案与行政长官发生异议时，行政长官自接到议案之日起，在10天之内，有权向议会提出复议，只有重议的议案获出席议员的2/3多数通过，方可生效。如果议会仍坚持其议案，行政长官则可向法院提出申诉。

另外，日本的中央行政机构(内阁)设置有自治省，主管地方自治事务。其职责是：行使对地方自治的行政、人事、财政等监督权；制定有关地方自治和公职选举方面的制度，并指导地方自治政府执行；负责中央与地方自治政府之间的联络事务；处理有关消防事务等。[1]

---

〔1〕 参见[日]礒崎初仁、金井利之、伊藤正次：《日本地方自治》，中国科学文献出版社2010年版，第66～69页。

随着日本地方自治制度的不断完善，对地方自治与自治权的理论研究也逐步深入，日本一些学者提出了“日本地方自治发展假说”的理论，认为日本地方自治是经历了三个阶段，才发展到今天的。第一阶段是中央官僚制，使用行政制度（机关委任）、财政制度（补助金和特别付税）、人事制度（上面指派）的手段，形成集权式的中央与地方关系的结合构造时期。第二阶段是利用这种结合构造，中央省厅为了经济增长目标，要求地方协作，地方响应这一要求的时期。这是地方开发的时代，与第一时期出现的构造发挥了相同的机能。但是，地方开发仅仅是服从中央的命令是不够的，地方必须要根据自己的计划来积极进行，产生了对地方问题的关心。例如，以农村为基础的国会议员团体，将“修正地区差别”议案加进了全国综合发展计划。这反映了地方上存在希望开发的政治意识，地方政府在这一阶段已在相当程度上政治化了。第三阶段是以反对公害的居民运动和革新自治体为代表的时期。革新自治体在防止公害、提高福利方面做出了很大贡献。这一时期所谓对立，主要是“中央保守与地方革新”的对立。这阶段地方开始向中央提出更多的要求，地方上要有足以能对立的政治潜能，才能向中央抗衡。20世纪60年代中期以后，作为地方上能利用的政治潜能，有当地选出的国会议员。当地选出的国会议员在此之前，在向中央转达地方利益方面起了重要作用。但是，从这一时期开始，执政党与官僚制度相比较，扩大了在政策形成中的影响力，成为更加有用的政治潜能。如果不能巧妙地利用政治潜能，也就不能转换成影响力。60年代后，日本地方上已经积蓄了政治潜能和具备了利用这种政治潜能的艺术。而以巧妙的形式利用这一政治潜能的，就是革新自治体。从这时开始，包括革新自治体在内的地方政府，只要有必要，一般都向中央陈述自己的主张，并希望中央采纳自己的意见。同时，在环境、福利、消费者问题等方面，地方自治体明显感到需要城市行政权，因此对中央的要求急剧增多。这反映了地方上开始认识到自己的影响力和政治潜能，并开始有意识地去加以利用。地方政府好像从这时开始扩大了“自治”。[1]

这一发展过程的描述，得出一种假说：地方对中央的影响力与地方的政治化程度成正比。所谓“政治化”，指地方政府受各种政治势力的影响，自己采取的一定政治立场。换句话说，就是地方政府的主动行使自治权的意识。地方政府如有自治运营意识，那么政治化的程度就是决定自治程度的最大因素。

日本关于自治权理论的研究，在地方自治与实现现代化的过程中，遇到了一个需要解决的问题，即所谓“现代国家的自治论是集权化和自治二律背反的问题”。他们认为：在集权时代，一方面要求必须提高地方政府的服务水平（活动量），另一方面地方政府要求确保自律性，两者之间产生矛盾。所谓自律性，就是地方政府自己操纵和自己控制的能力。从理论上讲，地方自治的存在必须要确保上述活动量和自治性。因为不管如何自律，不进行相当数量的活动，是不能发挥地方自治机能的。但是，不管进行多少活动，如果都是按照中央的指令来办，本身也就不存在自治，也无所谓自治权。在政治过程的现实中，二者都得到实现是困难的。二者的关系是，如果取其中之一，必将又想取其中的另一个，在这一点上是二律背反的。

---

〔1〕 参见[日]松村岐夫：《地方自治》，经济出版社1989年版，第115～116页。

一般而言，自治是由“自己操纵”和“自己控制”两种机制组成。自己进行判断在先，然后才进行一定的行为（自己操纵），行为中要根据有关结果信息，修正判断错误（自己控制），这种能力称之为自治。但是政治上的自治，还需要从是否达到目的来评价。如果是真正的政治，地方自治必须要制定和执行居民同意与拥护的政策，这是确定活动量方向的问题。对此还要具备行政潜能才行。在行政潜能中，中央政府能够控制的很多，如人才、权限、财源等。如果承认地方自治的话，应该事先把某种程度上的权限、财源授予地方政府，然而一般并不充分。所以对地方政府来说，存在着为了提供自己认为必要的服务，而如何筹措所需资金的问题。

随着社会现代化的进程，居民要求活动已变得多样化了，不管中央和地方谁掌握着权限和实现手段，居民总是要求提高行政水平的。另外，中央赋予的权限和其他资源是附有条件的。这是国家集权的近代国家的一种理论，地方政府必须在自治性和行政水平之间进行选择。在现代化（或赶超发达国家）这一目标意识强烈时，与中央的意见分歧暂可搁置一边，而来提高行政水准，地方上也可以理解中央意图。但在现代化（或赶超发达国家）完成以后，目标不明确，就开始公开主张地方自治中的自治律性问题了。

但是，作为现实问题，在强调地方自治的“自治性”时，由于会导致无视中央的意图。因此不能期待中央在行政资源方面的援助，只能维持行政水准的现状。在这种情况下，继续只强调“自治性”是困难的，而且邻近地区如果行政水准有所改善，或出现税收减少要降低行政水准这种条件时，居民是不会保持沉默的。这时，地方政府仍固执自律性的话，居民对地方政府的信赖度就会降低，有架空地方自治的可能。如果选择提高行政水准的话，也许能满足居民的要求，却增大了中央政府介入的危险性。也就是说，会危及自治性。上述自律性，似乎与传统地方自治中的“自治”，基本上可以同义而语。但传统意义上的“自治与行政水准之间二律背反”的关系，使我们感到现在需要改变自治的概念。现代地方自治同时受到两个条件制约，一是居民要求不断提高行政水准；二是主要行政资源和法律权都掌握在中央手里，不能像从前脱离中央政府的统治去搞自治。因此，现代地方自治既要与中央政府交涉，又要与社会内部的各种团体对立，在建立协作关系的基础上来实现自己的目的。从自己操纵和自己控制方面，自治没有发生变化，但是操纵和控制的环境，并不受地方政府在地理界线上的限制，已扩展到了一个广阔的政治世界，它包括中央各机关、政治家、学者等。而且，政府机构以外的各种团体活动，也成为重要因素。现代地方自治是在复杂的社会经济政治网络中，地方政府机构根据地区居民的意向，而提出的利益主张和实现这一主张的行为。自律性与活动量的矛盾促进了水平式政治竞争，使对中央的压力活动趋向活跃化。现代地方自治运行中，要与各种政治参入者打交道，政治化是一种必需现象。反之，如果没有这一意义上的政治化，充实自治是困难的。〔1〕

另外，英国学者理查德·罗斯在对欧洲福利国家地方自治问题的研究中，也提出了与日本学者异曲同工的理论。他也看到了现代社会地方自治的自治权概念，与传统社会相比发生了变化，

〔1〕 参见[日]松村歧夫：《地方自治》，经济出版社1989年版，第119~200页。

需要重新认识。罗斯研究的着眼点也是在福利国家地方自治如何扩大自治权，即扩大地方政府的自律性问题上。他提出的假说是：地方政府以对居民提供服务，作为可以向中央交涉的材料，争取扩大自治权。这里所说的“交涉材料”，就是日本学者提出的地方政府的“政治潜能”。罗斯认为：(1)提供这些服务的行政方面，中央与地方处于相互依存的关系之中，中央也必须依靠地方。水平式的政治竞争模式，是理解中央与地方关系的模式。在福利国家的发展过程中，这种相互依存关系的领域不断扩大，提高了地方自治的重要性。(2)中央政府在相当多的情况下，把地方自治政府作为下级机构来对待。(3)有的政策需要，必须得到中央政府和少数地方有关团体的同意，才能进行。罗斯认为，这三种情况在英国的中央地方关系中是并存的。现代福利国家的特征，是重视扩大地方影响力，所以需要考察福利国家提高地方影响力这一命题。罗斯指出，中央地方关系似乎是一个中央与一个地方的关系来论述的。其实并非如此，应当是个复数中央与多数地方之间的关系，而且地方也具有自律性。这样，很难想象福利国家的中央政府能够控制所有的地方单位。由于地方是提供服务的主体，反而产生了中央要依靠地方的情况。从提供服务的观点看，中央政府现在是周边政治机构。

罗斯从近代欧洲国家发展的情况出发，指出国家性质已经发生相当大的变化。在近代国家的初期，英国的中央地方关系是双重结构。中央从事高层次政治，地方从事低层次政治，两者相互间并没有密切关系。中央从事法律、道德、名誉方面的工作，产业化和城市化所带来的问题由地方去处理。在这种情况下，分离模式是正确的。然而，19世纪后，出现了难以实行这种分离模式的两种因素。第一种因素是，新闻媒介的发达，全国邮递网络的建立，就产生了关系到中央与地方的事业。全国性传递网络的发达，不允许中央与地方的分离状态，从而发展了两者相互依存的关系。第二种因素是，福利国家的发展。在国家参与社会福利的国家里，近代国家的性质发生了很大变化。国家承担任务的效率，依靠全国性网络的供给体制，使统治能够深入日常生活当中，这也是地方向中央扩大影响的一个过程。中央与地方之间相互依存关系的不断增大，是世界范围的发展趋势。这样，在相互依存关系中地方自治的形态如何？怎样体现和扩大地方政府的自治权呢？（1）在分配方式上，从涉及中央与地方法律上的权限体系来看，相互依存模式具有合理性的一面，中央与地方是分割同一领域内的，权限和责任的共有体制。制度上的集权与政治上的自律性是并存的，为了获得政治上的自律性，地方上必须要有"独自的见解"，否则很难达到自律性。当今发达国家的中央地方关系处在法律权限、财政方面共有的体制之中，存在达到自律性的可能。中央地方关系是相互依存的（中央在行政上存在依存地方的一面），因此行政机能的共有和融合关系，形成地方不断影响中央的机制。（2）在相互依存中，中央地方关系关键在于"交涉"。交涉的参与者是多方面的，特别是"自下而上"的交涉中，政治家起的作用非常大。地方能否形成独自见解，怎样形成？是地方政治结构问题。地方自治一般采取行政首长与议会的二元代表制，但行政首长的领导作用也受其他因素的制约。尤其是以前不受重视的地方议会，地方议员的要求和愿望，在很大程度上决定了行政首长对预算、条例的制定。对这种决定行政首长行动的因素不进行严密地分析，就不可能理解地方自治的动态。也就是说，是地方政治的内在过程决定了他们的行动。（3）中央地方关系是相互依存的，交涉过程中的理解是关键。在地方政府的交涉战略中，有相当一部分可用于与其他地方无政府的竞争原理来说明。总之，在相互依存的模式中，重心有时在中央一边，有时又返到地方一边。今后中央与地方关系也将被这种方式推动着向前发展。在日益紧密的中央与地方关系中，地方自治政府能否最大限度地实现自己的利益和主张，取决于与中央政府的关系。[1]

从中央地方关系的角度讨论地方自治，分析与中央的关系，探索实现地方自治的可能性，是自治权理论从传统转向现代的一个重要发展。尤其是面临信息时代的到来，世界统一市场的逐步形成，以及全球一体化进程的加快，各国地方自治体制在世界政治体制与经济结构中的作用和价值取向，自治权的实现形式与过程，仍将是下一世纪人类社会面临的重大课题，仍然有许多问题需要去探索研究。

（二）民族区域自治

民族区域自治是解决国内民族问题的基本政策，是国家的基本政治制度。它是在域外文化引入中国固有文化中蜕变形成的，是马克思主义关于民族问题的基本原则同中国具体实际相结合的产物，是单一制的国体下，在各少数民族聚居的地方实行区域自治，行使自治权的一种国家政治结构体制。

解决国内民族问题，中国共产党采用区域自治政策的主张由来已久。1924年，《红军第四军司令部布告》中，开始提出了

---

〔1〕 参见[日]松村歧夫：《地方自治》，经济出版社1989年版，第120~127页。

“统一中华”，“满蒙回藏，章程自定”的主张。1931年11月，中华苏维埃第一次全国代表大会通过的《中华苏维埃共和国宪法大纲》和《关于中国境内少数民族问题的决议案》都明确规定：中国境内的少数民族有权“在中华苏维埃共和国之内成立自治区域”。[1]据此，红军第十五军团解放了宁夏同心、海原等县之后，建立了预海县回民自治政府。这是革命史上第一个民族自治政权，是在战争年代，中国共产党领导少数民族实行区域自治的最初尝试。1938年10月，毛泽东在党的六届六中全会上的报告中指出：“允许蒙、回、藏、苗、瑶、彝各民族与汉族有平等权利，在共同抗日原则之下，有自己管理自己事务之权，同时与汉族联合建立统一的国家。”这些主张和设想是后来制定民族区域自治政策的先导与试验。1941年5月，经中共中央政治局批准的《陕甘宁边区施政纲领》规定：“依据民族平等原则，实行蒙、回民族与汉族在政治经济文化上的平等权利，建立蒙、回民族的自治区，尊重蒙回民族的宗教信仰与风俗习惯。”[2]在这一原则的指导下，当时的陕甘宁边区政府，前后在关中地区的正宁县和边定县建立了回民自治乡，在城川县建立了蒙古自治区（县辖区）。1946年4月，陕甘宁边区第三届参议会第一次会议通过的《陕甘宁边区宪法原则》中进一步规定：“边区各少数民族，在居住集中地区，得划成民族区，组织民族自治政权，在不与省宪抵触原则下，得订立自治法规。”[3]1947年，随着内蒙古地区的解放，开展了内蒙古

---

〔1〕 张希坡、韩延龙主编：《中国革命法制史》（上），中国社会科学出版社1987年版，第30～38页。

〔2〕 杨永华：《陕甘宁边区法制史稿》，陕西人民出版社1992年版，第111~112页。

〔3〕 杨永华：《陕甘宁边区法制史稿》，陕西人民出版社1992年版，第141页。

自治运动。于1947年5月1日，成立了内蒙古自治政府，建立了我国第一个省级区划的、规章制度比较健全的民族自治地方，它标志着党的民族区域自治政策进入了比较成熟的阶段。为新中国建立后，全面推行民族区域自治，奠定了坚实基础。

1949年9月，新中国即将建立之际，召开了中国人民政治协商会议。9月29日会议通过了《中国人民政治协商会议共同纲领》，这是新中国的建国纲领，也是中华人民共和国成立初期的第一部人民的大宪章。第51条规定："各少数民族聚居的地方，应实行民族区域自治，按照民族聚居人口多少和区域大小，分别建立各种民族自治机关。"从此，民族区域自治制度以法律形式，正式确定为国家的一项重要政治制度。1952年8月8日，中央人民政府委员会第十八次会议，批准颁布《实施纲要》。此后，1954年我国制定了第一部正式宪法，它以根本法的形式，对民族区域自治制度进一步予以比较全面的规定，重申了："各少数民族聚居的地方实行区域自治。"强调"各民族自治地方都是中华人民共和国不可分离的部分。"在第二章"国家机构"的第五节"民族自治地方的自治机关"，就自治机关的组织、自治机关的自治权以及上级国家机关如何领导和帮助民族自治地方等问题，作了原则性规定。对《共同纲领》和《实施纲要》的规定，作了重要的修改。规定民族自治地方相当于省的地方称为自治区，介于省与县之间的地方称为自治州，相当于县的地方称为自治县（旗）。并明确规定，只有自治区、自治州、自治县（旗）才是民族自治地方。县以下的区、乡一级的少数民族聚居区不能建立民族自治地方，只能适应这种小聚居的民族成分的特殊情况，建立民族乡。民族乡不是民族自治地方，不可能也不需要建立自治机关行使自治权。但是，

1954年《宪法》规定："民族乡的人民代表大会可以依照法律规定的权限采取适合民族特点的具体措施。"

后来关于民族区域自治的规定都是1975年宪法、1978年宪法、1982年宪法的重要内容。1982年宪法关于民族区域自治制度的规定，比新中国成立后历次宪法都要完善，是制定民族区域自治法的根本依据。

民族区域自治不是民族自治，民族自治是指单一民族为主体，建立公共的机关，自主行使自治权，管理自己民族的一切事务。设立民族自治的基本原则，是以本民族族群为主体，是以单一民族区分为界限，并非以成员居住区域来划分，制度规范实行的是"属人主义原则"。当然，在社会的发展进程中，一民族逐渐形成固定居住地，民族自治形式也演变为以一个民族聚居地为地理单元的自治区域，在民族国家里成为一级地方行政单位，建立民族自治团体，行使自主管理区域内事务的权利。这是近代社会以来民族自治的主要形式，最典型的莫过于塞浦路斯的希腊族与土耳其族的"民族自治"形式。在塞浦路斯，希腊族占总人口的71.8%，聚居区由具有希腊血统和以希腊语为母语，或分享希腊文化传统，或是希腊东正教徒的共和国公民组成。土耳其族占总人口的9.5%，聚居区由具有土耳其血统和以土耳其语为母语，或分享土耳其文化传统，或是伊斯兰教徒的共和国公民组成。《塞浦路斯共和国宪法》明确规定，有关聚居区的事务则由各聚居区选出的人员所组成的各自的民族议会行使立法权。《塞浦路斯共和国宪法》是塞浦路斯的最高法律，在共和国实行的一切法律都必须符合宪法，宪法坚决主张希族和土族两个聚居区的同时存在。影响希族聚居区成员的法律是他们教会的法律；影响土族聚居区成员的法律是土耳其法。这些法律可由希、土各自的民族议会制定的法律加以修正。[1]另外，美国印第安人的保留地制度，具有民族自治的属性，有304个印第安人保留地。1975年1月4日，美国总统福特签署了印第安人自决与教育援助法，"这一法案被认为是对土著美利坚人最重要法律，也是土著美利坚人作为美国社会平等一员的开始"。美国的现行法律规定，保留地表示那里的土地有效地由印第安人居住，并对包括土地在内的资源拥有所有权。非经印第安人部落允许，白人不得进入保留地。在行政上，各保留地对所在州当局构成法律上的独立地位，各州当局的行政法令，在保留地内一律无效。印第安人事务由印第安人部落政府独立自主的管理。"目前，美国使用的'自决'一词，其含义为'自治'。"[2]显然，中国的民族区域自治不是民族自治，与其有着本质的区别。

同样，民族区域自治也有别于区域自治即地方自治，区域自治与民族自治正好相反，设立是以区域单元为依据而不涉及民族（族群与种族）因素。地方自治既可以和单一制国家相联系，也可以同联邦制国家相联系。西方的国家学说认为，地方自治团体先于国家共同体出现，自治权是固有的，而不是国家授予的，因而人民有地方自治的权力。这是世界各国普遍实行的一种地方行政制度。我国香港特别行政区和澳门特别行政区其实就是一种地方自治的形式。

---

〔1〕 参见董云虎、刘武萍主编：《世界各国人权约法》，四川人民出版社1994年版，第843～845页。

〔2〕 阮西湖：《美国——多民族移民的汇合与冲突》，载郝时远、阮西湖主编：《当代世界民族问题与民族政策》，四川民族出版社1994年版，第113页。

民族区域自治，是将民族要素与区域要素有机地结合起来，是一种特殊的地方自治类型。民族要素是指少数民族，区域要素是以少数民族传统聚居区为基础而实行自治的空间区域，这不是主观随意划分的结果，是根据长期的历史事实而确定的。这两个要素不能分离，分开了就成为或者是单纯的民族自治，或者是单纯的区域自治。

在中国这块土地上，从国家形态产生后，就是一个多元民族的国家共同体。在五千年的历史进程中，各民族都曾主宰过这个舞台，不论是汉族或少数民族统治者建立的统一政权，还是汉族与少数民族统治者建立的割据政权，无一例外都是一个多元民族构成的国家共同体。从来没有一个由单一民族建立的政权出现在中国历史上。因此，如何使各民族和谐共处、恰当地解决国内民族问题，是历代王朝始终面临的一个问题。纵观中国古代历史，采用民族自治和民族的区域自治是解决国内民族问题的基本方式。

中国在中央集权制的国家结构形成时，就曾出现了民族自治的制度，以国家制定法的形式加以授权，这就是秦汉时期的“属国制”。这一事实是1975年12月在湖北省云梦睡虎地秦墓竹简出土以后才揭示出来。秦简中记载的《秦律十八种》其中之一是《属邦律》，出土的秦简残存的内容是：“道官相输隶臣妾、收人，必署其已禀年日月，受衣未受，有妻毋（无）有。受者以律续食衣之，属邦。”另外，在出土秦简的《法律答问》中也有5个条文是解释属邦律的内容（根据《睡虎地秦墓竹简》一书的译文断定）。[1]内容涉及：有关少数民族聚居地区的道官有输送隶臣妾或被收捕人的义务；有关属邦中的少数民族首领犯法可以以爵赎免的；有关管束在秦国为奴的少数民族人民不许逃离秦国、其子孙要世代为奴的；也有涉及夷、夏通婚后所生子女的族属问题的等。[2]尽管我们对秦朝属邦的具体设置办法、权利义务等内容，考察其史籍的记载与地下出土文物所展示的资料还极其有限，但秦朝制定的《属邦律》中所确立的中央统一领导与少数民族在其居住地区实行"自治"却是历史事实。秦始皇在行政区划郡所属的少数民族地区设置道，这是中央王朝在少数民族聚居地区的国家结构单元，是一种特殊的行政建制。同时对归附的少数民族设置了"属邦"来管理。这是中国历史上中央集权制建立后，最早的"民族自治"形式。汉代继承了这一制度，只是由于避汉高祖刘邦名讳，改称"属邦"为"属国"。为什么说秦汉时期的"属邦（国）"[3]就是"民族自治"制度呢？根据历史文献，汉代对少数民族的管辖，在地方行政区划上，基本上是"汉承秦制"，对归降的少数民族设属国。《史记·卫将军骠骑列传》记载：匈奴昆邪王降汉后，"居顷之，乃分涉降边者五郡塞外，而皆在河南，因其故俗，为属国"。这是汉设属国的开始，汉武帝元狩二年（公元前121年），将归降的匈奴人分设为五个属国管辖，都在边五郡的塞外，即陇西、北地、上郡、朔方、云中。设置的原则是"因其故俗"，同秦一样与郡属的道不同。道是郡下属的行政单位，属国的确定

---

〔1〕 参见《睡虎地秦墓竹简》，文物出版社1978年版，第22页、第110～111页、第182页、第229页。

〔2〕 参见史筠：《民族事务管理制度》，吉林教育出版社1991年版，第13~14页。

〔3〕《睡虎地秦墓竹简》，文物出版社1978年版，第110页注释。

则是以少数民族聚居活动的区域来划分，并不是郡的下级行政区划。汉代对原有的少数民族实行的政策是用统一的“法度”来“矫端”少数民族的“乡俗”和“民心”。也就是说原有的少数民族与汉族一样是“公民”，享有的权利义务是相同的。而属国就不同了，它不是一级地方行政单位，而是一个民族自治单位。《史记正义》对属国的解释是：“以降来之民徙置五郡，各依本国之俗而属于汉，故言‘属国’也。”《汉书》颜师古注说：“凡言属国者，存其国号而汉朝，故曰属国。”可见，当时的属国，是“存其国号”，又“各依本国之俗”。换句话说，归属汉朝的少数民族的“属国”是一个自治体，它原有的政治制度、风俗习惯一律不变，自己管理本民族的事务，只不过是归附了汉朝的版图而已。这种制度是中央政府通过法律的形式确认的，这不是民族自治，会是什么呢？

汉朝的中央政府，专门设有管理属国事宜的机构——典属国。当时属国的行政地位相当于郡，属国都尉相当于太守。[1]

到了唐朝，在继承秦汉以来形成的制度基础上，总结了“民族自治”的经验，确立了“羁縻府州制”。这是在秦汉属国制度基础上发展而来的，但它是“民族自治”的一种变体，即“区域的民族自治”形式。最大的区别在于属国的生活区域，变为唐朝的地方行政区域。“羁縻府州”是唐朝的一级地方行政机构，只不过居民是实行自治的少数民族，原有的组织机构既是自治机关，又是地方行政机关，这一制度一直影响后来宋、元、明、清各代。当

〔1〕《后汉书·南蛮西南夷列传》记载：东汉安帝延光二年（公元123年）春，“分置蜀郡属国都尉，领四县如太守”。

然它不能等同于今天的民族区域自治。

唐朝贞观四年（603年），唐太宗平定突厥，突厥各部表示愿意归附于唐。于是，唐太宗除了将部分突厥民户内迁外，大部分按其原来居住的地区，不打破原有部落结构，分设都督府、州、县。为区别于内地的府州，这类府州称为羁縻府州（“羁縻”的语意是笼络、联系），又称为蕃州。其后这种体制结构，被普遍适用于周边内附的各少数民族。

羁縻府州的设置，从地域分布看有两类：一类是在原有居住地，按少数民族原有的组织结构设置都督府、州。另一类是部分内迁的少数民族，也是按原有的组织结构设置，但寄治内地的州县境内。即在内地州县的行政区域内，划出一块区域供其居住，建立自治机构，所以史称“侨蕃州”。羁縻府州虽然也有管辖区域和民户，但由于部落经常流动迁徙，所以没有下属基层的区划，这是与一般府州不同的。

在隶属关系上，唐代羁縻府州分四个层次，即都护府、都督府、州、县。在周边地区设有8个都护府（后减为6个：安西、北庭、单于、安北、安东、安南）作为中央代表机关，对羁縻府州行使监督与管理权，以都护为长官。都督府、州设都督、刺史为长官，由归附的少数民族首领视其规模、结构分任之，由中央颁发印信作为承认的法律凭证。都督、刺史是世袭的，如因非世袭而更换时，必须由中央政府重新任命，以示承认其合法性。都督、刺史是中央政府所授予的官职名称，在其内部仍保留其原有的称号，如国王、可汗、叶护等君长称号。州以下的县，按原有部落内部的组织结构设置，由中央政府授予其首领以县令的职称。在羁縻府州内部，除首领保持其原有称号外，原有的内部制度也不改变，仍按原制统率其部众，对民族内部事务拥有独立自主的处置权，中央不加干涉。但在政治上、外交上则服从中央政府，并对中央定期或不定期要有贡献（非赋税性质）。

一般情况下，一个王国或少数民族部落内附唐朝时，中央政府即以其原有的管辖区域和民户，设置都督府，以其首领（国王）为都督，按其内部组织结构，设置州、县，任命刺史、县令。唐贞观二十二年（648年），奚归附，以其地置饶乐都督府，下设9州。显庆三年（658年），以龟兹王为龟兹都督，下设9蕃州。渤海国王于公元713年成为唐的藩臣，被授予忽汗州都督，国内按唐制设州县，与唐交往时，必须称忽汗州都督。但其国内仍维持原制，称国王。一些人口较少的少数民族内附时，则设羁縻州，直隶于都护府或正州。如党项族内附，设归德州，隶属于关内道的银州。个别人口较少的少数民族部落，归附时则置县，直隶于正州，如陇右道洮州所领的密恭县，就是党项部落内附的侨蕃县。

宋代继承了唐的制度，羁縻州由边境正州管辖，大部分设在今四川、贵州、广西境内。《宋史·地理志》所载，今四川境内之叙州领羁縻州长30，泸州领羁縻州18，黎州领54，雅州领44，茂州领10；今贵州境内绍庆府领羁縻州49，南渡后为56；今广西境内邕州领羁縻州44。

为什么说唐代所创羁縻府州制是一种区域的民族自治呢？我认为，判断它是否是民族自治形式，不是看它的名称，“民族自治”是近代以来西方产生的概念，在汉语语境里没有这个词汇，主要是判断羁縻府州制度是否具备民族自治的特征。这是判断的唯一标准，舍此别无根据。唐宋时期羁縻府州制度的基本特征是：

第一，羁縻府州区域的确定，是中央政府通过一定的法律程序加以确认的，确认的原则是以少数民族居住生活的原有区域为基础，“即其部落则置州县”并不是按照中央政府确定的行政区划。而是在少数民族自己的生存地，戴上一顶中央政府给的“帽子”，成为国家政治结构的组成单元，是国家领土的一部分而已。

第二，各少数民族原有的社会结构不变，保留其原有的组织机构、政治制度、生活习惯与法律规范。自己管理本民族内部事务，中央一律不加干预。从长官到僚佐都由原来的少数民族首领担任，经过中央政府任命生效后，皆可世袭。凡是自立为王与自封为都督、刺史的一律无效，并视为反判行为。所有的官衔职务和义号爵位，必须由朝廷赐封册拜方才有效，否则视为非法。

第三，居民不直接向国家缴纳赋税，户口不呈送户部，由本酋长向朝廷进献象征性的方物土产，同时向都护府或都督府进呈一定的贡物。这表明，少数民族完全由自己的机构管理自己的事务，居民也无须承担中央政府的义务。

第四，羁縻府州可以保留兵卒，守疆卫土。但要接受都护府的节制，服从朝廷的调遣。表明中央权力的延深及国家领土的不可分割性。

总之，唐宋推行羁縻府州制，是对秦汉时期属国制的发展与制度化。之所以称为“区域的民族自治”，是由于自治的区域与秦汉相比相对固定了，同时属于中央政府的地方机构管辖，成为一级准地方机构。区域内是单一的自治民族，没有和其他民族杂居。这为元明清实行民族的区域自治（土司制度）奠定了基础。

从元代出现的土司制度，是中国历史上由区域的民族自治转向民族的区域自治的开始。为什么说土司制度是民族的区域自治呢？因为土司制度与羁縻府州制相比，土司制度已由准地方政府性质的羁縻府州变为国家的一级地方政府机构。地方和居民都要承担中央规定的权利义务，已纳入封建的单一制国家体制。自治权的权限也扩大了，由管理本民族内部的事务，扩延到也管理本地方的事务。土司政府在区域内既享有充分的自治权，又必须承担中央政府规定的贡赋和征发义务，成为国家的一个权利义务主体。

元代建立行省制度后，在少数民族地区设置宣抚司、安抚司和招讨司，隶属于行省，下领诸路和土府州县。设宣抚司9处，其中云南2处、湖广3处、四川1处、不详所属3处。设安抚司21处，其中四川3处、湖广15处、不详所属3处，安抚司的行政地位低于宣抚司。设招讨司13处，其行政地位又低于安抚司。[1]

明代改元代的行省制度，全国分置十三个布政使司，“分领天下府州县及羁縻诸司”，“又置十五都指挥使司以领卫所番汉诸军，其边境海疆则增置行都指挥使司”。在少数民族地区，主要设三种地方政府形式：

一是沿袭唐制，设羁縻之府十九，州十七，县十六。

二是行土司制，全国有土官宣慰司十一，宣抚司十，安抚司二十二，招讨司一，长官司一百六十九，蛮夷长官司五。

三是在西藏设朵甘乌斯藏行都指挥司，并广封当地佛教各派法王。[2]

清代使历史上实行的民族自治和区域自治趋于成熟，在中央

---

〔1〕 参见李干：《略述元代土司制度中的几个问题》，载《民族研究》1984年第4期。

〔2〕《明史》“地理志”“土司志”“西域志”。

政治府设立了理藩院，专门负责管理民族事务。对少数民族仍然实行自治的原则，“因其教不易其俗，齐其政不易其宜”。对西藏仍保持其政教合一的制度，但实行驻藏大臣、达赖、班禅“互参制”，逐步形成由驻藏大臣掌握四噶布伦组成的最高行政事务。[1]在新疆，自乾隆年间平息准噶尔叛乱后，沿用当地原有的“伯克”制度，分置伯克“掌综回务”。中央政府设置总理回事三郡王1人，驻哈密执掌政事。其下设置协理图撒拉齐克2人，驻辟展，掌管驻地事务。除上述3人为世袭封爵以外，其下设阿其木伯克，综理回务；设伊什罕伯克赞理回务。此外，设置约20余个机构分别设置伯克，分掌某一专门部门的事务。如管理巡缉、狱囚事务；回教教法；商贾贸易；兵马粮饷、官物文移；巡查道路、果园、林木；修造甲械；驿馆输运；修建坝库台站；教习经馆等。无不设伯克掌理，以至采铜、采铅均有专官管理。[2]在蒙古地区实行盟旗制度，在政治上把蒙古分为外藩蒙古和内属蒙古。在外蒙古设4盟84旗，采用盟旗制，在内蒙古设6盟49旗，用总管制，在蒙古族居住地建立了区域自治体制。[3]

在西南各省和甘肃一些少数民族中，则沿用明制，确立了另一种区域自治的形式——土司制。不过清代土司制并不是对明代的简单继承，而是对土司制度作了进一步发展，形成自己的特点，其主要表现是：(1)扩大实行土司制度的范围，在明代尚未建立土司制度的西南少数民族地区，建立土司制度。如在西南藏族地区设立了比较著名的土司，如明正宣慰司、梭磨宣慰司、金川

〔1〕 参见江应梁主编：《中国民族史》(下)，民族出版社1990年版，第288页。
〔2〕 参见江应梁主编：《中国民族史》(下)，民族出版社1990年版，第202~203页。
〔3〕 参见江应梁主编：《中国民族史》(下)，民族出版社1990年版，第232~234页。

安抚司等，统属于四川总督。在台湾的土著居民和海南岛的黎族地区，清政府根据其社会发展状况和统治需要设立了土官统治。台湾土著民族的地方组织叫“社”，“社有大小，户口有众寡，皆推一二人为土官”。[1]在海南岛黎族地区也设各种名目的土官来进行统治。“黎头辖一峒者为总管，辖一村者为哨官，大低父死子代世世相传，间有无子而妻代之及弟代之者，为众心所归而公立之也。凡小事哨官处断，大事则报总管，总管不能处，始出控告州县。”[2](2)严格的土司承袭。清代总结了明代土司制的流弊，认为“土司之乱，起于承袭”。于是采取预制土官、嫡庶有序和印信号纸等办法来严格土司的承袭。

所谓预制土官，是顺治十六年(1659年)五月，贵州巡抚赵廷臣上疏所言的：“每遇岁终，各官上其世系履历，及有无嗣子，开报布政司。三年当入觐，则预上其籍于吏部。其起送砻替时有争论奏扰者，按籍立辨。”[3]通过土司事先呈报案支族谱，从而确定应袭之人，以杜绝争袭、冒袭之事发生。以此保证土司统治的正常交替。

所谓承袭有序，就是先嫡后庶，先族内而后族外。具体做法是：凡土官病故或年老有病，“准予嫡子嫡孙承袭，无子孙则以其弟或其族人承袭，其土官妻或婿，有为土民所服者，亦准承袭。如有子孙幼者，或其族其子能抚孤治事，由督抚拣奏，至其子及十五岁再令承袭”。[4]这一办法改变了明代土官承袭可以“从其

---

〔1〕(清)郁永和:《采硫日记》卷下。

〔2〕(清)张庆长:《黎岐纪闻》。

〔3〕《清世祖实录》卷一二六。

〔4〕《大清会典·吏部》卷十二。

俗"的状况。

印信、号纸，是土司任职、承袭的法律凭证。清代除一些地位低微的土舍、寨首之类外，"凡土官之职，皆给以号纸，土府、厅、州、县则加以印"。[1]上面书有土官职衔、世系及承袭年月。新土民承袭时，将原土官的号纸并录图册结，邻封甘结一并上缴吏部，无号纸者不能承袭任职。

清代通过上述措施，一方面表示土司机构为中央政府的一级地方机构，并享有自治权。另一方面保证了土司制度的正常延续，也体现了土司机构的民族化、贵族化，有利于中央地方关系的协调。

土官在其自治区域内的职权主要是：抚夷民、完钱粮、擒盗贼、备征调，"即催办钱粮，抚戢夷众"。[2]

清代从康、雍以来陆续废除一些地区的土官，改为与内地统一的地方官制，即"改土归流"，《清史稿·职官志四》对"改土归流"结果的记载是："湘、楚廓清，滇、蜀改流，十之三四，黔桂长官州、县，以今况往，弱存仅半。"但直到清朝灭亡时，土司制度在甘肃（包括青海、西藏）、四川、云南、贵州、广西等地区仍保留一部分。[3]可见，土司制度作为一种民族的区域自治体制，在处理清代国内民族关系上仍然是一种制度选择。

清代末期，清政府迫于内外交困形势，被迫宣布实行宪政改革（史称"预备立宪"），光绪三十一年（1905年），清政府决定派载泽等五大臣出洋考察东西方政治，五大臣行前，提出一份以五

〔1〕《大清会典事例·吏部土官》卷一四五。

〔2〕（清）曹树翘：《滇南杂记》。

〔3〕参见刘子扬编著：《清代地方官制考》，紫禁城出版社1988年版，第384~393页。

年为改行立宪的奏折，折中提出“布地方自治”，[1]从而提出了“地方自治”主张。这是中国历史上在官方文件中，首次提出具有近代意义上的地方自治的概念，[2]这不同于上述中国本土在少数民族地区实行的区域自治，是近代以来的国家结构形式。光绪三十二年（1906年），直隶、安徽、江苏、江西、福建、广东、湖北等省都出现了地方自治性的组织，有称自治会，有称工程局。有由地方绅商公举的，也有由地方官府推行开办的。光绪三十三年（1907年）八月二十三日，清政府颁布上谕，提出举办地方自治之事：“宣布宪政……非地方自治，则人才无从而练。”“自治法规，必以选举贤能、力谋公益为主。”并指示“著民政部妥拟自治章程，请旨饬下各省督、抚，择地依次试办，并由该部随时切实稽查……使议员资格日近高明，庶议院早日成立，宪政可期实行有厚望焉。”民政部遵谕旨，拟订地方自治章程，于光绪三十四年（1908年）七月二十八日咨送宪政编查馆，十二月宪政编查馆具奏核议《地方自治章程》，并指出：“地方自治乃辅官治之所不及，仍统于官治之内，并非离官治而独立之词。”章程主要内容有：一要明示自治名义，二要划清自治范围，三要慎重自治经费，四要责重自治监督。[3]十二月二十七日，奉上谕颁布施行《地方自治章程》，并规定各省应根据《逐年筹备事宜清单》办理，从举行地

〔1〕 参见《中国近代史资料丛刊·辛亥革命》（第4册），神州国光社1953年版，第24页。

〔2〕 在中国首次提出近代意义上“地方自治”的概念，是康有为在1898年1月底的《上清帝第六书》中，他主张地方政府实行自治。提出每道设一民政局，“准予专折奏事，体制与督抚平等”，“妙选通才”推行新政。参见汤志钧编：《康有为政论集》（上册），中华书局1985年版，第216页。

〔3〕 参见刘子扬编著：《清代地方官制考》，紫禁城出版社1988年版，第153~155页。

方自治研究所开始，逐步推行。

在地方自治初期阶段，各省、府、州、县纷纷设立机构，其中多以自治局为名。根据《地方自治章程》及地方自治进度安排，各地自治机构首先设置地方自治研究所，以讲习自治章程，造就自治职员。地方自治机关原定按年度计划，逐步从地方自治研究所培养人才，推广扩大。但由于辛亥革命爆发，这一计划流产了。可以说这是中国近代意义的地方自治的尝试。

民国政府时期，按照孙中山《建国大纲》的理论，划分为军政、训政、宪政三个建国时期，一省完全底定，结束军政，实行训政。训政时期，政府委派经训练考试合格人员到各县协助人民完成自治。完全自治之县，人员始有直接的选举、罢官、创制、复决四权。一省所属各县达到自治，即为宪政开始时期，各级地方国家机关完全由人员选举产生。在实际实施中，国民党政权借口军政、训政、宪政理论，使国家长期处在训政阶段，宪政不予实施。直到1947年，召开国民大会，颁布了《中华民国宪法》，确立宪政时期的地方政治制度和国家管理制度。尽管宪政从未实施，但在不同时期，地方政权的地位略有不同。军政时期，地方政权由国民党创设，接受国民党中央及其地方组织的指导。训政时期，省、县是地方自治单位，管理地方行政事务，享有自治权。此时，地方自治的立法机关和行政机关相互并立，但必须接受国民党中央及地方组织的指导，不得违背“三民主义”和国民党的“国策”。

北洋政府时期，曾于1914年12月公布《地方自治条例》，继而又公布《施行细则》，规定地方自治分三期实行：第一期为调查时期，第二期为整理和提高时期，第三期为实行时期。但实际上根本没有实行。[1]袁世凯死后，省自治便成为地方军阀实行割据的工具，在1920年后达到了高潮。地方实力派纷纷打起省自治的旗号，云南、贵州、广西、湖北、江西、陕西、福建、湖南、广东、浙江等省都开展了省自治运动的宣传，个别省制定了省宪法，确立省地方自治的一系列基本原则，其中以湖南省最为典型。

1920年7月初，湖南省自治运动由新民学会发起，得到工商学各界的积极响应。7月22日，省督军宣布湖南省自治。11月28日，省议会选举林支宇为湖南临时省长，督军不再负责行政事务，实行"军民分治"。湖南省议会聘请专家组成宪法起草委员会，草拟省宪法。1921年4月，各县推举155人审查宪法草案。11月1日，湖南省对宪法草案进行全省投票表决。12月11日，全省1800万人投票赞成，1922年1月1日《湖南省宪法》公布实施。

《湖南省宪法》规定：湖南省是中华民国自治省，享有自治权15项，自治权属于全体省民。人民享有平等、自由、民主权利，有选举、罢免、创制、复决权；人民的私有财产受法律保护；人民享有的选举权和被选举权不受性别、财产的限制。规定省议会是省立法机关，有权决议省自治法规、省预决算，并有权弹劾省长在内的行政、司法官员，弹劾案一经成立，被弹劾者即需退职受审。和省立法机关并立的省行政机关是省务院，由省长和下属的7个司长组成，省长由民主选举产生。各司设司长1人，每司由省议会推选2人，由省长择任司长1人。司长受省议会不信任投票时，必须辞职。省长任期未满而不尽职时，省议会有权提交公民总投票表决，如被否决，省议会须解散。省长提出解散省议会时，必须

〔1〕 参见林代昭等：《中国近代政治制度史》，重庆出版社1988年版，第335页。

省务院全体副署，全省公民投票表决。

此外，广东省、江苏省、浙江省也都曾开展过制宪活动，公布过省宪法草案或者省宪法。其结构形式和《湖南省宪法》大致相同，制订过程也大体类似，都符合资产阶级民主政治和地方自治的原则。但由于政权一般都掌握在各省军阀手中，这些宪法都流于形式，并未真正实施。可是在中国立宪史上仍具有一定的意义。

这时不论是北洋政府时期还是国民政府时期，对少数民族的自治基本上是承袭原有传统，没有太大的变化。但近代西方地方自治的理论引入中国，不能不对少数民族地区实行地方自治发生影响，如1947年《中华民国宪法》第119条规定："蒙古各盟旗地方自治制度，以法律定之。"第120条规定："西藏自治制度，应予保障。"第168条规定："国家对于边疆地区各民族之地位，应予以合法之保障，并于其地主自治事业，特别予以扶植。"

总之，民族自治和区域自治，就是历史上解决国内民族问题的基本方略。只不过是不同的历史时期，在具体操作上有所区别罢了。从发展轨迹上看，基本上是循着：民族自治—区域的民族自治—民族的区域自治—地方自治与民族区域自治并举的趋势。从自治权的形态而言，早期民族自治时期，享有最大限度地自主管理本民族内部事务的权利。自治权是在一个原则下行使，即只要承认是中央王朝的统治地位，接受中央政府的统辖，保持国家领土的完整统一，本民族内部事务由其自主管理，中央不加干涉。自治权行使的主体是原来少数民族的首领与相应的组织机构，保留其原有的政治制度和生活方式，少数民族居民也无须承担国家赋税的义务。中央政府的原则是"齐其政，不易其宜；改其教，不易其俗"，"各依本国之俗"。后来，随着社会生产力的发展，民族自治逐步过渡为区域的民族自治和民族的区域自治，这是与少数民族的定居生活相关联的。与民族自治最大的不同在于，前者以民族来划分，后者是以少数民族固定居住的区域来划分。自治权行使在空间上有了确定。原来少数民族习惯的生产、生活空间，成为中央政府的地方行政区划。这样自治权的性质也发生了变化，原来行使的自治权只是管理本民族内部事务的自主权，而现在赋予其国家权力的性质。因为少数民族居住地区成为国家的一级地方行政区划。

从清末开始到民国北洋政府和国民政府时期，随着西方地方自治概念的引入，使原有的民族的区域自治演变为近代意义上的地方自治。如前面所言，在1947年《中华民国宪法》中对边疆少数民族的地方组织结构，确认为“地方自治制度”。既可以适用于少数民族地区，也可以适用于一般地方政府。区别只是行使自治权的主体，前者是区域内少数民族，即民族因素；后者是区域的居民，没有民族因素。虽然在具体实施中，自治权没有得到很好落实，甚至根本没有落实，但法的精神与制度曾经存在过。这对今天我们进一步完善民族区域自治制度来说，应该是一笔需要扬弃的巨大历史文化遗产。

四、法律体系理论与自治立法的一般理论

所谓法律体系，就是将现行的法律规范按一定的标准，形成一个呈体系化的纵向与横向的结构。纵向结构呈阶梯状体系，不同的法律在不同的阶梯上（即法律位阶），上下有序，层次分明，效力统一，最高位阶的是宪法，统领一切，效力最高，下位阶的法律不能与上位阶的相抵触。横向结构呈水平状体系，以功能分为

不同的法律部门，中国的法律是由宪法及宪法相关法、民法商法、行政法、经济法、社会法、刑法、诉讼与非诉讼程序法七个法律部门构成。

自治立法，是指由民族区域自治地方人民代表大会制定的自治条例与单行条例以及变通规定与停止执行规定。自治立法一般理论的意涵，一是要明确自治区自治条例在法律阶梯的哪一阶，即法律位阶；二是自治区自治条例是属于哪个法律部门。

所谓法律位阶，就是自治区自治条例在国家的法律体系中处在哪个位置。它的上位法是什么？下位法是什么？与国家的其他法律、法规之间属于何种关系？只有明确了法律位阶，自治条例就不会与国家的其他法律相冲突，是法律体系中的一个有机构成部分，相互一致，相互协调、配合，实施结果才能实现立法者的立法意图。否则，就可能会与国家的其他法律产生冲突，而失去其应有的效力。

自治区自治条例虽然属于地方性法规的范畴，但从法律效力而言，它的位阶是介于法律、行政法规与地方性法规之间，居于上位的法规如有不适合自治区的条款，自治区自治条例可以行使变通立法权和停止执行权，居于下位的地方性法规和单行条例不能与之抵触，在自治区的地方性法规之中居于首位。关于自治区自治条例的法律位阶，涉及两个方面：

一是自治区自治条例的上位法是什么？

自治区自治条例的上位法有三类，即宪法、民族区域自治法、国家的其他基本法律。其理由有三：（1）立法机关的级别不同。宪法、民族区域自治法和国家的基本法律是由国家的最高立法机关制定的，自治区自治条例是由自治区的立法机关制定的，两种立法机关的级别不同，其所制定的法律、法规的位阶自然不同。（2）缘于立法法的规定。《立法法》第75条第2款规定："自治条例和单行条例可以依照当地民族的特点，对法律和行政法规的规定作出变通规定，但不得违背法律或者行政法规的基本原则，不得对宪法和民族区域自治法的规定以及其他有关法律、行政法规专门就民族自治地方所作的规定作出变通规定。"第75条第1款规定："民族自治地方的人民代表大会有权依照当地民族的政治、经济和文化的特点，制定自治条例和单行条例。自治区自治条例和单行条例，报全国人民代表大会常务委员会批准后生效……"根据这两项规定，自治区自治条例的效力明显低于前三种法律。（3）适用范围的不同。前三种法律是适用于全国的，自治区自治条例仅适用于制定自治条例的自治区范围内，这也表明了两者的位阶有别。有观点认为："必须报全国人大常委会批准后才能生效的自治区自治条例，在我国法制体系中的地位，属于必须由全国人大常委会审议通过的这一类法律范畴，自治区的自治条例，同国务院提请全国人大常委会审议通过的法律，在我国法制体系中居于同等地位。"[1]这种观点没有注意到问题的本质，一般的地方法规不需要经全国人大常委会批准就可以生效，是因为地方法规不能改变上位法的规定；自治区自治条例之所以需要经过全国人大常委会批准后才能生效，恰恰是因为自治区自治条例可以对国家的法律作出变通、补充的规定，这一"变通、补充"，涉及中央与地方的分权，当然需要经过全国人大常委会的批准。

二是自治区自治条例的下位法是什么？

---

〔1〕 史筠：《关于制定自治条例的几个问题》，载《民族研究》1993年第6期。

这一问题,理论界少有人提及,自治区自治条例的下位法应该是:(1)自治区自治条例的实施细则。为了使法律、法规得到正确的执行,常会有法律、法规的实施细则出现,实施细则的内容,必须与相应的法律、法规的内容保持高度一致。从这一点看,自治区自治条例的实施细则自然是自治区自治条例的下位法。(2)单行条例。在宪法、立法法和民族区域自治法条文中,自治条例和单行条例都是同时出现的,两者并未表现出位阶上的差别;同时,两者的立法机关、审批程序和适用范围都是相同的,所以这两者一般被认为具有相同的位阶。从内容看,其实不然,单行条例处于自治条例的下位阶。这是因为:第一,自治条例与单行条例都是关于自治权内容的规定,一个地区不可能同时实行两套自治制度,因此,自治条例与单行条例之间必须保持一致性。如果自治条例与单行条例是属于同一位阶的法规,出现了冲突便无从解决。第二,为了保持一致性,必须确定其中一种的效力高于另一种,自治区自治条例的法律效力高于单行条例,是不言而喻的。所以,单行条例是自治条例的下位法。(3)地方性法规。自治区既是一个自治单位,又是国家的一个省级行政单位,根据宪法与立法法的规定,有权制定地方性法规。由于地方性法规需要以国家的法律、法规为依据,且不能与上位法的规定相抵触,而自治条例涉及变通、补充的内容,两者之间一般不会产生哪个效力高哪个效力低的问题,因此,它们表面上是属于同一位阶的。从一般法与特别法的规则而言,在民族自治地方的法域内,自治区自治条例的效力大于地方性法规。所以,地方性法规应该是自治区自治条例的下位法。

自治区自治条例从规范主体而言,是属于行政法的范畴,遵守与执行自治条例的主体是自治机关，违反自治条例的也只能是自治机关或上级国家机关，制裁违法行为只能适用行政诉讼与行政处罚。

自治区自治条例的法律空间效力（是指条例在哪些区域发生效力）有两条原则：一是域内效力原则。由于民族自治地方的行政级别不同，自治条例法律效力的法域范围也不同。自治区自治条例的法律效力，在自治区管辖的行政范围内一律有效。区域内任何行政、事业单位，社会团体、群众组织，企业法人（包括驻区域内的任何法人团体和机构）和公民，都要服从它的管辖，一律适用。自治区的下一级民族自治地方的自治条例，不得与自治区自治条例相抵触。二是域外效力原则。一般来说，自治权条例只具有域内行使的效力。但域外效力是从另一种角度理解，一种情况是民族自治地方的驻外机构和人员，虽然在民族自治地方域外工作，仍要遵守自治区自治条例的规定；另一种情况是上级国家机关在行使职权时，要尊重自治条例的效力，对于不符合民族自治地方实际情况的条款，允许自治机关变通执行或停止执行，这就赋予自治区自治条例法律效力向外延伸的结果。

自治区自治条例的法律效力，是以属地主义为基础，以属人主义、保护主义为补充。适用于自治区行政区域范围内居住的一切自然人和法人、经济组织、社会团体、事业单位、行政机关。此外，也适用于驻自治区的上级国家机关的派出机构和在自治区注册的外资企业与跨国公司的分公司。

中国的民族区域自治制度，不是单纯的民族自治，也不是单纯的区域自治，而是两者的结合。结合之后是一种什么样的内容？从本质上看，我认为：应当更接近区域自治而不是过去一贯理解的民族自治，是在区域自治的框架与结构中体现出民族因素，理由是：(1)如果仅是考虑少数民族发展的需要，就应当对55个少数民族同等对待，只需由国家制定一个少数民族自治条例即可，这样的做法反而要比由各民族自治地方分别制定一百多个自治条例简单得多。(2)国家实行民族区域自治制度，原因是这些地方不仅只是少数民族处于后发展状态，同样地，世居在这些区域内的汉族也处于相同的境地，中国贫困状态分布的现状是，区域分布，不是族际分布，是"东西部"的差距问题。看不到这一点，而片面地突出"族际分布"现象，就违背了民族区域自治法序言中规定的"各民族平等、团结和共同繁荣的原则"，也不符合构建和谐社会的宗旨。

因此，民族区域自治制度的本质应该是以区域自治为基本构架，同时，结合民族自治的特点而形成的一种新的自治制度。

采取特别措施促使落后的少数民族地区能在最短的时间内赶上甚至超过中、东部的发展水平，同时又能保持少数民族各自有特色的民族习惯和文化，这才是实行民族区域自治制度的根本目的。同样，保障少数民族实现区域自治的权利，充分调动各民族公民的能动性、创造性、积极性，采取有效措施消除少数民族的贫穷落后状态并同时发扬少数民族的优秀文化，促进各民族共同繁荣，才是自治区自治条例的立法宗旨。深入了解自治区各民族现阶段的发展状况与诉求，是自治区自治条例立法的基础。在全球一体化的背景下，制定自治区自治条例，还要有全局观与全球视野，清楚地了解国际、国内的政治、经济发展趋势，了解本地区在国际、国内的政治、经济格局中所处的地位，认清自己的长处与不足，才能明确发展本地区政治、经济、文化的方向与路径。

第五章：制定自治区自治条例的基本原则

所谓立法原则，是指立法活动与法律应当遵循的基本准则，是法律价值观的体现，是立法活动遵循的指导思想和灵魂。在学理上，具体的、系统的、刚性的体系就是制度；原则是指一般的、高位阶的、柔性的规则。原则是法律的灵魂、立法指针，制度是法律的肉体、具体的规范。原则指导着制度，并且在制度不够完善、尚有缺陷的时候，可以作为制度的补充；制度要具体、详尽、系统、有机地反映原则，尽可能地将原则的精神覆盖到权利义务的每一个环节。

现代社会任何法律规范，都是人的行为的结果，是立法目的明确的产物。因此，立法原则体现立法者的价值取向，价值取向决定了立法原则的内容。立法者的价值取向受到其当时所处社会的生产力发展状况、生产关系状况的制约。凡是立法活动必须先明确价值取向，再确定立法原则，才能使立法活动围绕着立法目的进行。

古往今来，不同国家、不同时期法律内容与效果的差别，都是由立法原则的不同决定的。因此，立法原则是任何立法活动必须先解决的问题，自治区自治条例的制定也不例外。

一、宪法至上与不抵触原则

所谓宪法至上与不抵触原则，是指宪法是制定自治条例的母法，宪法权威是至上的；民族区域自治法是自治条例制定的依据、是上位法，自治条例的规定不能与之抵触。这是制定自治区自治条例必须要遵循的原则，宪法和民族区域自治法的所有条款不能变通，必须切实遵守。具体而言，该原则有以下三项具体内容。

（一）不违反

在制定自治区自治条例时，不能违反宪法、民族区域自治法和法律中关于民族自治地方的条款，也不能作出变通的规定。在单一制国家，国家权力只有一个，统一的法律体系与制度要求各法律部门必须是相互协调，互为补充的，国家立法和地方立法，实际上就是一个分权管理的问题。所以，不违反就是，地方立法既不能在立法范围，也不能在立法内容上与上位法发生冲突。地方立法只是对国家立法的补充与方便施法，超越立法范围，构成越权行为；突破立法内容，则无授权根据，导致法条无效。二者都表明地方立法机关没有正确行使国家所授予的立法权，冲突的结果都将导致地方立法不能产生应有的效力。宪法和民族区域自治法是自治区自治条例的上位法，自治区自治条例属于下位法。法律的从属关系决定，下位法的条款与上位法的内容发生抵触，这些条款就会失去其发生法律效力的基础。

（二）不重复

自治区自治条例中不能重复上位法已经明确规定的内容。在单一制的国家中，基于国家与地方关系的原理，国家法已经有明确规定且不能变通的内容，无须自治条例来重申，其法律效力是毋庸置疑的，自治条例中不规定，丝毫不会影响其权威。自治条例中重复这些条款是对立法资源的浪费，也是毫无意义的。

在已颁布的自治州、自治县的自治条例中，大量的条款是对民族区域自治法条款的复制，造成这种现象的原因：一是对“自治”的含义没有真正理解、对本地方的情况不能在法学的层面上进行提炼与归纳，因而不会用法律语言表述为条款，为了完成制定立法的任务，除了重复别无他途。二是自治机关的立法者，习惯于“下级服从上级”，没有上级的指示，不敢“越雷池”一步，生怕承担责任，最保险的办法，就是上位法怎么规定，我就怎么表述。因此，要求自治机关与相关人员必须富有创新精神，具备一定的政治、法律、经济和文化素质，能够清楚地理解国家法与自治条例的关系，了解哪些国家法律内容是无须自治条例规定，也要执行的，哪些是可以变通的。从而既能保证国家法律中在民族自治地方得以贯彻执行，又能使民族区域自治真正实现。

（三）变通

变通权，是法律赋予自治机关的一项重要权能。自治区自治条例制定时，对有关法律的具体条款，因不适合民族自治地方的实际而无法实施，则可以通过变通的方式，反映在自治条例的条款中。

变通的法理基础在于法律对所有人应当是平等的，即“法律面前人人平等”，平等由两种形式体现，一是形式平等，二是实质平等。形式平等，强调的是机会与程序的平等，凡属法律调整范围内的公民都有方式参与某种活动的机会，这就是机会与程序平等。国家法律一经颁布施行，所有人一律平等对待，可以实现形式平等。因此，如果追求机会平等，应当在全国范围内执行统一的法律，不能进行变通。实质的平等，是指获利的平等，就民族平等而言，是指少数民族公民与汉族公民实际能够享受法律权利的平等。由于历史与客观发展的缘故，少数民族聚居地区，大多是在边疆或西部山区，社会经济与文化的发展程度一般都落后于国家社会发展的一般水平。少数民族公民还保留着一些与其他民族不同的意识形态和风俗习惯，致使少数民族公民在理解和接受国家统一法律时产生一定的困难，使少数民族公民实质上是不可能与发达地区公民平等地享受权利和承担义务，即实现不了实质的平等。

因此，实行民族区域自治制度，赋予自治机关法律的变通权，就是为了追求各民族的实质平等而不是形式平等。通过变通，使自治区自治条例成为中国法律体系的重要组成部分，保证国家法制的统一性，又能反映民族自治地方的特点，充分保证少数民族实现区域自治的权利。

二、对等原则

所谓对等原则，是指在自治区自治条例中，对自治机关行使自治权，必须坚持、体现权力与责任、权利与义务对等的原则。这是因为自治机关的自治权，具有权利和权力的双重性，也就是说它既是权利又是权力。

（一）权利与义务对等

权利与义务对等，是指它的合一性，任何权利都不是绝对的，自治机关也是如此，行使权利的同时要履行义务，承担义务的同时享有权利。少数民族行使区域自治的权利时，必须要明确同时承担的义务。然而，在自治条例草案中规定了许多权利条款，却少有义务条款，出现了权利的失衡状况。只有实现权利与义务的平衡，才能维护民族地区社会秩序的稳定，保证社会的公共性，制定自治条例就是要寻找这一平衡点，建立自治区社会中权利与义务关系的平衡机制。

权利在法学语境中是个法律概念，指的是由法律规则授予某些人或集团以好处和收益（通俗讲就是对人、财、物的占有）。在早期一些法学著作中，自然权利（或道德权利）与法律权利是被区分开的。前者是受自然正义与道义原则承认并保护的各种要求；而后者是受特定法律制度本身承认和保护的，只有后者才具有实际的法律意义。

法律权利的存在是以各种观念为基础的。第一是道德观念。如果现存的法律权利是道德权利的升华，那么这种由法定权利认可的道德要求应被承认。但并非所有得到称许的道德要求，都被认定为法律权利。第二是利益观念。从本质上讲，利益是个人或集团寻求得到满足和保护的权利请求；规范社会关系的秩序，必须要考虑利益的平衡。法律制度并不创造利益，利益是由整个社会的、道德的、宗教的、政治的、经济的，或个人与集团，以及其他方面的观念而创造的。法律制度的功能只是承认或者拒绝承认特定利益是否值得予以保护。如果某个利益被法律制度所承认，那就通过具体法律条款规定一定的人或一定的集团享有具体法律上的权利。因而使他们的利益得到法律保护，在权利受到侵犯时，能够获得补偿或赔偿。当然，法律也可认定其他人或其他集团或整个社会负有某种义务。因此，权利和义务是保障和保护一定利益的工具，但并不是任何利益都能得到法定权利的保护。第三是义务观念。与权利相对应的就是义务的能力。义务是指负有或应支付他人而又必须履行的一种法律上的不利条件。法律义务就是，对依法必须作出和恪守的行为的确定形式，通常是对将来而言。但也可以基于过去的行为，即本应作出的行为而产生。法律义务要求人们必须作出某种行为，但实际上这种行为可以是友好的，也可以是不友好的。

因此，有时在权利和义务之间可能会缺少一致。通常，与法定权利相关并相对应的是法定义务。在此关系下，如果一个人或集团有一种特别的法定权利，则必定有另一个人或集团承受法定的义务。但是义务的存在，对于权利的存在来说，并不总是必不可少的。同样，义务可以独立存在。在权利—义务关系中，主要是双方彼此相对。每项合法权利都依法归属于一个或多个法律上的人（或集团），即称为权利主体，权利是依附于资格，依附于某些事实或事件的。在特定法律制度下，权利主体才开始享有权利。因此，享有权利的主体，也称为负有连带义务的主体。

从上述权利理论来分析，自治机关自治权的权利性，是被宪法和民族区域自治法承认并予以保护的法定权利。

法定权利的存在，也有其观念基础。一是各民族平等的道德取向，在多民族国家内不论民族大小、人口多少，其社会发展程度如何，各民族在人格上是平等的，都享有应该享有的权利。少数民族为开发、保卫边疆立下了可歌可泣的功劳，与汉族一起共同创造了祖国悠久的历史和灿烂的文化。平等、友爱、互助是中华民族长期形成的基本道德取向。二是当家作主的道德取向，各民族应该自主地管理自己的事务，"勿以己欲施于人"，这是几千年以来"儒家文化"的基本道德标准。保持自己的文化传统、生活方式、风俗习惯是各民族固有的权利。三是反对以强凌弱、扶弱救危的价值取向。反映在民族关系上，就是既反对大汉族主义，也反对地方民族主义。

法权利的存在，也有其利益基础。一是宪法承认少数民族，由于历史发展的种种因素，与汉族相比较，现在仍然处于落后状况。二是承认少数民族享有自主、平等、发展的权利，也承认少数民族应该得到国家的某些优惠待遇，获得国家与发达地区的帮助，既是国家和发达地区的职责和义务，也是民族自治地方的权利。三是这样才能加速少数民族和少数民族地区社会经济、文化事业的发展，才有利于国家综合国力的提高。为此，具体规定了自治权的权限。

自治权是权利和义务的统一，是由自治条例中具体的条款构成的。两者不能偏废，这是一个双向对应的关系，自治机关有行使自治权的权利，也有维护国家统一、保证宪法和法律在本地方被遵守和执行的义务。宪法和民族区域自治法规定，上级国家机关对民族自治地方有帮助的职责，这是上级国家机关的一项法定义务，而民族自治地方有接受上级国家机关帮助的权利。

（二）权力与责任对等

权力与责任对等（也称权责相称原则），同权利与义务对等的关系一样，权力越大其责任就越大，是不可分割的一个整体。如同天秤的二端，有权力，必有相应的责任；有责任，必有相应的权力。行使权力是承担责任的行为，承担责任是行使权力的对价，世界上不存在无责任的权力，也不存在无权力的责任。天秤的失衡结果，或者导致特权与权力滥用；或者导致责任削减与责任推诿。

什么是权力？权力就是对人、财、物的支配权，是人类社会普遍存在的一种现象。关于权力的含义，中外学术界存在不同的理解与认识。一般人们都有承认，权力是一种影响他人的能力。R.H.陶奈认为，权力是指"一个人（或一群人）按照他所愿意的方式去改变其他人或集体的行为，以防止他自己的行为按照一种他所不愿意的方式被改变的能力"。[1]马克斯·韦伯则提出，权力是"一种社会关系中的某一行动者，能处在某个尽管有反抗也要贯彻自己的意志的地位上的概率"。[2]塞缪尔·亨廷顿指出，权力"指影响或控制他人行为的力量……任何职能的行使都会涉及权力"。[3]我国学者林哲则认为，权力"泛指特定主体（个人、群体和国家）将其意志强加于他物（其他主体或客体）使之产生一种压力继而服从的能力"。[4]

显然，权力不等同于权利。权力主体在理念上是整体，而行使权力者是该整体的代理人。实际上，权力主体只能是个体或个体化的整体。权力关系就是一方的支配与另一方的服从，具有上下等级的特征。权利关系则是平等主体之间权利义务关系，前提是平等主体。权力代表着社会控制力量，甚至本身就是强制力量。而权利则只有受到侵犯，权利主体才借助于社会力量来实现。无论其正当与否权力都会存在，只要有人类群体，就有权力的影子伴随其间，其存在是客观的。只有权利得到法律的认可时，才是一种明确的合法存在，往往具有主观性。其能否被认可，则受到各种因素的制约。

---

〔1〕 [美]彼德·布劳：《社会生活中的交换与权力》，华夏出版社1988年版，第135页。

〔2〕 同上。

〔3〕 [美]塞缪尔·P.亨廷顿：《变革社会中的政治秩序》，华夏出版社1988年版，第107页。

〔4〕 林哲：《权力的交换与交换中的权力》，载《中国法学》1993年第5期。

那么，权力是从何而来的，或人类的权力是从何而来的？这曾是一个令人纠结的问题，人们给出过种种诠释。自然法哲学家把权力视为一种自然界的普遍现象，认为是人的自然本性所造成的统治与被统治、管辖与被管辖的关系，这是人类社会不可或缺的部分，这是盛行于古希腊城邦社会的观念。神法学家则坚信上帝或神是一切权力的最终根源，奥古斯丁认为，自然界一切事物都有一种内在的和谐，它们依一定的品级和种别而排列成一种天然的顺序，在这种顺序中，夫妻、父子、主仆之间的权力关系所依据的是一种来源于上帝的公正法则。而罗马法学家西塞罗认为："各国的法令和禁令都具有指导正当行为和禁止错误行为的权力；但是这种权力不仅早于民族和国家的存在，而且是与保卫和统治宇宙的上帝同时存在的。因为没有神性，神的意志就不存在，而且只有神的理性才能具有确定正当行为和错误行为的权力。"〔1〕中世纪意大利神学家托马斯·阿奎那重申《圣经》中所罗门的箴言："无长官，民就败落。"他认为：在上帝所建立的自然秩序中，低级之物必须始终服从高级之物的指示；在人类事务中，低级之人必须按照自然法和神法所建立的秩序，服从地位比他们高的人。〔2〕服从与被服从是自然秩序和社会秩序形成的基础。

近代社会以来，法日益成为社会生活的主要规范，人们越来越关注到法律与权力之间的关系。格劳秀斯认为，权力是由法律派生出来的，它象征着某种伦理准则，"它是由一个人根据这种

---

〔1〕 [古罗马]西塞罗：《法律篇》，载法学教材编辑部·西方法律思想史编写组编：《西方法律思想资料选编》，北京大学出版社1983年版，第76页。

〔2〕 参见[意]托马斯·阿奎那：《阿奎那政治著作选》，同上，第97页、第109～110页。

地位所具有的公正地处理一定事务的能力来决定的。法律要求包括权力，任何一种超过一个人自身的权力就是自由；任何一种超过他人的权力就是权威。例如父母的权力、天父的权力、主人超过奴仆的权力等”。在他看来，权力的原始取得是起源于生育、同意、侵权或性别优势等自然现象。在战争中，相应的权力也是依自然法而生，自然赋予人们以自卫的特权：攻击他方的一方，实际上已经给予了他方以保卫自身和反击对方的权力。[1]

契约论是从自然法思想的逻辑中必然推导出的，稳定的权力关系存在于社会组织中，而契约便是组织的凝合剂。斯宾诺莎提出，人的趋利避害的本性是社会存在的坚实基础，当社会将私人各自报复和判断善恶的自然权力收归公有，由自身执行时，它便有了规定人们共同生活的方式及制定法律维持秩序的权力。[2]

英国哲学家洛克也以契约论，详尽地描绘了权力的形成过程。他否认了那种关于人类最初处于一种自由放任状态的见解。认为，在自然状态下，“一切权力和管辖权都是互相的，没有一个人享有多于别人的权力”。既然同种和同等的人们毫无差别地生来就享有彼此相同的、自然的一切有利条件，他们之间就是一种平等关系，而不存在从属和受制的关系。在这种状态中，有一种为每个人所遵守的自然法在起着支配作用，每个人都具有处理他的人身或财产的无限自由，但他并没有毁灭自身或他所占有的任何生物的自由。为了约束所有的人使之不侵犯他人，就必须有人

---

〔1〕 [荷]格劳秀斯：《战争与和平法》，载法学教材编辑部·西方法律思想史编写组编：《西方法律思想资料选编》，北京大学出版社1983年版，第142～143页、152页。

〔2〕 [荷]斯宾诺莎：《伦理学》，同上，第179页。

拥有执行自然法的权力，以保护无辜和约束罪犯，于是这个人便得到了支配他人的权力。但当他捉住一个罪犯时，并没有绝对或任意的权力，去按照自己的感情冲动或放纵不羁的意志对之加以处置，而只能根据冷静的理性和良心的指示，比照他所犯的罪行，对他施以处置，尽力纠正和禁止侵权行为。如果有谁企图将他人置于自己的绝对权力之下，那么他们便处于战争状态。

洛克认为，在如此自由的状态下，由于缺少法律、公正的裁判者和支持正确裁判的权力，个人权利的享有事实上很不稳定，它有不断受到那些不严格遵守公道和正义的人们侵犯的威胁，这就使他愿意放弃一种虽然自由却是充满恐惧和常遇危险的状况，而甘愿同已经或有意联合起来的其他人彼此一起加入社会，以便保护他们的生命、特权和地产。这些由他们主动放弃的平等、自由和执行权，一旦交给社会，由立法机关按照社会利益统一处理，便“决不能重归于个人，而是始终留在社会中”。[1]

在卢梭的《社会契约论》中，也闪烁着类似的思想火花，他指出，当亚里士多德将人分为天生的奴隶和统治者时，他是“倒果为因”了。奴隶的存在是违反天然的，强力和服从转为权力和义务，是最强者的统治地位稳固的前提，而强力只是一种物理的力量，并不产生什么道德，对它的服从也不是一种意志的行为，而只是一种必要的或明智的行为。因此，统治者的权利与权力实为同义。他认为，只有在这样的情况下人们才会毫无保留地将自己的自然权利转让给整个集体—— 一个共同体，自然状态中不利于

---

〔1〕［英］洛克：《政府论》（下篇），载法学教材编辑部·西方法律思想史编写组编：《西方法律思想资料选编》，北京大学出版社1983年版，第220页、第274页、第277页。

人们生存的种种障碍,在阻力上已超过了个人为了自身所能运用的力量,而人们若不改变其生存方式便会被消灭。于是,权利的交付便使"每个人都以自身及其全部的力量共同置于公意的最高指导之下"。而成为"全体之不可分割的一部分"。主权便是表达公意并受之指导的权力,它是政治体支配其成员的绝对权力,不可转让或分割。[1]

契约论和人民主权论,在18世纪末和19世纪初,几乎成为一些思想家解说权力起源的主导理论。美国政治家托马斯·杰弗逊宣称:构成一个社会或国家的人民是那个国家中一切权力的源泉,除了人民外不存在什么"储藏社会的根本权力的宝库"。汉密尔顿、麦迪森等联邦党人也都认为,"人民是权力的唯一泉源","首要的权力不管来自何处,只能归于人民","而国家权力的河流应该直接不定期来自一切合法权力的洁净的原始的泉源"。[2]

从权力的起源可以看到,权力既是自然形成的,也是人为建立的。自然的权力依其特有的规律运作,人为的权力则依一定的规则重新分配着社会资源,同时也分配着自己。

少数民族实行区域自治作为一种权力,也具有这种属性。从自治权的分配而言,是宪法和民族区域自法规定的,是由民族自治地方的自治机关自主地管理"本民族内部的事务",管理本民族内部事务的权力,其权力内涵是自然形成,依其民族和地方内

〔1〕 参见[法]卢梭:《社会契约论》,载法学教材编辑部·西方法律思想史编写组编:《西方法律思想资料选编》,北京大学出版社1983年版,第280页、第284页、第287页。

〔2〕 《杰弗逊文集》《联邦党人文集》,同上,第353页、第367页、第373页、第370页。

部特有规律运行。而自治机关行使管理“本地方内部事务”的权力，则是人为建立，是依一定规则重新分配（即通过宪法和法律）的权力，具有强制性。自治权的权力性背后暗含的意思是：实行区域自治的民族将个人的权力让渡于自治机关，自治机关行使的自治权是代表着实行区域自治民族的共同意志，来维护和保障自己的权利。也可以说，自治权的权力主体是整体（民族共同体）而非个人，行使权力者只是该整体的代理人——自治机关。这就是自治权的权力性的属性所决定的非个体性质，即具有的公共权力性质。

公共权力是社会发展到一定历史阶段的必然产物，这是因劳动分工而进行的社会权力的分配。权力以职权的形式相对集中于部分群体或社会的成员手中，与职责相联系的权力就是公共权力。自治权作为一种公共权力，它是与公共利益（民族共同体）联系在一起的。虽然自治权是宪法和法律赋予的一种法定权力，那是国家权力的人为分割，只是规定权力的合法性问题，它行使的基础和依据，仍然是“本地区、本民族”的公共利益，违背它，自治权就失去了权力的基础。自治权力的“公共”性质，使行使自治权的主体具有双重身份：

一方面，行使自治权的主体是自治机关，权力产生于具体职责，由担任该职位的人或机关拥有；自治机关作为行使权力的主体具有代表性，而真正的权力主体是实行区域自治的民族共同体和本行政区域内的各族公民。另外，自治机关行使的自治权，不是专属于自治机关本身，自治机关所履行的具体职责是国家权力和群体权力的一部分。具体行使自治权的自治机关或人（自治区主席），对自治权只拥有相对的使用权和履行权，而无处置权和占有权，只具有代理人的资格（即法人代表）。一旦将代理人与该职位或职务分离（如免职、退休、撤职等），代理人便不再拥有这项权力。自治权的非个体性（或私人性）决定了任何将公共权力“私有化”的行为，都是对所代表的集团（群体）或国家利益的否定。

另一方面，自治区的自治机关是一级地方国家权力机关，在其行使职权的过程中，具有国家的强制力的特征。自治区自治条例就是要规范自治机关行使自治权的行为：一是保障在自治区内，对一切组织和公民都具有约束力，不允许有任何法外的组织和公民。二是明确权力与责任的对等，二者不能分离或偏移。平衡好权力与责任的关系，既要谨慎地用好权力，防止滥用权力；又要恪尽职守，在职权范围内，敢想敢干，大胆决断，充分行使自治权。

遵照权力与责任对等原则，自治区自治机关及组成部门要建立权力清单和相应责任清单制度，明确各工作部门职责权限，推动自治机关全面履行职能、提高行政效率和服务水平。因而，自治区自治条例中如何体现这“二个清单”，按照透明、高效、便民原则，规范自治机关权力运行流程图，规范行政裁量权，强化权力监督和问责，使自治机关行使自治权的行为在阳光下运行，这将考验着自治区自治条例立法机关的勇气与智慧。

三、民族平等与民族团结原则

民族平等是民族团结的基础，民族团结是民族平等的必然结果，二者相互依赖，具有因果关系，是立国的基础。

（一）民族平等原则

民族平等原则，也称民族平等权。是我国一项重要的宪法原则和宪法权利。《中华人民共和国宪法》序言第4条载明："中华人民共和国各民族一律平等。"由于民族平等是一项宪法原则，因而就成为立法的一项重要原则。

在学理上，民族平等原则源于法律上权利平等原则，权利平等是基本人权。权利平等原则又源于"公平、正义"的普世价值观。于是，由人的基本权利发展为民族的基本权利（集体权利），主体由自然人延伸到民族共同体。

1776年，杰弗逊等为美国独立战争起草的《独立宣言》，第一次使平等思想成为国家的主导思想："我们认为这些真理是不言而喻的：人人生而平等，他们从造物主那里被赋予了某些不可转让的权利，其中包括生命权、自由权和追求幸福的权利。"之后，1789年法国的《人权与公民权宣言》公开宣称："在权利方面，人们生来就是而且始终是自由平等的"，"法律对于所有的人，无论是施行保护或处罚都是一样的。在法律面前，所有的公民都是平等的"。此后，各国宪法都相继接受并承认了平等权。在法律上，平等权利蕴含的意义是：

第一，是指公民一律依法平等地享有权利。这要从两个层面去理解：一是公民是平等权的权利主体，也包括法律规定的其他权利主体，如外国公民、侨民、法人等。二是平等权涉及公民（权利主体）的各项权利一律平等。公民平等地享有法律规定的权利，没有差异或区别对待；在权利面前人人平等，不容许任何人超越权利范围行使特权。也可以说，平等权没有自身的具体内容，是以公民行使的各项权利为基本范畴，对其予以衡量的一项原则或尺度，即权利平等原则。

第二，平等权是指国家及其政府对公民（权利主体）各项权利的行使，给予同等的待遇与保障。换言之，平等作为公民权利，同时也是国家和政府保障公民权利的一项义务。对待公民行使权利，任何国家机关或政府部门都不允许歧视或采取不同等的举措。

第三，公民平等地享有权利，同时也包括平等地履行义务。这是平等权的一项重要方面，无论在任何社会形态里，乃至当今社会，之所以出现特权、出现不平等现象，就是由于权利与义务之间的分离与不一致。通常是把一切权利赋予一个阶级（或集团、政党），却几乎把一切义务给予另一个阶级（或集团、政党）。而法律上的平等权利不允许任何人享有特权，要求所有人都必须平等地履行其义务，保证权利享有与权利义务的一致性。

从这三个方面可以说，平等权利作为一项普遍的法律原则，它既规范公民平等地享有权利，又平等地履行义务；同时告知一切国家机关都有平等地对待、处理、保障公民享有的权利的责任，也有平等地约束公民依法履行其义务的权力。只有权利和义务的统一，才能使人人平等思想成为一项法律原则，而不是其他任何道义或道德原则，才能使平等具有法律约束力。平等权的这种法律属性与含义，表明了它作为权利原则的法律特征。

民族平等原则直接来源于平等权，是一项基本人权。是指民族间的权利平等，也包括种族、家族、血统、归化人、外国人、少数人等的一律平等。虽然在一些国家的宪法条文中，将民族与种族作为两个概念。尽管民族和种族的含义是不同的，但从平等原则的角度看，两者是一样的，任何民族或种族，不论人口的多少、经济的强弱以及肤色、信仰在法律面前一律平等。

在人类历史发展的长河中，不论社会性质如何，民族矛盾和斗争时隐时现，时而激烈时而平缓，从未间断。进入21世纪后，有学者预言：民族问题仍将是世界动荡的根源。这一现象能够长期存在，原因就在于不平等制度的实际存在，民族或种族间社会经济发展的不平衡与不同文化的冲突，使不平等地位和待遇在事实上还存在。

从启蒙运动提出"人人生而平等"开始，民族、种族的平等也自然提上议事日程。美国的《独立宣言》就开明宗义地宣告："在有关人类事务的发展过程中，当一个民族必须解除其和另一个民族之间的政治联系，并在世界各国之间依照自然法则和上帝的旨意，接受独立和平等的地位时，出于人类舆论的尊重，必须把他们不得不独立的原因予以宣布。"短短几句，说明"人人生而平等"是依据自然法则的"真理"，作为一个民族所要达到的目的，就是"独立和平等"，就是"解除与另一个民族的政治联系"。可以说，美国《独立宣言》就是民族独立的宣言，也是民族平等的宣言。

随后，民族平等原则，都先后写入西方各国的宪法，成为了重要的宪法原则。其内涵也从对本国民族（种族）平等，扩展到对外国国民和民族（种族）的平等。《法兰西第五共和国宪法》（法国现行宪法）第1条规定："共同体建立在组成共同体的各族人民的平等和团结的基础之上。"第2条规定："……共和国保证全体公民，不分出身、种族或宗教信仰，在法律面前一律平等，共和国尊重一切信仰。"[1]印度宪法规定，国家对公民不分宗教、种族、

---

〔1〕 孙谦、韩大元主编：《世界各国宪法》（欧洲卷），中国检察出版社2012年版，第268页。

种姓、性别、出生地一律平等。[1]当代世界各国的宪法中，几乎没有哪个国家的宪法中没有国内各民族平等的规定。

中国是一个多民族国家，历史上曾经存在过民族压迫和民族不平等，近代社会又经历了外来帝国主义的欺压。在中国共产党领导下，既反对外来民族的侵略，也主张国内各民族平等、团结和统一。从1949年《共同纲领》开始，到1954年第一部宪法以及现行的1982年宪法，都明确规定了民族平等的原则，并使我国民族平等、团结的多民族大家庭有了稳固的发展。

民族平等原则始终是一条重要的中国宪法原则，从宪法的规范到实际生活，其实质意义是：

第一，民族不分大小、人口多少，也不论其社会、经济和文化发展程度如何，均一律平等，并为各民族的共同繁荣和发展而努力。

第二，在维护民族团结、平等的斗争中，既反对大汉族主义，也反对地方民族主义。

第三，对少数民族、民族自治地方等，实行特殊的政策，民族自治地方充分行使自治权，根据本民族、本地区的特点发展经济文化事业，缩小与发达地区的差距。

第四，各民族在国家的参政议政方面，都享有平等权利。各民族不论人口多少，都有代表参加全国人民代表大会和各级地方人民代表大会，行使当家作主的权利。在中央和地方的国家机关，各民族也享有同等权利。

---

〔1〕 参见孙谦、韩大元主编：《世界各国宪法》（亚洲卷），中国检察出版社2012年版，第781页。

（二）民族团结原则

从15世纪近代民族国家出现以来，世界上绝大多数都是多民族组成的国家共同体，还没有哪个大国是单一民族的国家。多民族凝聚在一起而形成民族国家，“公民”这一法律概念的产生，就反映了各民族平等的意涵。被当今世界证明的一个规律就是：民族平等→民族团结→国家巩固繁荣。

中国是多民族国家，在分布上，少数民族是“大杂居，小聚居”；在生活上，各民族“你中有我，我中有你”，谁也离不开谁，是一个命运共同体。所以，民族共处才构成了民族区域自治制度，民族团结才能巩固、完善民族区域自治，坚持民族平等就是要实现民族团结，这是中国民族关系现实的要求。广西、内蒙古、新疆、西藏、宁夏是中国不可分割的一部分，是多民族、多宗教的多元文化地区。民族团结是自治区一个永恒的主题，是经济、文化发展，构建和谐社会，实现现代化建设的基础，是维护社会稳定、国家统一与长治久安的重要保证。

因此，民族团结是制定自治区自治条例必须遵循的原则。

四、自治民族与其他民族利益均衡原则

自治区自治条例涉及自治民族与其他民族的利益分割与分享，涉及“公平、正义”与基本人权的保障，涉及多数人与少数人利益平衡问题。不论“天秤”向哪一方倾斜，都将蚕食民族平等原则，动摇民族区域自治制度的基石。如何平衡自治民族与其他民族的利益，这既是一项立法技术，又是一项立法原则。

民族区域自治是实现民族不分大小，一律平等原则的体现，是少数民族当家作主的政治权利。切不可将实行区域自治的民

族行使自治权，理解为该民族具有权力独占权与利益分享的优先权和照顾权。中国各民族人口的构成与世界上其他多民族国家相比，有其独特性，五个自治区中，西藏的藏族人口占总人口（总人口是指自治区总人口，下同）的90.8%，新疆的维吾尔族人口占总人口的48.5%，宁夏的回族人口占总人口的35.7%，广西的壮族人口占总人口的31.39%，内蒙古的蒙古族人口占总人口的17%。

这样，除西藏以外，其他四个自治区中，实行区域自治民族的人口都是居于少数或绝对少数，社会治理中呈现出一个“多数人与少数人”的问题。于是，在自治区自治条例中，如何平衡自治民族与其他民族之间，就权力配置与利益分享问题，使之既符合“公平、正义”原则，体现各民族一律平等，又能体现实行区域的民族的自治权利。

自治区自治条例的一个主要功能就是要以立法形式，去规范自治机关的权力配置与各方面的利益分享。在收集到的自治条例草案文本中，都有这样的规定：“自治区人民代表大会常务委员会的组成人员，蒙古族人员不低于百分之五十”；“自治区人民政府的组成人员，蒙古族人员不低于百分之五十”；“自治区人民代表大会常务委员会组成人员中，回族和其他少数民族人员应超过半数。”

我们知道，现代民主原则下的决策机制是“多数决”，即我们通常所说的“少数服从多数”，自治民族在人大常委的组成人员中超过半数，就意味着自治民族拥有了绝对的权力，只要半数同意，任何决定、决议、提案都能通过。自治区人民代表大会是自治区的最高权力机关，常务委员会是其闭会期间的工作机构，它除了可以制定和颁布地方性法规外，还有14项的职权。[1]自治区人大常委会权力之大，是显而易见的，这才是为何在自治条例草案中，作出“超过半数”或“不低于百分之五十”规定的原因所在。然而，照此规定，就会出现这样的局面：人口占少数的自治民族的代表拥有常委会的多数席位，人口占多数的代表却拥有常委会的少数席位，有可能出现的不是“多数人专政”而是“少数人的专政”，这是当代世界不能容忍的现象。也是反“种族歧视”与人权保障的主要指向。在自治条例中如何作出平衡的条款，通常的案例就是，针对相关的事项制定特别的机制（一般是列举方式），即设置“绝对多数”的表决机制。只有这样才能平衡自治区内各民族公民的利益，使多数人的基本权益与财产权利不被侵犯。

行政权力的运行规则是“行政首长负责制”。所以，自治区人民政府主席由实行自治民族的公民担任，已经体现了实行区域自治民族的政治权利与自治权。人民政府的组成部分与工作人员对自治区主席负责，自治人民政府是一个行政执行机关，它追求的是高效、公正、廉洁、忠诚、守法、全心全意为公众服务。它对组成人员的要求是以能否胜任与承担上述职责为条件，也就是“效率优先”，追求政府组成人员的民族身份构成不是其要务，不能以所谓的“公平”来牺牲“效率”。因为，一个低效率的政府是不符合自治区各民族根本利益的。自治条例草案中，关于自治区人民政府的组成人员，自治民族人员不低于百分之五十的规定是不恰当的，这不是行政执行机关的本质要求。只有严格按照《公

〔1〕 参见《地方各级人民代表大会和地方各级人民政府组织法》第44条规定。

务员法》的规定，录用自治区人民政府的工作人员，才是可行的与公平的。

另外，政府工作人员行使管理职权是一种公务行为，而非个人行为，体现的是自治机关的意志，而不是个人的意志。所以，政府工作人员的民族身份配置与自治机关是否充分行使自治权没有关联。公民对政府工作人员的要求是：公正、廉洁、奉公守法、高效工作，而不是要求政府工作人员民族身份配置的合理。

至于在自治区自治条例中规定：自治区所属的市长、县长（自治县除外）、乡长（民族乡除外）、镇长，都应由实行民族自治的公民担任，更是于法无据，于理不通。首先，自治区所辖市、县、乡、镇不是自治单位，其政府也不是自治机关，法律没有规定行政首长必须由特定民族的公民担任，这样的规定没有法律依据。其次，市长、县长、乡长、镇长是由选民、人民代表直接或间接选举产生的，以特定民族身份作为市长、县长、乡长、镇长的选任资格，使普选制变成了特选制，使行政首长的职位失去了代表性与合法性；同样也是对选民、人民代表选举权的克减，属于侵犯公民政治权利的行为。最后，如此实行就是少数的专制，由代表30%的特定民族对70%公民的统治，这不符合现代民主政治的潮流，这将动摇共和国的基石，后果是十分危险的。

自治区自治条例的功能除了规范自治权力的配置外，就是如何实现自治民族与其他民族之间的利益分割与分享。在自治区自治条例草案中有这样的条款：自治区人民政府制定各类学校的人员编制和经费开支标准。自治区民族学校和使用蒙汉两种语文授课的各类学校的办学条件，应优厚于一般学校。自治区少数民族学生的奖学金、助学金标准，要高于国家一般规定。牧区、边境地区、林区、山区、老革命根据地和民族自治旗学生的奖学金、助学金要高于区内一般地区。

各类学校（这里专指公立法校）的经费开支与向学生提供的奖学金、助学金，都属于自治机关的教育投资。教育投资是自治机关为社会提供的公共产品，由公共财政支出，而"均等化"是公共产品提供应遵循的基本原则。自治机关向自治区内社会公众提供公共产品和公共服务是其基础的职能，由自治区内所有公民共同消费和平等享受。均等化原则要求自治机关提供的公共产品，对行政区域内不同民族、不同阶层一视同仁，以公共财政予以均等的支出，使不同民族、不同阶层的所有公众承担均等的公共产品成本，分享均等的收益。这是人们生存和发展最基本的条件，是促进社会均衡协调发展的必要途径，也是实现自治区民族平等、共同繁荣的基础。

2005年，国家在"第十一个五年规划"中，首次提出了"公共服务均等化原则"的概念，要求"按照公共服务均等化原则，加大对欠发达地区的支持力度，加快革命老区、民族地区、边疆地区和贫困地区经济社会发展"。

2007年，党的十七大报告把"围绕推进基本公共服务均等化和主体功能区建设，完善公共财政体系"，确定为当前深化财政体制改革的一个基本方针。

2008年，明确了基本公共服务体系由三个层次建设：(1)公共服务体系建设建立在经济发展的基础上，应依据经济发展程度和水平，逐步建设。公共服务体系建设的指导思想是惠及全民和公平公正，但建设步骤要把握水平适度、可持续发展的原则。(2)基本公共服务均等化，是公共服务体系建设的长远目标，也是服务型政府建设的重要价值追求，但也需要逐步实现。应围绕逐步实现基本公共服务均等化的目标，协调处理好公共服务的覆盖面、保障和供给水平、政府财政能力三者间关系。(3)公共服务体系建设的关键是创新公共服务体制，改进公共服务方式，形成公共服务供给的社会和市场参与机制。通过公共财政、社会组织、企业与家庭的合作，发挥和体现财政资金的公益性价值，提高公共服务质量和效益。[1]

2010年，《中共中央关于制定国民经济和社会发展第十二个五年规划的建议》对基本公共服务均等化的论述是：完善保障和改善民生的制度安排，把促进就业放在经济社会发展优先位置，加快发展各项社会事业，推进基本公共服务均等化，加大收入分配调节力度，坚定不移走共同富裕道路，使发展成果惠及全体人民。

2012年，《国家基本公共服务体系"十二五"规划》正式对外公布，这是基本公共服务领域的首部国家专项规划，提出了基本公共服务的范围、国家基本标准，提出实施26项保障工程。把基本公共服务制度作为公共产品向全民提供，是中国公共服务发展从理念到体制的转变。中国实行社会主义制度，公民都有获得基本公共服务的权利，保障人人享有基本公共服务是政府的职责。在党的十八大报告中，提出到2020年总体实现基本公共产品均等化，要求各地从实际经济发展水平出发，按照政府保障基本需求、市场提供多样选择的原则，推进基本公共产品的均等化。

2013年，十八届三中全会《中共中央关于全面深化改革若干

---

〔1〕 参见《胡锦涛在中共中央政治局第四次集体学习上的讲话》，载中央政府门户网站：www.gov.cn，2008年2月23日。

重大问题的决定》进一步提出：紧紧围绕更好保障和改善民生、促进社会公平正义深化社会体制改革，改革收入分配制度，促进共同富裕，推进社会领域制度创新，推进基本公共服务均等化，加快形成科学有效的社会治理体制，确保社会既充满活力又和谐有序。统筹城乡基础设施建设和社区建设，推进城乡基本公共服务均等化。

在第十二届全国人民代表大会第四次会议批准的《中华人民共和国国民经济和社会发展第十三个五年规划纲要》中，明确"十五"期间，要健全城乡发展一体化体制机制，推进城乡要素平等交换，合理配置和基本公共服务均等化。

均等化原则如此重要，因此，发挥公共产品的效率必须要建立在公平的基础上。公平就是一个起点，在公平之上才能谈效率，而"公平产生效率"是一个不容争辩、不容讨论的事实。

综上所述，公共产品均等化原则是转变政府职能、进一步深化改革的目标。显然，在自治区自治条例草案中，关于民族学校人员编制和经费开支标准应优厚于一般学校与自治区少数民族学生的奖学金、助学金标准，要高于国家一般规定的表述是有违均等化原则的。仅以民族身份的不同，就获得优待，从法理而言，这样的规定是与民族平等、公平正义原则相抵触的，自治机关不应成为自治民族利益最大化的工具。当然，自治条例草案大多是20世纪80年代初到90年代初形成的，那时无论是在政界还是在学术界，公共服务与公共产品的概念还没有被提出与讨论，苛求草案的缺陷也是不公平的。但这并不妨碍我们研究探讨这一问题，自治区自治条例制定的步伐是在"踏步"，并没有"停步"。研究这一问题，是寄希望于在"前进"的步伐中得以体现。

第六章：自治区自治条例的基本内容

任何一种立法行为，都是一项制度建设，而非一项政策措施。五个自治区无论是地理环境、文化形态、民族构成，还是社会经济发展、生活方式都有较大的差异。就自治条例制定而言，其内容既有共性，即相同之处；也有各自的特点，不能一概论之。自治区自治条例规范的基本内容，则不能有本质的区别，所遵循的上位法与学理是一致的，这就需要认真梳理与研究。

一、自治机关与自治机关的组成

自治机关与自治机关的组成是自治条例规范的重要内容。我们说自治条例是一部组织法与行为法合一的法律，既规范自治机关的组成，也规范自治机关的行为。《民族区域自治法》中，关于自治机关的设立与自治机关组成的规范，是作为基本法，从民族区域自治制度是国家的一项基本政治制度的层面而言，对自治机关及性质进行规范，它为下位法——自治条例，从实施层面，根据各个自治区的实际具体规范提供了法律依据。在自治条例中如何规范？是一个需要研究的课题，涉及自治机关的性质与自治机关的组成两个方面。

（一）自治机关及性质

自治机关是民族自治地方行使自治权的权力机关，是自治区专有的法定机关，[1]代表自治民族实行民族区域自治，是民族区域自治制度的标志。是在实行自治的行政区域内，各民族公民组成法人团体（民族区域自治团体），依照宪法和法律的规定，并在国家监督之下，按照自己的意志行使自治权的权利主体，自主地利用本地区的资源，处理本区域内公共事务的一种制度安排。

自治机关是自治区人民代表大会与人民政府，五个自治区首府所在的市、地级市、县、乡、镇的人民代表大会与人民政府都不是自治机关，没有自治权，也不能制定自治条例。那种认为自治区所辖各级人民代表大会与人民政府，都是自治机关的看法是错误的；同样，同级的党委与政协也不是自治机关。

自治区人民代表大会和人民政府是一个主体的两种角色（即所谓两块牌子一套人马），既是自治机关，又是一级地方国家政权机关。作为自治机关自主地行使法律赋予的自治权，作为地方国家政权机关，行使法律赋予地方国家机关的职权。二者区别的本质特征就在于自主性，没有或削弱了自主性，自治机关就与一般地方国家机关没有不同了，民族区域自治也就名存实亡，“文化大革命”期间，“极左”路线横行，就是如此。具体如何区别“角色”与职权划分？也就是在什么情况下是自治机关的角色，行使自治权，什么情况下是地方国家政权机关，行使地方国家机关行使的权力？在自治区（省级行政区）所属的事权中，哪些是属于

---

〔1〕 自治机关只在自治区、自治州、自治县（旗）设立，本书只研究自治区自治条例，故不涉及自治州、自治县自治机关，专指自治区自治机关。

自治权的范畴，由自治机关来行使；哪些又是属于地方国家政权机关行使的事权？这些问题都是制定自治区自治条例面临的难题，在中央与地方事权没有明确、合理划分的前提下，更是难题中的难题。也是自治区自治条例至今无法走完立法程序的原因之一。这个障碍目前是无法逾越的，它事关国家中央与地方权利的划分，是一个政体问题，自治区一级无权划分，需要国家最高权力机关通过立法来解决。这一问题不解决，自治权就是一座悬空的“楼阁”。现实中出现的情况就是，一些上级国家机关的部门（或驻民族自治地方的一些中央企业），当地方利益与它们的利益发生冲突时，就会以中央权利地方无权行使为由，阻止自治机关的行为，或拒不执行自治机关通过的有关地方性法规和决定；当一些事项涉及国家整体利益（如国土安全、边境建设、江河流域治理等）需要上级国家机关协助处理时，又可以这是地方权利，中央无权干涉为由，不愿意承担相应的责任。造成这种现象的根源，就是中央与地方事权划分不明确的结果。

（二）自治机关的组成

自治机关的组成涉及两个层面：一是自治区人民代表大会及其常务委员会，二是自治区人民政府。

自治区人民代表大会及其常务委员会的组成，自治条例规范的主要问题是：人民代表的选举、常务委员会的组成、常务委员会主任与副主任的人选。

人民代表大会是自治区的最高权力机关，选举权与被选举权是公民基本的政治权利，也是各民族公民实现当家做主、行使管理本区域事务权利的具体体现。自治区人民代表的产生与政协委员的产生不同，政协委员是按届别来推举，人民代表则是由选区来间接选举。自治区人民代表选举应该实行“有限比例代表制”。

所谓有限比例代表制，其含义是：少数民族（实行区域自治的民族）公民占人口30%以上的选区，不设民族比例的限制；少于15%的选区，保证有一名少数民族的公民代表；低于30%、高于15%的选区，少数民族的公民代表不低于其人口所占比例。在代表候选人必须是在该选区居住一年以上的公民，禁止“空降代表”与“名义代表”的出现。未来自治区人民代表大会小型化与专职化是社会发展的必然方向，自治区自治条例如何为此预留好空间，是自治条例制度须研究的问题。

自治区人民代表大会常务委员会是人民代表大会闭会期间的常设机构，是自治权行使的权力机关。自治人大常委会由本级人民代表大会在代表中选举主任、副主任若干人、秘书长、委员若干人组成，常委会一般由35名至65名委员组成。〔1〕人大常委会委员中，应由实行民族区域自治民族的公民担任主任或副主任。〔2〕人大常委会委员是由人大代表选举产生，任何常委会民族构成的企图与规定都是没有法律依据的，也是对人民代表权利的漠视与侵犯。在所有颁布的自治州、自治县（旗）自治条例中，有关人大常委会委员民族身份比例的规定都是违反上位法的，应作无效条款处理。

自治人民政府是自治区的最高行政机关，是自治权行使的执

---

〔1〕《中华人民共和国地方各级人民代表大会和地方各级人民政府组织法》第41条规定：省、自治区、直辖市35人至65人，人口超过8千万的省不超过85人。

〔2〕《中华人民共和国民族区域自治法》第16条第3款规定：民族自治地方的人民代表大会常务委员会中应当有实行区域自治的民族的公民担任主任或者副主任。

行机关。自治条例规范的是自治区人民政府的组成和自治区主席的人选与任命。自治区人民政府分别由自治区主席、副主席和秘书长、厅长、局长、委员会主任等组成。

根据宪法与民族区域自治法的规定，自治区主席由实行区域自治的民族的公民担任。自治区人民政府的其他组成人员，应当合理配备实行区域自治的民族和其他少数民族的人员，实行自治区主席负责制，自治区主席主持本级人民政府工作。[1]

在这里，自治区自治条例规范的难点在于人民政府的其他组成人员中，如何体现“合理配备”实行区域自治的民族和其他少数民族的人员的问题。是实行“比例制”还是“优先制”？

人民政府的组成人员都属于公务员的范畴，公务员的录用与人大代表的选举在本质上是不同的。人大代表是代表选区公民或特定民族公民行使管理国家或地方的权利，是选区选民的代言人，代表选民的意愿和利益，体现“主权在民”即“一切权力属于人民”的原则，人大代表是通过选举产生的，是公民政治权利行使的结果；而公务员则是采取“公开考试、严格考察、平等竞争、择优录取”的方式录用的，秉承的是“任人唯贤、德才兼备”的原则，是自治机关意志的具体执行者，是政府的行政行为，不是公务员的个人行为，目的是使人民政府依法行政、勤政廉政、提高工作效能，全心全意为自治区各族公民服务。实现这一目标依靠的是高素质的公务员队伍，而不是民族身份的结构。所以《公务员法》第21条第2款规定：“民族自治地方依照前款规定录用公务

〔1〕 参见《中华人民共和国宪法》第114条，《中华人民共和国民族区域自治法》第17条。

员时，依照法律和有关规定对少数民族报考者予以适当照顾。”[1]这里的“适当照顾”就是在同等条件下优先录用，同等条件体现了录用公务员的标准是一致的，在同一标准下，优先录用少数民族报考者，这既符合“坚持公开、平等、竞争、择优的原则”，也符合“依照法定的权限、条件、标准和程序进行”的公务员管理原则。[2]

所以，在自治区自治条例中，对人民政府的组成人员，规定民族身份构成的“比例”是不妥的，也没有上位法的依据，应该是坚持“优先”的原则，即同等条件下，优先录用。

二、自治机关的权力

自治区自治机关不同于自治州、自治县（旗）的自治机关，其权力大于自治州与自治县（旗），其核心是中央与地方权力的划分，自治州、自治县（旗）仅是地方权力的划分。自治机关的权利分别由自治区人民代表大会与自治区人民政府行使。

（一）自治区人民代表大会的权力

自治区人民代表大会具有双重身份，有着广泛的权力。它既是地方国家权力机关，又是自治区的自治机关，除了拥有《民族区域自治法》第19条规定的制定自治条例与单行条例外的权力外，还拥有《地方各级人民代表大会和地方各级人民政府组织法》第8条规定的15项职权。由于自治区人民代表大会一般每年召开一次，闭会期间，它的权力一般由其常设机关——常务委员会行使。票决制是常务委员会权力行使的唯一形式，对本级人民

---

〔1〕《公务员法》第21条第2款。

〔2〕《公务员法》第5条。

代表大会负责并报告工作，它行使以下权力：

1.可以制定和颁布地方性法规，报全国人民代表大会常务委员会和国务院备案。

2.保证宪法、法律、行政法规的遵守和执行；领导或者主持本级人民代表大会代表的选举；召集本级人民代表大会会议；讨论、决定自治区的政治、经济、教育、科学、文化、卫生、环境和资源保护、民政、民族等工作的重大事项；根据自治区人民政府的建议，决定对自治区的国民经济和社会发展计划、预算的部分变更；监督本级人民政府、人民法院和人民检察院的工作，联系本级人民代表大会代表，受理人民群众对上述机关和国家工作人员的申诉和意见；撤销下一级人民代表大会及其常务委员会的不适当的决议；撤销本级人民政府的不适当的决定和命令。

3.在人民代表大会闭会期间，决定自治区副主席的个别任免；在自治区主席和人民法院院长、人民检察院检察长因故不能担任职务的时候，从本级人民政府、人民法院、人民检察院副职领导人员中决定代理的人选；决定代理检察长，须上报最高人民检察院和全国人民代表大会常务委员会备案；根据自治区主席的提名，决定本级人民政府秘书长、厅长、局长、委员会主任的任免。

4.按照人民法院组织法和人民检察院组织法的规定，任免自治区高级人民法院副院长、庭长、副庭长、审判委员会委员、审判员，任免自治区人民检察院副检察长、检察委员会委员、检察员，批准任免下一级人民检察院检察长。

5.根据主任会议的提名，决定在自治区内按地区设立的中级人民法院院长的任免，根据自治区人民检察院检察长的提名，决定人民检察院分院检察长的任免；在本级人民代表大会闭会期间，决定撤销个别自治区副主席的职务。

6.决定撤销由它任命的自治区人民政府其他组成人员和高级人民法院副院长、庭长、副庭长、审判委员会委员、审判员，自治区人民检察院副检察长、检察委员会委员、检察员，中级人民法院院长，人民检察院分院检察长的职务。

7.在自治区人民代表大会闭会期间，补选全国人民代表大会出缺的代表和罢免个别代表；决定授予地方的荣誉称号。

（二）自治区人民政府的权力

自治区人民政府也具有双重身份，既是自治区人民代表大会的执行机关、地方国家行政机关，又是自治区的自治机关。作为自治机关，政府的权力是公权力，自治区人民政府实行自治区主席负责制。政府工作的重大问题由政府常务会议或全体会议讨论决定。与省、直辖市人民政府相比，自治人民政府除了拥有《民族区域自治法》规定的自治权以外，根据《地方各级人民代表大会和地方各级人民政府组织法》，还拥有以下职权：

1.作为本级国家权力机关的执行机关，执行本级人民代表大会及其常务委员会的决议，以及国务院的决定和命令，规定行政措施，发布决定和命令，根据法律、行政法规和自治区的地方性法规，制定规章，报国务院和本级人民代表大会常务委员会备案。

2.领导所属各工作部门和下级人民政府的工作，有权撤销所属工作部门和下级人民政府不适当的命令、指示、决定，任免、考核行政工作人员。

3.管理本行政区域内的经济、教育、文化、科学、体育、卫生、民政、公安等行政工作，完成国务院交办的事项；负责城乡建设、民族事务和监察工作，执行国民经济和社会发展计划以及预算方案。决定乡、民族乡、镇的建置和区域划分。

三、自治机关的责任（义务）

行使权力和承担责任是相辅相成的、统一的，自治区自治条例除了规定自治机关的权力，还要规范自治机关的责任，也就是义务。

（一）自治区人民代表大会的责任（义务）

自治区人民代表大会作为自治机关与地方国家权力机关，除了拥有宪法、法律赋予的自治权与职权外，还必须尽力履行宪法、法律规定的责任与义务，自治区自治条例规定本级人民代表大会拥有的责任与义务有：

1. 自治区是中华人民共和国不可分割的组成部分，坚定地维护国家统一。在自治区内，保证宪法、法律、行政法规和全国人民代表大会及其常务委员会决议的遵守和执行，保证国家计划和国家预算的执行。

2. 保护自治区内全民所有的财产和劳动群众集体所有的财产，保护公民私人所有的合法财产，维护社会秩序，保障公民的人身权利、民主权利和其他权利。

3. 保护自治区内各种经济组织的合法权益。

4. 保障自治区内各少数民族的权利。尊重各少数民族的风俗习惯，帮助自治区内各少数民族聚居的地方依照宪法和法律实行区域自治，帮助各少数民族发展政治、经济和文化的建设事业。

5. 保障宪法和法律赋予各民族妇女的男女平等、同工同酬和婚姻自由等各项权利。

（二）自治区人民政府的责任（义务）

自治区人民政府是自治区的自治机关，也是自治区的地方国家行政机关，拥有宪法与法律赋予的行政权力，是行使自治权的主体。自治区自治条例应明确自治区人民政府承担的责任与义务是：

1. 自治区是中华人民共和国不可分割的组成部分，维护国家的统一，保卫国家领土完整，反对任何分裂国家的行为，是自治区人民政府的责任与义务。保障宪法和法律在自治区的遵守和执行。

2. 自治区人民政府把国家的整体利益放在第一位，树立国家至上的全局观念，积极完成上级国家机关交给的各项任务。正确理解上级国家机关的帮助与需要完成的任务之间的关系，履行好自己的职责。

3. 自治区人民政府应保护全民所有制财产、劳动群众集体所有财产及各族公民个人的合法财产；要维护社会秩序，保护各民族公民的人身权利和民主权利；保护妇女、儿童和老人的正当权益；保护自治区内其他少数民族的权利，帮助其他少数民族发展经济、文化和科学技术。要使自治区全体公民的正当权利都得到保障，经济不断发展，人民生活水平不断提高。

4. 自治区人民政府有责任维护和发展各民族平等、团结、互助的社会主义民族关系。要采取切实措施、协调、处理好自治区内的各种民族关系，促进民族大团结和社会稳定，以保证现代化建设的顺利进行。

5. 自治区人民政府有义务继承和发扬民族文化的优良传统，保障各个民族传统文化的发展与繁荣，提高各民族人民的科学文化水平。

6. 自治区人民政府有责任与义务，保障本区域各民族都享有使用和发展自己语言文字的自由，都有保持或改革自己风俗习惯的自由。

四、人民法院与人民检察院

自治区高级人民法院与自治区人民检察院是自治区的审判机关与法律监督机关。自治区自治条例规范自治区高级人民法院与自治区人民检察院，依据的上位法是《民族区域自治法》和《人民法院组织法》《法官法》《人民检察院组织法》《检察官法》。

自治区高级人民法院与自治区人民检察院，对自治区人民代表大会及其常务委员会负责。自治区人民检察院并对最高人民检察院负责。

自治区各级人民法院的审判工作受最高人民法院和自治区高级人民法院监督。自治区各级人民检察院的工作，受最高人民检察院和自治区人民检察院领导。

在自治区高级人民法院和自治区人民检察院的领导成员和法官、检察官中，应当有实行区域自治的民族的公民。

自治区高级人民法院和自治区人民检察院应当用国家通用的语言审理和检察案件。两院应当配备通晓当地通用的少数民族语言文字的人员。对于不通晓当地通用的语言文字的诉讼参与人，应当为他们提供翻译。法律文书应当使用国家通用的文字，必要时也可以用一种或者几种少数民族通用的文字。保障各民族公民都有使用本民族语言文字进行诉讼的权利。

自治区自治条例与单行条例是自治区高级人民法院和自治区人民检察院审理案件的依据。

自治区高级人民法院和自治区人民检察院在法官、检察官的任职与工作人员的录用时，对能同时熟练使用国家通用语言文字和少数民族通用语言文字的公民，优先任职与录用。

五、法律责任

在自治区自治条例中，如何制订法律责任的条款，是目前自治条例立法中的一个理论与技术难点，也是民族法学研究面临的一个难题。任何一部法律如果没有责任条款，那就不是一部真正意义上的法律，法律责任是法律义务履行的保障机制和法律义务违反的矫正机制，是任何人因违反了法定义务或不当行使法律权力所产生的，由行为人承担的不利后果。自治区自治条例规范的是自治机关的权力与责任，因权力滥用与不作为，自治机关必须要承担不利后果，这才能体现自治条例的价值，否则，就是一部纸面法律，无任何意义。

因此，在自治区自治条例中制订法律责任条款，必须从法理上明确其法律责任的类型、归责原则、实现的途径与方式等问题。

法律责任是因法的性质不同而划分的，刑事法律承担的是刑事法律责任，民事法律承担的是民事法律责任，行政法律承担的是行政法律责任。自治区自治条例从法的性质而言，是属于行政法律的类别，它的法律责任亦属于行政法律责任的类型。行政法律责任是指因违反行政法律或因行政法规定的事由而应当承担的法定的不利后果。自治条例与一般意义的行政法律有所区别，承担自治条例不利后果的主体只有自治机关，是自治机关在行使自治权的过程中因违法失职、滥用职权或行政不当而产生的行政法律责任，公民与社会组织不存在违反自治条例的行为，也不承担违反自治条例的任何法律责任。

所谓归责原则，是指确定责任归属所必须依据的法律准则。自治区自治条例的责任性质是行政法律责任，其归责原则是指在法律上确定行政责任所依据的某种标准。当今世界各国采用的关于行政机关的归责原则很不相同，主要的有三种，即过错责任原则、无过错责任原则和违法责任原则。就中国法制的具体情况而言，自治区自治条例的法律责任的归责原则，应采取违法责任原则。

所谓违法责任原则，是指自治机关的行为要不要承担责任，以其行为是否违反自治条例为唯一标准。它不论自治机关主观状态如何，只考核自治机关的行为是否与法律的规定一致，是否违反了自治条例的规定。因此，无论自治机关在作出职权行为时，其主观上有无过错，只要其行为不符合自治条例的规定，甚至造成不利后果，就应承担法律责任。

所谓法律责任实现的途径与方式，是指通过司法途径？还是通过行政监督途径？是诉讼方式？还是复议方式？在国家层面，制约行政权力所需要的法律规范与司法体制还很不完备，既缺乏明确的监督标准，难以准确判断和及时纠正行政机关的违法或不当行政行为；也缺乏具体的实施细则与程序，难以具体操作。在地方层面，更是缺失明确的监督标准和具体实施细则与程序，自治机关信息公开度不足，监督无从下手。目前的难点在于，在现行的司法机制下，对自治机关的违法失职与权力滥用没有法律约束。《行政诉讼法》经过2014年修改后，将“具体行政行为”改为“行政行为”，这并不意味着行政诉讼由“具体行政行为”扩大到“抽象行政”行为。因为，从修法后规定“受案范围”所列举的“12项”事件分析，仍然是具体行政行为。虽然，该法第53条第1款规定：“公民、法人或者其他组织认为行政行为所依据的国务院部门和地方人民政府及其部门制定的规范性文件不合法，在对行政行为提起诉讼时，可以一并请求对该规范性文件进行审查。”从这一条款看，“规范性文件”仅指引起行政行为的依据，当其与具体行政行为构成了因果关系时，才可以进行审查，并不是指广义的抽象行政行为。〔1〕行政诉讼针对具体行政行为的性质并未改变，修法后只是稍微扩大了诉讼范围而已，并不能因此得出抽象行政行为都可提起诉讼的结论。自治机关的作为与不作为是属于抽象行政行为，无法获得法律救济。如果从法律监督的角度而言，也有无法通过的“瓶颈”，自治区人民代表大会可以依法行使对自治区人民政府的法律监督权，有权“撤销本级人民政府的不适当的决定和命令”。可是，自治区人民代表大会也是自治机关，那谁来行使对自治区人民代表大会的法律监督权？

总之，自治区自治条例中法律责任的性质，只能确定为行政法律责任，具体如何规制还是一个有待进一步研究的课题，时下还难以具体化。理想的预期是，在未来的法制建设中，将抽象行政行为也纳入行政诉讼的范畴，问题就迎刃而解了。

〔1〕 参见《中华人民共和国行政诉讼法》第12条、第53条。

第七章：自治区自治条例的专家建议稿：以广西壮族自治区为例——《广西壮族自治区自治条例》立法论证报告

五个自治区情况各异，就自治条例规范的内容而言，既有共同性的问题，也有各自特殊性的问题，这里仅以《广西壮族自治区自治条例》立法论证报告涉及的问题为例。

一、自治区自治机关的组织、工作

1. 自治区人民代表大会壮族代表及其他世居少数民族代表的名额和比例。

自治区人民代表大会代表是由下一级人民代表大会间接选举，根据《中华人民共和国全国人民代表大会和地方各级人民代表大会选举法》第11条规定：代表名额基数为350名，每15万人可以增加1名。据此，可增加约306名（2010年人口普查广西人口数量为46，023，761人），实际代表名额约656名，而自治区十二届人大产生了693名代表。

壮族在自治区内的分布也呈“大杂居，小聚居”的特点，自治区人民代表大会代表是按选区由下一级人民代表大会选举。由于壮族人口在不同地市分布不同，所占聚居区人口的比例不同，因而每一代表所代表的人数有异。据统计：壮族人口占聚居区总人口30%以上有50个县市；小于30%的有22个县市。《中华人民共和国全国人民代表大会和地方各级人民代表大会选举法》第18条规定：

"有少数民族聚居的地方，每一聚居的少数民族都应有代表参加当地的人民代表大会。

聚居境内同一少数民族的总人口数占境内总人口数百分之三十以上的，每一代表所代表的人口数应相当于当地人民代表大会每一代表所代表的人口数。

聚居境内同一少数民族的总人口数不足境内总人口数百分之十五的，每一代表所代表的人口数可以适当少于当地人民代表大会每一代表所代表的人口数，但不得少于二分之一；实行区域自治的民族人口特少的自治县，经省、自治区的人民代表大会常务委员会决定，可以少于二分之一。人口特少的其他聚居民族，至少应有代表一人。

聚居境内同一少数民族的总人口数占境内总人口数百分之十五以上、不足百分之三十的，每一代表所代表的人口数，可以适当少于当地人民代表大会每一代表所代表的人口数，但分配给该少数民族的应选代表名额不得超过代表总名额的百分之三十。"

据此规定，50个县市所选自治区人大壮族代表所代表的人口数与汉族代表没有差别；22个县市壮族代表所代表的人口可以适当少于当地人民代表大会每一代表所代表的人口数，但不得少于二分之一。

其他11个世居广西的少数民族的人口占聚居区总人口比均低于15%，有的属于人口特少的世居民族。所以按《选举法》第18条第3款的规定，保证每个世居少数民族至少有1名自治区人大代表。

广西壮族自治区自治条例属于下位法，不能与《立法法》《民族区域自治法》《选举法》的条款相抵触。

根据上位法，建议在广西壮族自治区自治条例中，应表述为：

自治区人民代表大会壮族代表名额应按选区人口比例的规定选出。其他世居少数民族依《选举法》第18条第3款的规定选举，保证每个世居少数民族至少有1名自治区人大代表。

为什么壮族人大代表不规定具体比例？

第一，壮族是人口最多的少数民族，占广西总人口的33%，有36个县市壮族人口占聚居区总人口90%以上，最高达99.7%（靖西县）。由于壮族人口所占比例大，从逻辑上说，在这些聚居区，所选举的壮族公民人民代表的比例必然也会较大，出现壮族公民人大代表超过其人口比例也是合法的，如果自治条例规定了“比例”，那就是限制性规定，是歧视性条款。《选举法》第18条第4款的规定是指，人口数占境内总人口数15%以上、不足30%的世居少数民族。为保障其权益作出了“不超过30%”和“至少1名”的规定。如果自治区人大代表中出现了壮族公民代表低于其人口比例的情况，只能是由于两种原因造成的：一是候选人提名有责任，因为我们目前人民代表候选人的产生不是公民个人主张的，是由机构提出的，机构没注意到壮族是实行自治的民族，才能出现候选人中壮族公民较少的情况；二是公民对壮族公民候选人不认可或不信任，故而将选票投向其他民族公民候选人。

第二，从法理上说，选举权与被选举权是宪法保障的公民政治权利，是基本人权的范畴。作为公民的基本权利，是由公民自己行使的，既可以主张，也可以放弃，前提是公民自主决定，不受任何人或公权力的干涉。所以，选举和被选举为人民代表，是公民基本权利的主张，如果自治条例作出比例性规定，其实是对公民选举权与被选权的干涉，是违反宪法与基本人权法的行为。但是，当下我们还未达到法治国家的要求，人大代表的候选人提名不是由公民个人主张，也不是公民权利自觉实现的途径，而是由机构遴选（按选区或者选举单位提名产生或者各政党、各人民团体可以联合或者单独推荐代表候选人。选民或者代表，10人以上联名，也可以推荐代表候选人），是机构所作的一种制度安排。这实在是对人民代表大会制度的曲解和对公民权利的践踏。当然，这不是自治条例所能解决的问题，是于未来政治体制改革的内容。

2.自治区人大常委会主任、副主任中，壮族公民所占比例。

《民族区域自治法》第16条第3款："民族自治地方的人民代表大会常务委员会中应当有实行区域自治的民族的公民担任主任或者副主任。"

这款规定有两层内涵：一是民族自治地方的人民代表大会常务委员会中必须有实行区域自治的民族的公民；二是实行区域自治的民族的公民可以是主任，也可以是副主任。这一条款是法律规定而不是法律原则。法律规定就是下位法不能与之抵触，更不能变通、停止执行；而法律原则就是下位法可以在不违反原意的原则下规定具体条款。

人大常委会中必须有实行区域自治的民族的公民，体现了民族区域自治的本质，保证自治民族当家作主、行使自治权利。

在主任与副主任的人选中是作了选择性规定，即“可以”“也可以”。为何是选择性规定而非“应该”呢？这是由人大常委会的性质决定的。人大常委会是人民代表大会闭会以后的常设机构，行使法律和人民代表大会授权的职权。就学理上而言，常委会不是层级机构，它不存在“行政级别”问题，人大常委会主任与副主任，尽管在现行体制下有所谓“正省级”与“副省级”之分，那也是个人的身份问题，并没有相对应的职权。因为，作为地方最高权力机关的人民代表大会，其权力运作机制是“票决制”，即一人一票，少数服从多数，人大常委也好、主任或副主任也好与其他代表的地位是平等的，权力是一样的，都是一票权，这与政府部门“行政首长负责制”是不同的，除了一票的权力外，其他都是工作的责任，主任或副主任没有决策的权力，个人也不承担失误的责任，即便是主任也不是人大常委会的“法人代表”，只是会议的召集人与主持人而已，对常委会的任何决定都不承担个人责任。常务委员会会议由主任召集，每两个月至少举行一次。常务委员会的决议，由常务委员会以全体组成人员的过半数通过。常务委员会主任、副主任和秘书长组成主任会议，主任会议处理常务委员会的重要日常工作。

同时，《地方各级人民代表大会和地方各级人民政府组织法》第41条第3款对人大常委的任职资格的规定：“常务委员会的组成人员不得担任国家行政机关、审判机关和检察机关的职务；如果担任上述职务，必须向常务委员会辞去常务委员会的职务。”

由于人大常委会组织人员与主任和副主任，是通过人民代表大会在代表中选举产生，是人大代表行使的权力，不是任命产生的，是人大代表选举制，不是配额制。人民代表选举除了符合

《地方各级人民代表大会和地方各级人民政府组织法》第41条第3款规定外，主要是看是否勇于承担责任和有参政、议政能力，这时是人民代表个人权力的行使，而不是选区民意的体现。

因为，自治条例不能与宪法、民族区域自治法的条款相抵触，也不能对宪法和民族区域自治法的规定以及其他有关法律、行政法规专门就民族自治地方所作的规定作出变通规定。

所以，自治条例不能就自治区人大常委会主任、副主任中，壮族公民所占比例作出规定。

从颁布的25个自治州自治条例来看，有15个关于人大常委会的规定是与《民族区域自治法》相抵触的，它们是：

（1）延边朝鲜族自治州自治条例。

第12条：自治州人民代表大会设立常务委员会。自治州人民代表大会常务委员会是自治州人民代表大会的常设机关，对自治州人民代表大会负责并报告工作。自治州人民代表大会常务委员会由自治州人民代表大会在代表中选出的主任、副主任若干人、秘书长、委员若干人组成。自治州人民代表大会常务委员会组成人员中，朝鲜族成员可以超过半数，其他民族也应有适当名额。自治州人民代表大会常务委员会主任由朝鲜族公民担任。自治州人民代表大会常务委员会，每届任期同自治州人民代表大会每届任期相同。

（2）恩施土家族苗族自治州自治条例。

第14条：自治州人民代表大会中，土家族、苗族和其他少数民族代表的名额和比例，根据法律规定的原则和程序确定。自治州人民代表大会常务委员会由主任、副主任、秘书长、委员组成。在组成人员中，土家族、苗族公民所占比例应与其人口在全州总人口中所占比例相适应，并应当有土家族、苗族公民担任主任或者副主任。自治州所辖县、市人民代表大会常务委员会主任或者副主任中，应当有土家族或者苗族公民。

（3）湘西土家族苗族自治州自治条例。

第10条：自治州人民代表大会中，土家族、苗族和其他民族代表的名额，根据法律规定的原则确定。自治州人民代表大会常务委员会的组成人员中，土家族和苗族的公民应当超过半数。自治州人民代表大会常务委员会主任或者副主任中，应当有土家族、苗族的公民。

（4）阿坝藏族羌族自治州自治条例。

第11条：自治州人民代表大会的代表名额按四川省人民代表大会常务委员会确定的名额进行分配。自治州人民代表大会的藏族、羌族和其他民族代表的名额比例，依据法律规定的原则确定。自治州人民代表大会代表的选举，由自治州人民代表大会常务委员会主持。自治州人民代表大会的代表由县（市）人民代表大会选举产生。自治州人民代表大会常务委员会由自治州人民代表大会在代表中选举主任，副主任若干人，秘书长，委员若干人组成。常务委员会主任由藏族或者羌族公民担任，常务委员会副主任和委员可以按各民族结构合理配备。自治州人民代表大会选举并且有权罢免自治州的州长、副州长。自治州人民代表大会常务委员会任免自治州人民政府的秘书长、委员会主任、局长。在本级人民代表大会闭会期间，决定副州长的个别任免。

（5）黔南布依族苗族自治州自治条例。

第12条：自治州人民代表大会是自治州的地方国家权力机关，它的常设机关是自治州人民代表大会常务委员会。自治州人民代表大会中，除布依族、苗族代表外，其他聚居在州内的民族都应当有适当名额的代表。各民族代表的名额和比例，按照贵州省人民代表大会常务委员会的有关决定确定。自治州的人民代表大会常务委员会组成人员中，布依族、苗族人员所占比例可以略高于其人口的比例。自治州人民代表大会常务委员会中应当有布依族、苗族的公民担任主任或者副主任。自治州的人民代表大会根据需要设立专门委员会；其常务委员会根据工作需要设立办事机构和其他工作机构。

（6）黔西南布依族苗族自治州自治条例。

第12条：自治州人民代表大会常务委员会的组成人员中，布依族、苗族人员可以略高于其人口的比例，其他民族亦应有适当数量的人员，并且应当有布依族、苗族的公民担任主任或者副主任。自治州所辖县、市人民代表大会常务委员会的组成人员中，根据民族分布情况，应当相应有布依族、苗族和其他民族的人员。

（7）楚雄彝族自治州自治条例。

第16条：自治州人民代表大会常务委员会由主任、副主任若干人、秘书长、委员若干人组成。自治州人民代表大会常务委员会的组成人员中，彝族公民所占比例可以高于其人口比例，其他民族也应当有适当的名额，并应当有彝族公民担任主任或者副主任。自治州人民代表大会常务委员会根据工作需要，设立工作机构和办事机构，工作机构和办事机构的工作人员中应当有彝族和其他少数民族公民。

（8）红河哈尼族彝族自治州自治条例。

第16条：自治州人民代表大会常务委员会是自治州人民代表大会的常设机关，对自治州人民代表大会负责并报告工作。自治州人民代表大会常务委员会由自治州人民代表大会在代表中选出的主任、副主任若干人、秘书长、委员若干人组成。自治州人民代表大会常务委员会的组成人员中，哈尼族、彝族所占比例可略高于其人口比例，其他民族也应有一定名额。并且应当有哈尼族、彝族的公民担任主任或者副主任。自治州人民代表大会根据工作需要，可以设立专门委员会。自治州人民代表大会常务委员会根据工作需要设立必要的办事机构和工作机构。

（9）大理白族自治州自治条例。

第16条：自治州人民代表大会常务委员会是自治州人民代表大会的常设机关，对自治州人民代表大会负责并报告工作。自治州人民代表大会常务委员会由主任、副主任、秘书长、委员组成。常务委员会组成人员中，白族成员所占比例可以略高于其人口比例，并有白族公民担任主任或者副主任。自治州人民代表大会常务委员会根据工作需要设立办事机构和工作机构。

（10）西双版纳傣族自治州自治条例。

第14条：自治州人民代表大会常务委员会是自治州人民代表大会的常设机关，对自治州人民代表大会负责并报告工作。自治州人民代表大会常务委员会由主任、副主任、秘书长、委员组成。组成人员中，应当有傣族公民担任主任或者副主任，傣族成员所占比例可以略高于其人口比例，其他民族也应当有适当的名额。自治州人民代表大会常务委员会根据工作需要，可以设立工作机构和办事机构。

（11）文山壮族苗族自治州自治条例。

第12条：自治州人民代表大会是自治州的地方国家权力机关。自治州人民代表大会的代表，按照法律规定选举产生。自治州人民代表大会的常设机关是自治州人民代表大会常务委员会。自治州人民代表大会常务委员会组成人员中，壮族、苗族成员所占比例可以略高于其人口比例，并有壮族、苗族的公民担任主任或者副主任。自治州人民代表大会常务委员会的工作人员中应当合理配备壮族、苗族和其他少数民族人员。

（12）迪庆藏族自治州自治条例。

第16条：自治州人民代表大会常务委员会是自治州人民代表大会的常设机关，对自治州人民代表大会负责并报告工作。自治州人民代表大会常务委员会组成人员中，藏族公民所占比例应当略高于其人口比例，并有藏族公民担任主任或者副主任。自治州人民代表大会常务委员会根据工作需要，设立办事机构和工作机构。

（13）怒江傈僳族自治州自治条例。

第15条：自治州人民代表大会常务委员会是自治州人民代表大会的常设机关，对自治州人民代表大会负责并报告工作。自治州人民代表大会常务委员会组成人员中，傈僳族成员应占1/3以上，其他民族也应有一定名额，并且应当有傈僳族公民担任主任或者副主任。自治州人民代表大会常务委员会根据工作需要，设立工作机构和办事机构。

（14）临夏回族自治州自治条例。

第12条：自治州人民代表大会常务委员会是自治州人民代表大会的常设机关，对自治州人民代表大会负责并报告工作。自治州人民代表大会常务委员会由州人民代表大会在代表中选举主任、副主任若干人、秘书长、委员若干人组成。自治州人民代表大会常务委员会组成人员中，回族成员所占的比例应略高于回族在全州人口中所占的比例，其他民族的成员也应有适当比例。自治州人民代表大会常务委员会中应有回族的公民担任主任或者副主任。自治州人民代表大会常务委员会每届任期同自治州人民代表大会每届任期相同。

（15）甘南藏族自治州自治条例。

第14条：自治州人民代表大会常务委员会是自治州人民代表大会的常设机关，对自治州人民代表大会负责并报告工作。自治州人民代表大会常务委员会由州人民代表大会在代表中选举主任、副主任若干人、秘书长、委员若干人组成。自治州人民代表大会常务委员会的组成人员中，藏族成员所占的比例应略高于藏族在全州人口中所占的比例，其他民族的成员也应有适当的比例。自治州人民代表大会常务委员会中必须有藏族的公民担任主任或者副主任。

上述条例的共同点就是把人大常委会的组成由人大代表的选举制变为配额选举制，这既违反上位法，又侵犯人大代表的权利，是对人民代表大会制度的破坏。

根据上位法，建议在广西壮族自治区自治条例中，应表述为：

广西壮族自治区人民代表大会常务委员会中应当有壮族的公民担任主任或者副主任。

3.除自治区主席由壮族公民担任之外，自治区人民政府其他组成人员中壮族公民所占比例。

《民族区域自治法》第17条规定："自治区主席、自治州州长、自治县县长由实行区域自治的民族的公民担任。自治区、自治州、自治县的人民政府的其他组成人员，应当合理配备实行区域自治的民族和其他少数民族的人员。

民族自治地方的人民政府实行自治区主席、自治州州长、自治县县长负责制。自治区主席、自治州州长、自治县县长，分别主持本级人民政府工作。”

根据上位法，建议在广西壮族自治区自治条例中，应表述为：

自治区人民政府主席由出生于广西、在自治区内连续工作10年以上、45周岁的壮族公民担任。自治区人民政府主席由自治区人民代表大会过半以上的有效选票选举产生。自治区人民政府主席可连选连任，不得超过两届任期。

自治区人民政府主席候选人应向社会公示其财产状况，包括自己、配偶及子女名下的所有不动产、各种收入、债券、黄金、珠宝等，并接受人民代表的质询。

自治区人民政府主席候选人应向人民代表大会报告其施政纲领，并接受人民代表的质询。

自治区人民政府其他组成人员，由自治区主席提名，经人民代表大会或其常务委员会审议、表决、依法任命。候选人应向社会公示其财产状况，包括自己、配偶及子女名下的所有不动产、各种收入、债券、黄金、珠宝等，并接受人民代表或人大常委会委员的质询。

自治区人民政府其他组成人员中应有壮族与其他少数民族公民。

为什么“自治区人民政府其他组成人员”没有作出“比例”规定？这是因为：

（1）根据《地方各级人民代表大会和地方各级人民政府组织法》，自治区人民政府其他组成人员，是指自治区主席、副主席和秘书长、厅长、局长、委员会主任等人员。这些人员均属公务员系列，依公务员法，公务员职务实行选任制和委任制。自治区主席、副主席和秘书长、厅长、局长、委员会主任由选任制产生，副秘书长、副厅长、副局长、副委员会主任由委任制产生。用“比例制”硬化其结构，不符合当下与未来发展的趋势，这样，如何平衡“合理配备”与“择优录取”？这是一个动态的关系。如果因“照顾”而偏离了“择优录取”的原则，那会降低自治机关的行政效率与提供公共用品的质量，最终损害的是全体公民的利益，也有悖于实行民族区域自治的初衷。

自治区人民政府是民族自治地方的自治机关与地方国家行政机关。依法对区域内公共事务进行管理时应承担的职责和所具有的功能。政府职能反映着公共行政的基本内容和活动方向，是公共行政的本质表现，公共行政的最终目标在于追求行政效率的不断提高。自1994年起，地方政府机构改革的主要内容和重点是：转变政府职能，实行政企分开；合理划分职权，理顺各种关系；大力精兵简政，提高行政效率。而行政效率的高低与政府及其组成人员的素质高低是正相关关系。

（2）政府运作机制是“行政首长负责制”，自治区主席是壮族公民，是壮族实现区域自治、充分行使自治权的第一责任人，对于自治区人民政府其他组成人员的提名，自治区主席“应然”地会在“择优录取”的原则下，优先选择壮族和其他少数民族公民，达到“合理配备”其行政“班底”，以追求行政效率的不断提高。

为什么规定自治区主席与自治区人民政府其他组成人员候选人要向社会公示财产状况？

公务员财产公示是国际惯例，是从政的最基本要求。要想当公务员，就必须放弃财产隐私权；不想放弃财产隐私权，就别当公务员。同时，公务员财产公示是政府“透明化”的要求，是反腐的有效手段。

截至2010年年底，在世界银行数据库中的176个国家中，有146个国家建立了公务员财产公示制度，占83%，其中至少137个国家正在实施公务员财产公示法规，经济合作发展组织（OECD）34个成员国全部实施公务员财产公开法规，拉丁美洲、加勒比、东欧和中亚实施公务员财产公示法规的国家占90%，南亚、东亚、太平洋和撒哈拉南部非洲占65%以上，中东和北非为60%。

1987年在国内首次提出这项制度，2011年2月27日上午，原中共中央政治局常委、国务院总理温家宝，在中国政府网和新华网访谈室回答网友问题时说：“从长远看，我们还是应该实行政府领导人财产公开制度。”2012年11月9日，回答记者提问时，十八大代表、上海市委书记俞正声表示，要逐步实行财产公开制度。对于是否会带头公开财产的问题，俞正声表示，只要中央决定，自己很容易公开，“因为我没有多少财产”。据不完全统计，历年来我国已有27个市、县进行官员财产公开的试点。财产公示是政府取信于民，约束公权，提高公信力，防止腐败最有效的办法，财产公示最大的受益者是政府。从各国立法实践看，公务员财产公示是“由上而下”推行的，先从高级公务员开始，然后逐步推广到普通公务员。这是因为高级公务员掌握着更大的权力，一旦腐败，给公共利益造成的损失也更大。俗话讲“正人先正己”，财产公示从高级公务员开始，领导以身作则，自然便于把这项制度贯彻下去。

将政府主席和自治区人民政府其他组成人员财产公示纳入法治轨道，是大势所趋，也是建设责任政府、透明政府的需要。

为什么要将“出生广西、在自治区内连续工作10年以上、45周岁”作为任职自治区主席的基本条件？

自治区主席是实行区域自治民族的代表，是体现自治权的第一责任人，出生于本土，对家乡才有一种天然的地缘联系，有为家乡父老服务与贡献的动力。要求在自治内连续工作10年以上，是要求主席候选人必须要真正了解广西的区情、民情，具有各个层级与环节工作的经历，才能胜任主席职位的工作，也可杜绝“空降”干部的发生。45周岁是人生最成熟的年龄，精力充沛，阅历丰富，是服务人民的最佳阶段。

4.自治区自治机关所属工作部门的干部中，壮族和其他世居少数民族公民所占比例。

《民族区域自治法》第18条规定：“民族自治地方的自治机关所属工作部门的干部中，应当合理配备实行区域自治的民族和其他少数民族的人员。”

自治区自治机关所属工作部门的干部，是指一般的公务员，《公务员法》第21条规定：

“录用担任主任科员以下及其他相当职务层次的非领导职务公务员，采取公开考试、严格考察、平等竞争、择优录取的办法。

民族自治地方依照前款规定录用公务员时，依照法律和有关规定对少数民族报考者予以适当照顾。”

根据上位法，建议在广西壮族自治区自治条例中，应表述为：

自治区自治机关所属工作部门的干部中，应有壮族和其他少数民族公民。在公务员考试录用中，在不违背“平等竞争、择优录取”原则下，同等条件下优先录用壮族和其他少数民族公民。

为什么不作出“比例”的规定，而是给予优先权呢？

首先，公务员是一种职业，而非“待遇”，是自治机关所属工作部门中非选举产生和非政府任命的工作人员，是依法履行公职，向区域内所有公民提供服务，要求公务员具备一定素质和专业要求，要有责任感、有事业心、不以私利为重、具有奉献和牺牲精神。公务员是为民服务的主体，公务员队伍素质的提高关系到公务员能否正确行使权力，执政为民，直接关系到自治机关的形象和威望；关系到能否秉公执法，依法行政，直接关系到法律的尊严和社会的公正；直接关系到自治机关的工作效率和为公众服务的水平。进入公务员行列要经过考试录用，考试录用的标准对所应考人员是一样的，平等竞争，择优录取是基本原则，不能因民族不同而区别对待，否则有违公平、公正的原则。所以，自治条例不能对此规定“比例”，公务员队伍素质高低和政府行政能力与成员的民族成分比例没有关系。

其次，自治条例如何体现《民族区域自治法》“合理配备”和《选举法》的“适当照顾”？公务员录用不能由于“比例”或“照顾”，而降低公务员的标准和损害政府的效率。降低公务员的标准与政府的工作效率和为公众服务的水平，最终损害的是自治区全体公民的利益，也损害实行区域自治民族的利益。所以，自治条例在不违背“平等竞争，择优录取”原则下，给予壮族与其他世居民族公民以优先权，即在同等条件下，优先录用的规定。

印度是目前世界上唯一在宪法中规定保留制度的国家，印度法律规定，[1]在政府部门和公共机构，以及所有由政府资助的公

---

〔1〕 参见《印度宪法》第16条和第16编：“关于特定阶层的特别规定”中的第330～342条。参见孙谦、韩大元主编：《世界各国宪法》（亚洲卷），中国检察出版社2012年版，第779页。

共或私立教育机构，为表列种姓、表列部落以及“其他落后阶层”等社会弱势群体在就业和升学方面保留一定比例名额的制度。

然而，中国与印度不能类比，不存在可比性，两国的国情不同。中国民族区域自治制度是因多民族国家共同体而设立，印度保留制度是因种姓制度而设立。在种姓制度下，低种姓和贱民的身份是与生俱来的，他们在印度社会中遭受着压迫和隔离，在接受教育和选择职业等方面都受到各种限制和歧视。印度独立后，由于种姓制度被取消，印度教徒被分为“先进阶层”和“落后阶层”。实际上，“先进阶层”就是过去的高种姓，“落后阶层”由表列种姓、表列部落以及“其他落后阶层”组成，表列种姓就是过去的贱民，“其他落后阶层”意为表列种姓和表列部落以外的“落后阶层”，由过去的首陀罗低种姓组成。

印度保留制度源于英国殖民时期，20世纪初，随着低种姓平等意识的觉醒和反对种姓隔离制度运动的兴起，英国殖民者和印度的部分土邦王公从自身利益出发，为缓和社会矛盾，开始给其辖区内的低种姓在上学和求职方面保留一定的名额。1902年，科尔哈普尔土邦王公首次实行有利于低种姓的保留制度。1921年，马德拉斯直辖区也实行了保留制，其比例为非婆罗门种姓44%，婆罗门16%，穆斯林16%，英裔印人和基督徒16%，表列种姓8%。1935年，在英印政府政改前夕，国大党曾通过决议，要求为“社会底层人群”设立独立选区。1936年，英国人发布“印度政府（表列种姓）命令”，将英属印度各省内不同种姓的“社会底层人群”编列成册，称其为“表列种姓”，并在地方立法会中为其保留了一定比例的席位。

印度独立后，当时的印度领导人认识到，种姓制度是造成印度社会割裂、种姓冲突和社会不平等的重要原因。虽然印度《宪法》从法理上废除了种姓制度，但其影响仍根深蒂固，一时难以根除，有必要对低种姓和贱民等实行保留制度，为其在受教育和就业方面提供相对平等的机会。由于贱民（约占印度总人口的16%）和生活在偏远山区或森林中的原始部落（约占全印人口的8%）在印度社会中受压迫和歧视最深，属于首先被考虑的对象。他们在宪法中被称作表列种姓和表列部落，对他们实行的保留制度也被写入宪法。而对约占印度人口四成以上的“其他落后阶层”的保留制度，则是在经过近40年的反复研究后，于20世纪90年代开始实行。

对表列种姓和表列部落的保留制度主要体现在三个方面：一是在政府部门和公共机构保留工作名额。在不影响行政部门效率的情况下，在各级公务员队伍中为表列种姓和表列部落各保留15%和7%的工作岗位。二是在教育机构中保留入学名额。联邦政府和各邦政府在所有由公共经费资助的教育机构中为表列种姓和表列部落保留20%的入学名额，同时降低入学标准，以保证其能顺利入学。三是在立法机构中保留名额。在联邦议会的人民院（即下院，由直接选举产生），根据表列种姓和表列部落占全国人口比例，分别为表列种姓、表列部落保留78个席位、38个席位。在邦一级，依据这两类人口在各邦所占比例，在邦立法院中也保留相应比例的席位。

要注意，印度保留制度，在政府部门和公共机构保留工作名额，是以不影响行政部门效率为前提，不降低录用标准。同时，保留制度的受益者不包括“其他落后阶层”中的“奶油层”。所谓“奶油层”是指低种姓中的政府高官、联邦政府和邦政府中的高级公务员、国营企业高级雇员、高级军官、工程师、医生以及收入和财产超过一定标准的这些家庭子女，他们不得占用为“其他落后阶层”保留的各类名额。

保留制度在印度实行近60年，一批受惠于该制度、得到良好教育的“落后阶层”脱颖而出，目前正活跃在印度各个领域。保留制度在消除国内种姓之间不平等，打破种姓制度造成的职业世袭传统，提高低种姓和贱民在印度政治经济社会领域地位等方面，发挥了积极的作用，具有一定的历史意义。同时，保留制度也存着诸多缺陷，引发了新的社会矛盾：一是保留制强化了种姓观念，是种姓制度另一种形式的复活，使各阶层之间更加隔阂和冷漠，使种姓制度的影响仍然存在，只是改变了形式，这种结果与印度宪法制定者的初衷背道而驰。二是保留制带来的好处有限，大多数“落后阶层”的境况并无实质性改变。保留制度主要涉及就业和升学两个领域，真正的受益者属于“落后阶层”中极少数受过良好教育的精英。三是保留制形式不断翻新，已经演变成变相的保护主义。保留制度实行几十年来，各邦纷纷从各自的利益出发，实行有利于本地人的保留制度。这种做法已经失去了照顾弱势群体的作用，使公平竞争越来越少，保护主义和平均主义思想严重，人为地对社会造成了更多的不公。四是保留制存在的缺陷引起印度社会的普遍不满。[1]

总之，印度的保留制度适合其国情，不能作为我们设立“比例”的依据。

---

〔1〕 参见贺永红：《印度的“落后阶层”保留制度》，载《中国人大》2010年第15期。

二、自治区两院的人员配置

1.自治区高级法院院长或者副院长，自治区检察院检察长或者副检察长由壮族公民担任的问题。

《民族区域自治法》第46条第3款规定：“民族自治地方的人民法院和人民检察院的领导成员和工作人员中，应当有实行区域自治的民族的人员。”

根据上位法，建议在广西壮族自治区自治条例中，应表述为：

自治区高级人民法院应由壮族公民担任院长或副院长，院长由自治区人民代表大会选举和罢免；副院长由本院院长提请自治区人民代表大会常务委员会任免。

自治区检察院应由壮族公民担任检察长或副检察长，检察长由自治区人民代表大会选举和罢免，须报最高人民检察院检察长提请全国人民代表大会常务委员会批准。副检察长由本院检察长提请自治区人民代表大会常务委员会任免。

关于两院领导成员的构成，上位法已明确规定，自治条例是下位法，既不能与上位法相抵触，也不能变通执行，自治条例规定自治区高级人民法院和自治区检察院由壮族公民担任院长或副院长、检察长或副检察长。广西是壮族实行区域自治的地方，明确壮族公民担任院长或副院长、检察长或副检察长符合宪法与民族区域自治法的规定，也不违背《法官法》与《检察官法》关于民族自治地方的规定。也就是说两院领导成员中必须要有壮族公民，具体是任院长还是副院长、检察长还是副检察长，由自治区人民代表大会或常委会任免，那是人民代表行使权力的结果。

2.自治区两院领导及工作人员中，壮族公民所占的比例问题。

根据上位法，建议在广西壮族自治区自治条例中，应表述为：

在自治条例中，针对自治区两院领导及工作人员，可以规定应该有壮族公民，但不能规定应占比例。这是因为：

一是上位法没有类似规定的条款，根据《立法法》，自治条例不能与《民族区域自治法》和一般法中关于民族自治地方的规定相抵触，也不能变通执行。

二是法官和检察官属于法律职业共同体。法律职业共同体是指以法官、检察官、律师、法学家为核心的法律职业人员所组成的特殊的社会群体。它必须经过专门法律教育和职业训练，是具有统一的法律知识背景、模式化思维方式、共同法律语言的知识共同体；它以从事法律事务为本，有着共同的职业利益和范围，并努力维护职业共同利益的利益共同体；其成员间通过长期对法治事业的参与和投入，达成了职业伦理共识，是精神上高度统一的信仰共同体。

所以，遴选法官、检察官，其民族属性是从属于职业的特定内涵和特定要求的。居第一位要求的是：职业的特定内涵和特定要求；第二位要求才是民族属性。进入法官、检察官队伍，第一道门槛是必须要通法司法资格的考试，其次才是民族成分的构成。这也是建设法治国家，依法治国的必然要求。

三、自治区自治机关自治权的具体化问题

1.变通、停止执行权。

变通执行权与停止执行权是自治机关行使自治权的重要形式，它具有两种性质：

就人民代表大会而言，具有立法权的性质，体现在立法行为中，是对不适宜民族自治地方特点的法律和行政法规中的某些条

款进行变通，《立法法》第75条第2款规定："自治条例和单行条例可以依照当地民族的特点，对法律和行政法规的规定作出变通规定，但不得违背法律或者行政法规的基本原则，不得对宪法和民族区域自治法的规定以及其他有关法律、行政法规专门就民族自治地方所作的规定作出变通规定。"

就人民政府而言，主要是体现在对中央国家机关的政策的变通，发生在行政执法过程中，对上级国家机关行政行为中不适宜民族自治地方特点的某些行政行为，进行变更或停止执行，具有行政权的性质，《民族区域自治法》第20条规定："上级国家机关的决议、决定、命令和指示，如有不适合民族自治地方实际情况的，自治机关可以报经该上级国家机关批准，变通执行或者停止执行；该上级国家机关应当在收到报告之日起六十日内给予答复。"

拥有变通权是自治条例与单行条例的主要特征，是区别于一般地方性法规的"分水岭"。也是区别民族自治地方自治机关与一般地方国家行政机关的标志。在单一制的国家中，在统一的法制体系下，变通权的设立主要是源于一个国家社会经济发展的不平衡性，由于发展的不平衡，就不可能用一部法律来规范所有关系、调整一切利益，统一的法制只是形式上的统一，而远不能达到实质上的统一。就中国而言，仅仅用东、中、西部来反映社会经济发展的不平衡是远远不够的，讲到中国的社会结构，一般学者用"二元结构社会"来概括，所谓二元结构社会，是指在整个社会结构体系里面，明显地同时并存着较现代化的城市社会和相对非现代化的农村社会。中国的政治体制、经济体制、文化体制、社会体制等，都是建立在二元结构理论基础上的二元体制。

其实，在中国的一些地方，特别是少数民族地区的社会结构岂止“二元”，是“三元”甚至是“四元”。民族自治地方基本上都分布在地理环境多种多样、自然状况复杂、生态环境脆弱的西部欠发达地区，特别是一些偏远地区，至今尚未改变贫穷落后状态。因而，无论是法律还是政策的实施，都必须符合民族自治地方的实际，因地制宜，不能搞“一刀切”。所以，变通权的设立是源于社会经济发展的不平衡性，只有恰当地变通，才能适应发展极不平衡的民族自治地方的实际状况。这是法律赋予民族区域自治地方自治机关具有变通执行权与停止执行权的现实依据。

变通权设立的另一个基础是各民族的文化、宗教、社会生活的多元性。中国有56个民族，多元文化是少数民族地区的一个显著特点，民族文化是渊源于相对固定的地域和相对稳定的人群，其形成与发展是一个长期而漫长的历史过程，该过程必然受政治经济制度、民族信仰、地理特征等各种因素的影响与渗透。每一种民族文化传统因自身的历史久而弥坚，每一种民族文化必然有自己不同于其他文化的独特性和个性，从而形成民族文化多姿多彩的与差异多元的状况。法律应该并且能够用一种开放、民主、公正、客观的视野来审视少数民族群体，包容民族间的、地区间的差异性及文化的多元选择与认知。变通权的设立能够承担这一使命，行使变通权是在尊重、包容多元文化的前提下，寻求普遍的价值。

相比自治条例而言，变通权的实现主要是体现在单行条例中，虽然立法法规定，自治条例和单行条例可以依照当地民族的特点，对法律和行政法规的规定作出变通规定。但由于自治条例是对民族自治地方进行制度性、体制性的规定，其立法依据主要是《民族区域自治法》，而民族区域自治法是自治条例的上位法，是不能变通的；同时，一个民族自治地方只能有一件自治条例，故其对法律、法规变通的空间很小。此外，已颁布的135个自治州、自治县的自治条例中还未发现有任何一个自治条例中有变通的条款。从这个意义上可以说，变通权的实现应该主要是反映在单行条例中，这是由单行条例的性质决定的。

变通权在单行条例中的现实也要从两个层面分析：一是自治区的单行条例，尽管到目前为止还没有颁布一件自治区的单行条例，然而从学理上说，自治区的单行条例变通的客体是法律、行政法规中那些不符合自治区民族特点、难以实施的条款。二是自治州、自治县的单行条例，这是单行条例最多、最活跃、最灵活的自治立法，它变通的客体既可以是法律、行政法规，也可以是地方性法规，变通的客体比自治区的单行条例变通的客体范围宽泛，这成为目前民族自治地方在立法过程中没有引起足够关注的盲区。

变通执行权与停止执行权的另一权能，是对上级国家机关的行政行为中某些不适宜民族自治地方的行为进行变通执行或停止执行。

所谓行政行为，是指上级国家机关（行政主体）在实施行政管理活动、行使行政职权过程中所作出的具有法律意义的行为。行政行为的主要特征有：（1）从属法律性。行政行为是执行法律的行为，从而必须从属于法律，任何行政行为必须有法律依据。（2）裁量性。它在立法时，必须给行政机关留一个可以自由裁量的余地，否则，它将无法有效地实行行政管理。（3）单方意志性。行政行为只要在行政组织法或法律、法规的授权范围内，便可自行决定和直接实施，而无与行政相对方协商和征得同意。（4）效力先定性。是指行政行为一经作出，在未被国家有权机关宣布为违法无效之前，任何个人或团体都必须服从。但这并不意味着行政行为绝对正确、不可否定、不要经国家有权机关依职权和法定程序审查认定。（5）强制性。行政行为是行政主体代表国家，以国家名义实行的行为，故其以国家强制力作为实施的保障。行政行为一般分为具体行政行为和抽象行政行为两类：所谓具体行政行为，是指在行政管理过程中，针对特定的人或事所采取具体措施的行为，其行为的内容和结果将直接影响某一个人或组织的权益，具体行政行为最突出的特点就是行为对象的特定性和具体化，属于某个个人或组织，或者某一具体社会事项。具体行政行为一般包括行政许可与确认行为、行政奖励与行政给付行为、行政征收行为、行政处罚行为、行政强制行为、行政监督行为、行政裁决行为等。所谓抽象行政行为，是指以不特定的人或事为管理对象，制定具有普遍约束力的规范性文件的行为，如制定行政法规和行政规章的行为。抽象行政行为包括两类：一类是行政立法行为，即有权行政机关制定行政法规和行政规章的行为；另一类是制定不具有法源性的规范文件的行为，即有权行政机关制定或规定除行政法规和规章以外的具有普遍约束力的其他规范性文件的行为。

具体行政行为是可诉讼的行为，由于是针对特定的人或事所采取具体措施的行为，其行为的内容和结果将直接影响某一个人或组织的权益，如果出现侵害其权益的行为，行政相对人可以通过行政复议或行政诉讼的途径来维护合法的权益。显然，这不是《民族区域自治法》所指的“变通执行或者停止执行”的事项。

《民族区域自治法》第20条所指的显然是抽象行政行为。抽象行政行为是针对普遍对象作出的，适用的效力不止一次，具有反复性，加之层次多、范围广，因而产生的影响要远远大于具体行政行为。我国是一个多民族的国家，幅员辽阔，地域广大。由于历史的原因，区域间的政治、经济、文化发展极不平衡。特别是在一些少数民族聚居的区域，还存在民族风俗习惯上的不同特点，呈现出各种差异。因此，在上级国家机关制定抽象行政行为时，就不能不考虑这些因素，结合少数民族当地的实际情况，从具体特点出发，尊重其民族特点和风俗习惯。这是保护少数民族利益、贯彻各民族间平等团结原则的需要。如果抽象行政行为的有关规定不能完全适应民族自治地方的政治、经济、文化、风俗、习惯等特殊情况，民族自治地方的自治机关可以依法制定变通规定或者停止执行。其实，从行政行为的角度而言，“上级国家机关的决议、决定、命令和指示，如有不适合民族自治地方实际情况的，自治机关可以报经该上级国家机关批准，变通执行或者停止执行；该上级国家机关应当在收到报告之日起六十日内给予答复”。也是自治机关与上级国家机关就行政行为实施过程中的沟通。

行政行为实施过程中的沟通就是这样一种协商机制。尽管现代社会以公共利益与个人利益关系的一致性、服务与合作、彼此信任为价值取向，但公共利益与个人利益之间的冲突并未消失，服务与合作中的地位障碍、地理障碍、语言障碍和心理障碍仍然存在，行政主体的愿望和意见与相对人的要求并不完全相同。在这种情况下，我们就不能通过斗争或强制来实现自己的愿望、意见和要求。也就是说，行政主体不能未经协商而任意强制相对人接受自己的意思表示，相对人不能用破坏社会秩序或非和平的方式来达到自己的要求。因此，彼此信任，从而才能达成最终的行政行为。这样的行政行为可以避免相互间的事后误会和摩擦。沟通又是现代社会消除冲突的一种平衡和补救机制。在行政法中，如果事前的沟通并未实现，冲突业已发生和存在，则只能通过事后的协商、对话和讨论来沟通行政主体与相对人之间的意见，消除双方主体之间的冲突和纠纷。只有通过沟通，才能实现服务与合作，才能建立相互信任。行政法主体不能通过隔绝和退出来回避冲突，也不能通过武力或暴力来解决冲突。回避并不能建立相互信任，暴力只能激化冲突，都不可能恢复公共利益与个人利益关系的一致性。对行政主体的违法行为也不能用强制制裁来解决。因此，一旦行政行为有不适合民族自治地方实际情况的，只能通过协商、对话来沟通，只能通过对行政行为违法性的消除和补救来恢复公共利益与个人利益关系的一致性。为了提高行政效率，《民族区域自治法》规定了“上级国家机关应当在收到报告之日起六十日内给予答复”的时效。

令人遗憾的是，我们至今还没有看到一件民族自治地方自治机关对上级国家机关的决议、决定、命令和指示，作出变通执行或停止执行的规定，这并不表明上级国家机关所有的决议、决定、命令和指示，都适合民族自治地方的实际情况。

根据上位法，建议在广西壮族自治区自治条例中，应表述为：

自治区人民代表大会可以在自治条例或单行条例中，对法律、行政法规中不适宜自治区特点、难以实施的条款进行变通规定或制定专项的变通条例。

自治区人民政府对不适应自治区特点、难以贯彻的上级国家机关的决议、决定、命令和指示，作出变通执行或停止执行的规定。

2.地方性经济建设事业的自主安排和管理权

这个问题是起草自治条例过程中的难点，难点在于：一是自治机关与市场的关系；二是自主管理权的上限与下限。虽然《民族区域自治法》中有11个条款（第25～35条）是关于经济建设事业的，是自治权的主要内容。但是，1984年自治法颁布后，尽管2001年进行修正，仍然留有浓厚的计划经济的色彩，与当下全面深化改革的精神是相悖的。在上位法不修改的情况下，起草自治条例是十分困难的，有些条款是不可逾越的障碍。

党的十八届三中全会通过的《中共中央关于全面深化改革若干重大问题的决定》指出："经济体制改革是全面深化改革的重点，核心问题是处理好政府和市场的关系，使市场在资源配置中起决定性作用和更好发挥政府作用。"国务院总理李克强出席2014年夏季达沃斯论坛的开幕式并致辞，详解三张施政"清单"：政府要拿出"权力清单"，明确政府该做什么，做到"法无授权不可为"；给出"负面清单"，明确企业不该干什么，做到"法无禁止皆可为"；理出"责任清单"，明确政府该怎么管市场，做到"法定责任必须为"。这就提出了，自治机关在行使经济建设事业管理权时必须厘清，该管什么？不该管什么？自治机关的角色是什么？

首先，要清楚地方性经济建设事业包括哪些内涵？这是自治机关行使自主管理权的终极目标。一般而言，地方经济建设事业应包括三层含义：一是经济量的增长，即广西产品和劳务的增加，它构成地方经济发展的物质基础；二是经济结构的改进和优化，即广西的技术结构、产业结构、收入分配结构、消费结构以及人口结构等经济结构的变化；三是经济质量的改善和提高，即广西经济效益的提高、经济稳定程度、卫生健康状况的改善、自然环境和生态平衡以及政治、文化和人的现代化进程。

其次，在现代市场经济体系中，政府和市场是相互关联的两个重要组成部分，政府和市场的关系决定着市场经济体制的基本走向和运行质量。政府行为往往表现为经济管理和宏观调控，市场功能往往表现为供求、价格自发调节和自由竞争，两者紧密关联、相互交织、缺一不可。因为政府行为不可能完美无缺，市场功能也不可能完全有效，两者都有弱点，都存在局限性，需要协调互补。

政府宏观调控和管理的主要任务是保持经济总量平衡，抑制通货膨胀，促进重大结构优化，维护社会公平正义，为转变经济发展方式、保持经济持续健康发展创造良好环境和条件。同时，积极完善和规范市场准入制度，建立统一规范竞争有序的现代市场体系，维护市场秩序，保障市场在资源配置中发挥决定性作用。市场经济是人类社会迄今为止最具效率和活力的经济运行机制和资源配置手段，它具有任何其他机制和手段不可替代的功能优势，但也存在自发性事后调节、催生过度垄断、排斥公共利益、引发两极分化等固有的功能缺陷，而且仅靠自身力量难以克服。完全摒弃政府管理和调控的市场经济会使其缺陷大于优势，导致“市场失灵”。发展社会主义市场经济，关键是寻求政府行为和市场功能的最佳结合点，使政府行为在调节经济、弥补市场功能失灵的同时，避免和克服自身的缺位、越位、错位。所以，在管理地方经济建设中，如何确立自治机关与市场的关系是一个重大的理论和实践课题。

最后，如何明确自主管理权的上限与下限，其实就是李克强总理所强调的三个“清单”问题，即自治机关要制定“权力清单”“负面清单”“责任清单”，要解决自治机关干预过度，又要解决自治机关“缺位”与不作为。

自治机关行使管理权的上限是：推进简政放权，依法落实企业法人财产权和经营自主权；取消不合理的限制性规章制度和审批程序过多过细的事项；完善各种政策工具选择搭配不适当，过多运用行政性手段干预市场主体特别是微观主体，抑制了市场机制正常运作的行为。

自治机关行使管理权的下限是：强化公共产品生产分配的管理调节作用，保障社会公平和民生改善。防止和惩罚企业为获取市场高额利润对自然资源进行掠夺性开采、大量排放污染物、对生态环境和人民健康造成严重影响的行为；强化自治机关的公共服务职能，解决总量不足、结构失衡问题，体现均等、公平、公正与透明原则。

根据上位法与改革发展目标的要求，关于地方性经济建设事业，建议在广西壮族自治区自治条例中，应表述为：

自治机关应根据本广西的特点和需要，制定经济建设的方针、政策和计划，自主地安排和管理地方性的经济建设事业。

自治机关根据法律规定和广西经济发展的特点，合理调整生产关系和经济结构，保障市场在资源配置中的决定作用，维护社会主义市场经济秩序。

自治机关坚持公有制为主体、多种所有制经济共同发展的基本经济制度，鼓励发展非公有制经济，对外资实行国民待遇。市场经济主体一律平等，实行市场平等准入、公平待遇的原则。

自治机关根据法律规定，确定广西区域内草场和森林的所有权和使用权。管理和保护区域内的自然资源，优先合理开发利用可以由广西开发的自然资源。

自治机关在国家计划的指导下，根据本地方的财力、物力和其他具体条件，自主地安排广西基本建设项目。

自治机关自主地管理隶属于本地方的企业、事业。

自治区依照国家规定，可以开展对外经济贸易活动，经国务院批准，可以开辟对外贸易口岸和接壤的国家开展边境贸易并享受国家的优惠政策。

3.财政收入自主安排使用权

根据《民族区域自治法》，民族自治地方财政是一级财政，是国家财政的组成部分；自治机关有管理地方财政的自治权，属于地方和财政收入，由自治机关自主地安排使用。

财政是政府的“理财之政”。财政包括财政收入和财政支出两个部分。财政收入，是指政府为履行其职能、实施公共政策和提供公共物品与服务需要而筹集的一切资金的总和。财政收入表现为政府部门在一定时期内（一般为一个财政年度）所取得的货币收入。财政收入是衡量政府财力的重要指标，政府在社会经济活动中提供公共物品和服务的范围和数量，在很大程度上取决于财政收入的充裕状况。

地方财政收入是指地方财政年度收入，包括地方财政预算收入和预算外收入。

地方财政预算收入的内容：（1）主要是地方所属企业收入和各项税收收入。（2）各项税收收入包括营业税、地方企业所得税、个人所得税、城镇土地使用税、固定资产投资方向调节税、土地增值税、城镇维护建设税、房产税、车船使用税、印花税、农牧业税、农业特产税、耕地占用税、契税，增值税、证券交易税（印花税）的25%部分和海洋石油资源税以外的其他资源税。（3）中央财政的调剂收入、补贴拨款收入及其他收入。

地方财政预算外收入的内容：主要有各项税收附加，城市公用事业收入，文化、体育、卫生及农、林、牧、水等事业单位的事业收入，市场管理收入及物资变价收入等。

另外，《国务院实施〈中华人民共和国民族区域自治法〉若干规定》（国务院令第435号）第9条规定："国家通过一般性财政转移支付、专项财政转移支付、民族优惠政策财政转移支付以及其他方式，充分考虑民族自治地方的公共服务支出成本差异，逐步加大对民族自治地方财政转移支付力度。上级人民政府有关部门各种专项资金的分配，应当向民族自治地方倾斜。上级财政支持民族自治地方财政保证民族自治地方的国家机关正常运转、财政供养人员工资按时足额发放、基础教育正常经费支出。上级人民政府出台的税收减免政策造成民族自治地方财政减收部分，在测算转移支付时作为因素给予照顾。国家规范省级以下财政转移支付制度，确保国家对民族自治地方的转移支付、税收返还等优惠政策落实到自治县。"

这样，广西壮族自治区的财政收入，就由地方本级收入、中央税收返还和转移支付三部分构成。

税收返还是指中央返还地方的税收收入，是分税制体制改革后中央对地方的一种财力补偿。2007年税收返还包括消费税和增值税税收返还、所得税基数返还。

财政转移支付是目前世界各国通用的一种财政管理方式，是缩小地区间财力差距、实现基本公共服务水平均等化的重要手段，对于基本公共服务的均衡配置起着极为关键的作用。

在现阶段，中央对民族地区的财政转移支付主要由以下四类构成：一是税收返还。税收返还是中央对地方财政转移支付的主要形式。返还的额度以来源地的税收为依据，以1993年为基年，将中央从地方净上划的收入数额如数返还给地方，且逐年按比例递增，递增率按各地增值税和消费税增长率的1:0.3的系数确定。二是一般性转移支付。一般性转移支付是一种均衡性转移支付，是中央财政为均衡各地区的财力差距，对标准财政收入小于标准财政支出的地区而给予的补助。采取因素法进行分配，首先根据各地区的影响财政收支的客观因素，核定该地区的标准财政收入和标准财政支出，并确定支付系数，然后按照下列公式进行确定对该地区的转移支付额：某地区一般性转移支付额=（该地区标准财政支出-该地区标准财政收入）×一般性转移支付系数。三是专项转移支付。专项转移支付是中央财政为实现特定的宏观政策及事业发展战略目标，以及对委托地方政府代理的一些事务进行补偿而设立的补助资金，种类较多且不固定，主要用于基础设施建设、义务教育、社会保障制度建设、公共卫生体系建设等经济、社会事业发展项目。四是民族地区转移支付。民族地区转移支付是为配合西部大开发，贯彻《民族区域自治法》的有关规定，在2000年设立的专门对民族自治地方的优惠政策性转移支付。对象包括5个少数民族自治区和青海、云南、贵州3个多民族省份，以及吉林延边、甘肃临夏等8个非民族省区管辖的民族自治州和重庆市酉阳土家族苗族自治县、黑龙江省杜尔伯特蒙古族自治县等53个非民族省区及非民族自治州管辖的民族自治县。

所谓财政收入自主安排使用权，就是自治机关根据广西的具体情况，自主地安排地方财政收入的支出。是自治机关将通过各种形式筹集上来的财政收入进行分配和使用的过程，为提供公共产品和服务，满足社会共同需要而进行的财政资金的支付。

根据上位法，建议在广西壮族自治区自治条例关于中，应表述为：

自治机关有管理地方财政的自治权。凡是依照国家财政体制属于广西地方的财政收入，都应当由自治机关自主地安排使用。

自治机关管理地方财政，应该遵守民主、公开、公正、透明的原则，应向社会公布收支情况，接受社会监督。

自治机关对各项开支标准、定员、定额，根据国家规定的原则，结合广西的实际情况，可以制定补充规定和具体办法。制定的补充规定和具体办法，报国务院备案。

4.有关税收减免权

税收是国家（政府）公共财政最主要的收入形式和来源，政府为了实现其职能，提供公共服务及公共财，凭借公共权力，按照法律所规定的标准和程序，参与国民收入分配，对个人或民间企业（法人）无偿征收货币或资源，强制取得财政收入所形成的一种特殊分配关系，具有强制性、无偿性和固定性的特征。我国实行分税制，分国税与地税。国税又称中央税，由国家税务局系统征收，是中央政府收入的固定来源，归中央所有；地方税归地方所有，由地方税务局系统征收，是地方政府收入的固定来源，由地方管理和使用的税。属于地方税种的是：营业税，城市维护建设税（不包括上述由国家税务局系统负责征收管理的部分），地方国有企业、集体企业、私营企业缴纳的所得税，个人所得税（不包括对银行储蓄存款利息所得征收的部分)，资源税，城镇土地使用税，耕地占用税，土地增值税，房产税，城市房地产税，车船使用税，车船使用牌照税，印花税，契税，屠宰税，筵席税，农业税、牧业税及其地方附加税，地方税的滞纳金、补税、罚款。

实行分税制是市场经济国家的一般惯例。市场竞争要求财力相对分散，而宏观调控又要求财力相对集中，这种集中与分散的关系问题，反映到财政管理体制上就是中央政府与地方政府之间的集权与分权的关系问题。从历史上看，每个国家在其市场经济发展的过程中都曾遇到过这个问题，都曾经过了反复的探讨和实践；从现状看，不论采取什么形式的市场经济的国家，一般都是采用分税制的办法来解决中央集权与地方分权问题的。分税制既是一国政府法制建设和行政管理的需要，又是一个国家财政政策、税收政策在税收管理方面的体现，也是一国财政管理体制在税收方面的体现。

《民族区域自治法》第34条规定："民族自治地方的自治机关在执行国家税法的时候，除应由国家统一审批的减免税收项目以外，对属于地方财政收入的某些需要从税收上加以照顾和鼓励的，可以实行减税或者免税。自治州、自治县决定减税或者免税，须报省、自治区、直辖市人民政府批准。"

显然，第34条所涉及的是地方税，自治机关享有税收减免的自治权，前提是"属于地方财政收入的某些需要从税收上加以照顾和鼓励的……"

减免税属于税收优惠政策范畴，是自治机关为实现特定的政策意图，通过对税法、税收条例标准性条款的有意识背离，从而形成对纳税人的税收减让。这种特定的政策意图无非是吸引外来资金、先进技术、管理经验，扩大对外贸易，加速特定地区经济发展，扶持基础产业和新兴产业，平衡收入差距，促进社会稳定等。减免税优惠政策对改善投资环境、促进地方经济社会的发展具有十分重要的作用，从长期看对税收的增长也是有利的。但减免税也影响了当期税收的增长，在一些贫困地区，财政支出压力大，减免税若没有相应的转移支付政策相配套，地方财政难以承受。税收优惠不利的方面，表现在：

第一，税收优惠使大量的税收减免，严重侵蚀税基，直接减少了地方的财政收入。

第二，税收优惠容易造成税制本身的复杂化，增加税务行政和纳税奉行成本。

第三，税收优惠有碍市场的公平竞争。税收优惠的本质是区别对待，税收优惠在降低了有关纳税人税负的同时，相应地提高了未享受优惠的纳税人的税收负担，这一增一减无疑破坏了原先税收制度中体现的公平，导致了不公平竞争。

第四，税收优惠可能导致纳税人行为的扭曲。纳税人的投资决策是以税后利润为依据的，税收优惠所带来的实际税负的巨大差别，必然诱使纳税人追求更高的税后利润。一旦纳税人的行为与经济发展的客观需要相背离，就会丧失税收优惠应有的作用，甚至适得其反。

总之，只要有社会经济发展的需要，税收优惠政策就必然存在，问题只在于怎样运用好这个有力的杠杆。

根据建立统一市场经济的要求，与全球经济一化、区域经济自由化发展的要求和中国加入WTO的承诺与“国民待遇”的规定，税收减免在地方实现的空间越来越小，可以说是“归零”。虽然，自治机关行使税收管理自治权，是一项法定权利，如何使用这一杠杆？却是一个值得研究的问题，尤其是税收减免权，作为一项自治权可以行使，但利弊要分清，在自治条例中如何规范？需要谨慎、再谨慎。

5.社会事业自主发展权

社会事业是指中央和各级地方政府领导的社会建设和社会服务事业，是与行政部门和企业（包括金融机构）行为相并列的活动。具体而言，社会事业是指国家为了社会公益目的，由国家机关或其他组织举办的从事教育、科技、文化、卫生等活动的社会服务。一般而言，社会事业包括教育事业、医疗卫生、劳动就业、社会保障、科技事业、文化事业、体育事业、社区建设、旅游事业、人口与计划生育十个方面。

社会事业主要涉及的是：领导、举办、审批、投资、管理五个方面的问题。

所谓领导，是指是由中央政府还是地方政府领导的社会事业，这是权力管辖的问题。自治条例规范的是民族自治地方，即地方管辖的社会事业。

所谓举办，是指由地方国家机关还是由其他组织举办，这关系到具体社会事项的性质和具体事项的经营者与责任主体。

所谓审批，行政审批是现代国家管理社会政治、经济、文化等各方面事务的一种重要的事前控制手段。它涉及两个方面：一是审批主体，即中央国家机关和地方地方国家机关；二是审批事项。就审批主体而言，有些社会事业项目由自治机关（地方国家机关）审批，有些需要自治机关与中央国家机关共同审批。

所谓投资（出资），是指由地方政府出资，还是由自然人、法人投资，或是由社会募集资金。出资多少决定着责任分担与利益的分享。

所谓管理，是指监管主体与手段，自治机关监管还是行业组织监管，是挂靠部门直接管理，还是间接管理，或是自治管理。

自治机关社会事业自主发展权，是行使属于地方社会事业的自治权，其核心是自主性，自主地发展广西区域内的各项社会事业。

大力发展社会事业，关系广西各族人民群众切身利益和保障社会民主、公平和稳定的重要手段和途径，社会事业具有维系社会公正、体现社会公益性的作用。积极发展社会事业，提供更多公共安全和生产安全、食品安全与生物安全、城乡建设、劳动就业与社会保障、与人民精神生活有关的文化、教育、体育等相关领域的服务，是自治机关应有的责任与义务。推进社会事业发展，是完善自治机关社会管理和公共服务职能、统筹经济社会协调发展的重要任务。

社会事业兼具公益、准公益和盈利的性质。所以，在发展、改革社会事业改革中，自治机关需逐步转换既是投资者、又是管理者和经营者的多重身份，推进社会事业举办的多元化、社会化、市场化，并按照管办分离的原则，对社会事业实行分类管理；同时，通过营造良好的环境，积极引导社会力量参与社会事业的举办。

随着国务院大批行政审批事项的废除与下放，《民族区域自治法》中有关社会事业的诸条规定，已无实际意义，这些事权也是一般地方政府管理的事项，与民族自治地方没有区别，都属于地方政府自主发展的事权。就自治机关而言，既是自治机关行使的自治权，又是地方政府行使的事权，两者已"无缝"对接了。

因此，建议在广西壮族自治区自治条例中，应从以下几个方面表述：

一是社会事业实行市场准入负面清单制度，按照公益性、准公益性、营利性的特征，将社会事业的事项进行分类，规定不同类型的社会事业的主体。自治机关应建立健全与市场准入负面清单制度相适应的准入机制、监管机制、社会信用体系和激励惩戒机制、信息公示制度和信息共享制度与规则。

二是自治机关是公益性社会事业发展的主体。优先发展教育，特别是民族教育，保障广西各民族人人享有平等的受教育机会，稳步提升全民受教育程度。自治机关自主决定广西的教育规划，各级各类学校的设置、学制、办学形式、教学内容、教学用语和招生办法。

自治机关应制定广西医疗卫生事业的发展规划，发展现代医药和民族传统医药，建成城乡的基本医疗卫生制度，改善医疗卫生条件，使人人享有基本医疗卫生服务。加强对传染病、地方病的预防控制工作和妇幼卫生保健，推进基本医疗保障制度建设。将城乡居民分别纳入城镇职工基本医疗保险、城镇居民基本医疗保险和新型农村合作医疗制度覆盖范围。

自治机关应完善社会保障福利体系，完善基本养老保险制度，扩大城市居民与农村社会养老保障制度。逐步实现城乡居民享受均等的社会福利，稳步提高低保标准和补助水平。保障残疾人的生存发展，提高孤儿养育保障水平，建立与社会发展相适应的社会福利机构，强化对流浪未成年人等弱势群体的救助保护工作。

自治机关应完善科技创新体系和支持政策，构建开放型区域创新体系，努力提高自主创新能力，推进重大科学技术突破，加快发展技术市场，培育区域科技创新服务中心和科技中介组织，促进科技成果产业化。

自治机关应要大力发展文化体育事业，建立重点文化设施与城乡基层文化设施；加强城乡公共体育设施建设，大力开展群众性体育活动，增强各族人民的体质。

三是自治机关应建立政府主导、社会参与、公办民办并举的公共服务供给模式，开放社会资本进入准公益性的社会事业领域，准公益性的投资项目应当以资本金注入和产业补助为主。教育、就业、社保、医疗卫生、住房保障、文化体育及残疾人服务等基本公共服务领域，推进政府向社会力量购买服务工作来承担公共服务。

四是自治机关对营利性的社会事业实行市场准入管理，自主经营、独立核算、自负盈亏，发挥市场在资源配置中的决定性作用，市场主体权利平等、机会平等、规则平等，政府监管标准公开、程序公开、结果公开，保障市场主体和社会公众的知情权、参与权、监督权。自治机关依法履行市场监管职能，加强事中事后监管，推进市场监管制度化、规范化、法治法，促进市场公平竞争，维护市场正常秩序。

6.生态建设与环境保护权，生态和资源补偿规定

《宪法》第26条第1款规定："国家保护和改善生活环境和生态环境，防治污染和其他公害。"

《民族区域自治法》第45条规定："民族自治地方的自治机关保护和改善生活环境和生态环境，防治污染和其他公害，实现人口、资源和环境的协调发展。"

自治机关是承担保护和改善生活环境与生态环境义务的责任主体，该法条显示的内涵有三个方面：

一是保护和改善生活环境与生态环境。生活环境是指与人类生活密切相关的各种自然条件和社会条件的总体，它由自然环境和社会环境中的物质环境所组成。生态环境是指由生物群落及非生物自然因素组成的各种生态系统所构成的整体，主要或完全由自然因素形成，并间接地、潜在地、长远地对人类的生存和发展产生影响。生活环境的保护与每个人生活质量的好坏息息相关，要保护和改善生活环境，就必须保护和改善生态环境，生态环境的破坏，最终会导致人类生活环境的恶化。

保护就是禁止破坏，破坏既有人为的破坏、也有自然的破坏。广西的自然生态系统较为脆弱，长期以来，人们对资源的不合理开发，导致土地资源严重退化、植被覆盖度锐减、水土流失，加剧了石漠化的扩展，全区石漠化面积237.9万公顷，水土流失面积2.81万平方千米。人口的增加造成人地关系失衡、农业生态系统退化、土地质量变异、承载力降低，石漠化使生活环境变得极度恶劣，许多地区陷入“越穷越垦，越垦越穷”的恶性循环，石漠化成为大石山区农民贫困的主要根源，部分地区的人口完全丧失了最基本的生存条件。

随着石漠化生态环境的不断恶化，各种自然灾害普遍呈现周期缩短、频率加快、分布广，甚至叠加发生、交替重复、损失加重的趋势。

发挥自治机关公权力的职能，主动、积极行使自治权，禁止破坏生态环境的行为：一要禁止、打击人为破坏生态环境的行为；二要预防自治灾害的发生与努力减少自然灾害造成的损失。

二是防治污染和公害，这里强调的是“防”与“治”。要防止环境污染和公害发生，处理好经济发展、社会进步、资源利用、环境保护之间的关系，在经济社会发展规划决策过程中充分考虑生态环境承载能力，将环境保护融入生产、流通、消费各个环节，实行全过程预防、控制环境污染和生态破坏。坚持以人为本，重点解决与民生相关的突出生态环境问题，切实维护人民群众环境权益，保障生态安全，促进社会和谐，保护好广西自然环境的良性循环，少施化肥和农药，多施农家肥和生物除害，保护好地球的湿地和江河湖泊，合理利用水资源，把流失的水源留住为人类造福。

对已破坏的环境与生态进行修复与治理，一要实施区域环境保护总体战略，以环境保护优化经济发展，控制污染物排放总量，实行主要污染物排放总量控制制度，落实减排责任，通过强化结构减排、深化工程减排、实化管理减排和推进清洁生产，降低排污强度，制定、实行更加严格的排放标准，完善、落实相关经济政策，促进落后产能退出。推动绿色工业化进程，加快传统产业改造提升，鼓励企业优化生产流程，加快淘汰落后工艺技术和设备。大力发展循环经济、低碳经济，降低资源能源消耗和污染物新增量，积极培育节能环保、新能源等战略性新兴产业，加快研发和推广应用高效绿色适用技术，推进绿色采购、绿色贸易，促进绿色消费。二要加大工业污染深度治理和工艺技术改造力度，提高行业污染治理技术水平，降低单位产品污染物排放强度；提升城镇污水处理能力和建设污泥无害化处理处置设施推进主要污染物减排，促进经济发展方式转变，加强水污染综合防治，保障饮用水安全，加强大气污染综合防治，改善重点区域和城市空气质量，维护生态安全。三要保护以自然恢复为主，从源头防止生态破坏和退化，大力实施生态保护和重点工程建设，逐步构建以生态林为主体、以珠江防护林和沿海防护林为支撑、以自然保护区为重要组成部分的生态安全格局，提高生态安全和生态服务水平。强化退化生态系统的修复重建，推进石漠化综合治理、区域水土流失、矿山生态修复和土壤污染防治，加强灾害防控和灾后重建工作，逐步恢复退化生态系统的服务功能。

三是人口、资源、环境的协调发展，如何协调？就是要设立生态与资源补偿机制。生态补偿机制是以保护生态环境、促进人与自然和谐为目的，根据生态系统服务价值、生态保护成本、发展机会成本，综合运用行政和市场手段，调整生态环境保护和建设相关各方之间利益关系的环境经济政策。生态补偿机制主要针对区域性生态保护和环境污染防治领域，是一项具有经济激励作用、与“污染者付费”原则并存、基于“受益者付费和破坏者付费”原则的环境经济政策。

生态补偿涉及复杂的利益关系调整，涉及公共管理的许多层面和领域，关系复杂，头绪繁多。退耕还林政策是目前建立的第一个生态补偿机制，还有许多方面都需要建立生态补偿机制，如城市水源地的发展与保护的矛盾，江河上游水资源利用与中下游用水的矛盾，生态屏障的建设与投入的矛盾，喀斯特地区过度开垦导致的水土流失和沙漠化问题，草原过度放牧或过度耕种带来的风沙问题，以及自然保护区的保护问题等。虽然已有许多政策性措施，但没能从机制上解决生态价值补偿问题，存在许多不稳定因素，影响社会稳定与可持续发展。生态服务功能价值如何评估，生态环境保护的公共财政体制如何制定，流域生态如何补偿，重要生态功能区的保护与建设怎样进行，都需要从法律法规的层面给予肯定和支持。

目前建立我国生态补偿机制面临着种种困难，它涉及上下游地区间的利益分配、上游产品与下游产品在产业链中的利润分配、局部与全局利益的分配等问题。如何从可持续发展的战略高度，落实科学发展观、促进区域协调发展和人与自然和谐的视野，来构建既符合公平、正义的要求，又符合中国特点的生态补偿机制，是一个正在探索中的重大课题。

可喜的是，一些地方对生态、资源补偿机制进行了规制，可以供我们参考与借鉴。浙江省从2005年开始以地方性行政法规，相继颁布了《关于进一步完善生态补偿机制的若干意见》《钱塘江源头地区生态环境保护省级财政专项补助暂行办法》《浙江省生态环保财力转移支付试行办法》，成为全国第一个实施省内全流域生态补偿的省份。2008年1月，《江苏省太湖流域环境资源区域补偿试点方案》正式实施，规定：建立跨行政区交接断面和入湖断面水质控制目标，上游设区的市出境水质超过跨行政区交接断面控制目标的，由上游设区的市政府对下游设区的市予以资金补偿；上游设区的市入湖河流水质超过入湖断面控制目标的，按规定向省级财政缴纳补偿资金。

据《中国证券报》披露的消息，由发改委牵头制定的《生态补偿条例》已经形成草案初稿，《关于建立完善生态补偿机制的若干意见》也即将上报国务院审议。[1]

自治机关是广西生态保护的责任主体，要划分“主体功能区”和“生态区划”，规定各生态功能的定位、保护的责任和补偿的义务。根据生态补偿原则：“谁开发谁保护，谁破坏谁恢复，谁

〔1〕 参见《中国证券报》2011年11月30日。

受益谁补偿，谁污染谁付费”，在生态效益的提供者和受益者之间，建立“利益相关者补偿”机制。“利益相关者补偿”是代表生态链和产业链上不同区域之间的补偿。

为了保证生态、资源补偿机制的实施，要在完善现行保护环境的税收政策的基础上研究增收生态补偿税、开征新的环境税。虽然1984年开征了资源税，1994年资源税被划分为地方税，在设计之初，其宗旨是调节级差收入，但自税制改革后，在实际中很难起到调节级差收入的作用。因此，我国目前不存在纯粹意义上的生态税收。税收作为有效的经济调控手段，在控制环境污染、保护生态环境方面具有重要的作用，应该考虑设置生态税种。

政府要设立生态建设专项资金列入财政预算，重点向欠发达地区、重要生态功能区、水系源头地区和自然保护区倾斜，优先支持生态环境保护作用明显的区域性、流域性、重点环保项目，加大对区域性、流域性污染防治，以及污染防治新技术新工艺开发和应用的资金支持。

要研究建立以政府投入为主、全社会支持生态环境建设的投资融资体制。引导国内外资金投向生态建设和环境保护。按照“谁投资、谁受益”的原则，支持鼓励社会资金参与生态建设、环境污染整治的投资。积极探索生态建设、环境污染整治与城乡土地开发相结合的有效途径，在土地开发中积累生态环境保护资金。积极利用国债资金、开发性贷款，以及国际组织和外国政府的贷款或赠款，努力形成多元化的资金格局。

政府要探索市场化生态补偿模式，引导社会各方参与环境保护和生态建设。培育资源市场，开放生产要素市场，使资源资本化、生态资本化，使环境要素的价格真正反映它们的稀缺程度，可达到节约资源和减少污染的双重效应，主动探索资源使（取）用权、排污权交易等市场化的补偿模式。完善水资源合理配置和有偿使用制度，加快建立水资源取用权出让、转让和租赁的交易机制。探索建立区域内污染物排放指标有偿分配机制，逐步推行政府管制下的排污权交易，运用市场机制降低治污成本，提高治污效率。引导鼓励生态环境保护者和受益者之间通过自愿协商实现合理的生态补偿。

生态补偿费的实践，早在1983年云南省环保局以昆阳磷矿为试点，对每吨矿石征收0.3元，用于采矿区植被及其他生态环境恢复的治理，取得了良好效果。1989年我国环保部门会同财政部门，在广西、江苏、福建、陕西榆林、山西、贵州和新疆等地试行生态环境补偿费。1993年，内蒙古、包头和晋陕蒙接壤地区等17个地方，试行征收生态环境补偿费。

排污权市场交易模式。1994年国家环保总局在包头、开远、柳州、太原、平顶山和贵州6个城市开展二氧化硫排污权交易试点，实施大气排污交易政策。

水权交易模式。一是跨行业水权交易的尝试，2003年内蒙和宁夏两区通过转让水权的方式，将农业用水权转让给火电厂，开创了水权理论在中国跨行业交易的先例。二是流域上下游的水权交易。如上游地区将节余的水资源有偿提供给下游地区；或是上游地区通过努力保护水质，给下游地区提供了优质水资源，下游避免了使用劣质水资源的损失，这部分受益可以某种方式补偿给上游地区，实现流域上下游双赢。

另外，根据国外经验，可实施政府“赎买”办法。广西一些林区补划为生态公益林，禁止商品性采伐，使“靠山吃山”的林区农民失去了赖以生存的基础，针对这部分农民的补偿问题，国家应实行"赎买"的办法。如生态公益林由政府赎买，变为国有，这是最好的解决办法。从国外经验来看，发达的林业国家走的都是这条路。如美国在生态森林养护方面，采取由联邦政府和州政府进行预算投入，即选择"由政府购买生态效益、提供补偿资金"等方式来改善生态环境。

综上所述，建议在广西壮族自治区自治条例中，应表述为：

自治机关是广西保护和改善生活环境与生态环境的责任主体。

自治机关应自主制定广西环境保护和生态建设的总规则，制定监督实施的相关政策。

自治机关应在国家相关法规基础上自主建立广西生态与资源补偿机制。补偿要坚持"公开、公正、透明"的原则，每个会计年度要接受第三方审计，并向社会公布全布内容，接受公民与媒体的监督。

自治机关应设立生态建设专项资金列入财政预算。建立以政府投入为主、全社会支持生态环境建设的投资融资体制。

自治机关要在完善资源税的基础上，开征生态税或生态环境补偿费。

生态、资源补偿实行："谁开发、谁保护，谁破坏、谁恢复，谁受益、谁补偿，谁污染、谁付费"的原则。

广西建立以政府投入为主、全社会支持生态环境建设的投资融资体制，坚持"谁投资、谁受益"的原则，支持鼓励社会资金参与生态建设、环境污染整治的投资。

自治机关应自主建立资源市场，开放生产要素市场，使生态环境保护者和受益者之间通过自愿协商实现合理的生态补偿。

7. 人才培养权。

“发展是硬道理”，能否发展是靠人，国家也好、地区也好，相互间的竞争，核心也是人的竞争。这里的“人”不是指一般意义上的“自然人”，而是指各类人才和人的普遍素质的提高。所以，人才战略是国家与地区为实现经济和社会发展目标，把人才作为一种战略资源，都对人才培养、吸引和使用作出重大的、宏观的、全局性构想与安排。广西作为民族自治地区，充分发挥自治机关的人才培养自治权，实施人才强区战略是加快广西社会、经济全面发展的根本，要把人才培养作为推进事业发展的关键因素，才能大力提升广西的核心竞争力和综合实力，缩小与发达地区的差距，实现各民族共同富裕的目标。

《民族区域自治法》第22条规定：

“民族自治地方的自治机关根据社会主义建设的需要，采取各种措施从当地民族中大量培养各级干部、各种科学技术、经营管理等专业人才和技术工人，充分发挥他们的作用，并且注意在少数民族妇女中培养各级干部和各种专业技术人才。

民族自治地方的自治机关录用工作人员的时候，对实行区域自治的民族和其他少数民族的人员应当给予适当的照顾。

民族自治地方的自治机关可以采取特殊措施，优待、鼓励各种专业人员参加自治地方各项建设工作。”

人才培养权是自治机关的一项重要自治权，上述第22条诠释了这项自治权的内涵：第一，人才培养的对象，即各级干部、各种科学技术、经营管理等专业人才和技术工人，特别提出了要更加关注在少数民族妇女中培养各级干部和各种专业技术人才；第二，法律体现了对自治区域的少数民族实现自治权利的原则与成长的关怀，即实行区域自治的民族和其他少数民族的人员，在自治机关录用工作人员时应当给予适当的照顾；第三，人才培养实现的路径，即采取特殊措施，优待、鼓励各种专业人员参加自治地方各项建设工作。

人才是发展生产力的第一要素，人才资源是第一资源，是国家和地区的核心竞争力，随着科技革命浪潮的汹涌澎湃，作为经济发展基本要素的人才已成为最富活力的"第一资源"，成为决定胜负的关键所在。谁占领了人才高地，谁就能占据事业的制高点，就能在国内与国际市场的竞争中立于不败之地，就能在发展的道路上先拔头筹。高度重视人才资源的培养、开发和使用，把求才、知才、用才、育才作为广西发展的首要任务。

培养少数民族干部是中国共产党和政府解决国内民族问题的一项重要政策。因为少数民族干部最了解本民族的特点及人民的愿望和要求，通晓本民族的语言和文字，熟悉本民族的历史、生活方式、风俗习惯和宗教信仰，同本民族人民有着天然的联系。他们在本民族中的作用，是别的民族干部所不能代替的。

1950年11月，中央人民政府政务院颁布《培养少数民族干部试行方案》，明确规定了培养民族干部的指导方针：为了国家建设、民族区域自治与实现共同纲领、民族政策的需要，从中央至有关省县，应根据新民主主义的教育方针，普遍而大量地培养各少数民族干部。目前以开办政治学校与政治培训班，培养普通政治干部为主，迫切需要的专业技术干部为辅。

党的十一届三中全会以后，党和政府工作重心转移到社会主义现代化建设上来，培养少数民族干部的方针也相应调整为：大力培养四化所需要的、具有共产主义觉悟的少数民族政治干部和专业技术人才，实现干部队伍革命化、年轻化、知识化、专业化，保证党的基本路线全面贯彻执行，为少数民族地区的社会主义现代化服务。

1993年12月，中央组织部、中央统战部和国家民委联合下发了《关于进一步做好培养选拔少数民族干部工作的意见》，进一步明确了新时期民族干部工作的指导方针和任务：以邓小平理论和党的基本路线为指导，贯彻执行党的民族政策和民族区域自治法，紧密围绕经济建设这个中心，按照干部"四化"方针，加强领导班子建设，培养造就一支德才兼备，廉洁勤政，密切联系各民族群众，门类齐全、专业配套、结构合理，能够适应改革开放和发展社会主义市场经济需要的少数民族干部队伍。从民族地区实际出发，采取切实措施，加强培养教育，进一步提高少数民族干部的政治、业务素质；有计划地扩大数量，拓宽来源，重点培养和充实各类科技管理人才队伍，努力改善少数民族干部队伍结构；大胆选拔使用少数民族优秀中青年干部，着力提高民族地区各级领导班子驾驭社会主义市场经济的能力，把领导班子建设成为坚持党的基本路线、坚持两手抓、能够领导建设有中国特色社会主义事业的坚强集体，为民族地区进一步深化改革和经济、社会发展提供组织保证。

大力培养和任用少数民族干部，是实行民族区域自治制度、充分行使少数民族平等权利和自治权利的重要内容和显著标志。从1992年开始，中共中央先后召开了4次中央民族工作会议，培养少数民族干部和各类人才都是会议的主要内容。

1992年中央民族工作会议提出："坚持与完善民族区域自治制度，全面贯彻落实《民族区域自治法》，大力培养少数民族干部；进一步加强各民族的大团结，坚决维护祖国的统一。”

1999年中央民族工作会议提出：“要进一步加强对少数民族干部的培养。各级党委和政府要满腔热情地关心少数民族干部队伍的建设，按照干部队伍的四化方针和德才兼备的原则，制定培养计划，积极选拔优秀中青年少数民族干部进入各级领导班子，尤其要重视高、中级领导干部的培养和选拔。要通过开展以讲学习、讲政治、讲正气为主要内容的党性党风教育，努力提高他们的思想政治素质。同时，要努力改善干部队伍的结构，培养更多的适应民族地区建设需要的科技人才和经济管理人才。”

2005年中央民族工作会议提出：“大力培养少数民族干部和各类人才，加快少数民族和民族地区经济社会发展，为社会主义物质文明、政治文明、精神文明与和谐社会建设全面发展作出贡献。”

2014年中央民族工作会议提出：“民族地区的好干部要做到明辨大是大非的立场特别清醒、维护民族团结的行动特别坚定、热爱各族群众的感情特别真诚。要坚持德才兼备的原则，大力培养选拔少数民族干部，优秀的要放到重要领导岗位上来。”

因此，建议在广西壮族自治区自治条例中，应表述为：

自治机关根据广西实际情况与发展建设的需要，采取各种措施从壮族和其他少数民族公民中培养各级干部、各种科学技术、经营管理等专业人才和技术工人，充分发挥他们的作用，特别要在壮族和其他少数民族妇女中培养各级干部和各种专业技术人才。

自治机关在录用公务员和其他工作人员的时候，坚持“公平、公正、公开”的原则，在同等条件下优先录用壮族和其他少数民族的公民。

自治机关可以采取特殊措施，优待、鼓励各种专业人员参加广西各项建设工作。

四、自治区享受中央国家机关扶持照顾的法定权利

1.自治区享受中央国家机关扶持照顾的各项法定权利在自治条例中的具体规定。

我国的基本国情决定了少数民族和民族地区的发展在我国经济社会发展全局中占有极其重要的地位。加快少数民族和民族地区经济社会发展，是我国现阶段解决民族问题的根本任务，不仅关系我国区域发展总体战略的实施，关系全面建设小康社会奋斗目标的实现，而且关系民族团结、社会稳定和边防巩固，关系国家的长治久安。

党和国家历来高度重视加快少数民族和民族地区的发展。2012年8月31日，《中共中央、国务院关于进一步加强民族工作加快少数民族和民族地区经济社会发展的决定》（以下简称《决定》）是党关于民族工作全局的第一个决定，明确了自治机关享受中央国家机关扶持照顾的各项政策有：支持民族地区基础设施建设；支持民族地区经济结构调整；加大对民族地区的财政投入和金融支持；妥善解决生态建设和资源开发的补偿问题；突出解决少数民族群众的贫困问题；大力推进兴边富民行动；加大对人口较少民族的扶持力度；扶持民族地区发展教育和科技事业；扶持民族地区发展文化事业；扶持民族地区发展卫生、体育事业等十个方面。一个最突出的特点就是把发展作为第一要务，把支持少数民族和民族地区加快发展作为一贯方针，重点在政策、资金、

体制机制上采取有力措施，务求在促进科学发展、改善民生上取得明显成效。

然而，《决定》是一项重要的政策性文件，自治条例是一部法律性文件。如何将政策性文件内容转化为具体的法律条款是一个难题。

法律与政策是现代社会调控和治国互为补充的两种手段，在加快推进依法治国的进程中，各自发挥着其独特的作用。政策是国家或政党为实现一定的政治、经济、文化等目标任务而确定的行动指导原则与准则，具有普遍性、指导性、灵活性等特征。法律是由一定的物质生活条件所决定的，由国家制定或认可并由国家强制力保证实施的具有普遍效力的行为规范体系，具有普适性、规范性、稳定性等特征。政策与法律作为两种不同的社会政治现象，它们的区别表现在意志属性不同、规范形式不同、实施方式不同、稳定程度不同。政策与法律的关系极为密切，二者相互影响、相互作用，具有功能的共同性、内容的一致性和适用的互补性。

法律性文件的性质与特征，决定了在自治条例中无法对具体的项目与具体办法作出表述，同时《决定》的内容大多已作为“上级国家机关的责任”规定在《民族区域自治法》中。

所以，建议对此问题在广西壮族自治区自治条例中，可以表述为：

自治机关应以经济社会发展为首要任务，自主编制中央国家机关扶持、帮助广西加快发展的各种专项规划，在项目、资金安排上，坚持公正、公开、合理、透明的原则，接受国家机关与社会的监督。

2.民族区域自治法赋予自治区享受的中央国家机关予以扶持照顾的法定权利在自治条例中的细化。

2011年《民族区域自治法》的修订，最大的进步就是将第六章“上级国家机关的领导和帮助”修改为“上级国家机关的职责”。其意义在于：将扶持照顾民族自治地方的行为，确定为国家机关的法定职责和义务。“帮助”是一种主观任意行为，可以实施也可以不实施，帮助你是一种义务，不帮助你是一种权利。修改为“职责”，性质就不同了，那是上级国家机关依法承担的责任和义务，是必须履行的工作范围、工作任务和工作责任，属于本职工作不得不做的事情，具有强制性，不作为要被依法追究法律责任。

《民族区域自治法》第六章共有19个条款，范围涉及民族自治地方工作的方方面面，主要内容是：

（1）上级国家机关有关民族自治地方的决议、决定、命令和指示，应当适合民族自治地方的实际情况。

（2）上级国家机关应当帮助、指导民族自治地方经济发展战略的研究、制定和实施，从财政、金融、物资、技术和人才等方面，帮助各民族自治地方加速发展经济、教育、科学技术、文化、卫生、体育等事业。

国家制定优惠政策，引导和鼓励国内外资金投向民族自治地方。

上级国家机关在制订国民经济和社会发展计划的时候，应当照顾民族自治地方的特点和需要。

（3）国家根据统一规划和市场需求，优先在民族自治地方合理安排资源开发项目和基础设施建设项目。国家在重大基础设施投资项目中适当增加投资比重和政策性银行贷款比重。

国家在民族自治地方安排基础设施建设，需要民族自治地方配套资金的，根据不同情况给予减少或者免除配套资金的照顾。

国家帮助民族自治地方加快实用科技开发和成果转化，大力推广实用技术和有条件发展的高新技术，积极引导科技人才向民族自治地方合理流动。国家向民族自治地方提供转移建设项目的时候，根据当地的条件，提供先进、适用的设备和工艺。

（4）国家根据民族自治地方的经济发展特点和需要，综合运用货币市场和资金市场，加大对民族自治地方的金融扶持力度。金融机构对民族自治地方的固定资产投资项目和符合国家产业政策的企业，在开发资源、发展多种经济方面的合理资金需求，应当给予重点扶持。

国家鼓励商业银行加大对民族自治地方的信贷投入，积极支持当地企业的合理资金需求。

（5）上级国家机关从财政、金融、人才等方面帮助自治地方的企业进行技术创新，促进产业结构升级。

上级国家机关应当组织和鼓励民族自治地方的企业管理人员和技术人员到经济发达地区学习，同时引导和鼓励经济发达地区的企业管理人员和技术人员到民族自治地方的企业工作。

（6）国家设立各项专用资金，扶助民族自治地方发展经济文化建设事业。

国家设立的各项专用资金和临时性的民族补助专款，任何部门不得扣减、截留、挪用，不得用以顶替民族自治地方的正常的预算收入。

（7）上级国家机关根据国家的民族贸易政策和民族自治地方

的需要，对民族自治地方的商业、供销和医药企业，从投资、金融、税收等方面给予扶持。

（8）国家制定优惠政策，扶持民族自治地方发展对外经济贸易，扩大民族自治地方生产企业对外贸易经营自主权，鼓励发展地方优势产品出口，实行优惠的边境贸易政策。

（9）随着国民经济的发展和财政收入的增长，上级财政逐步加大对民族自治地方财政转移支付力度。通过一般性财政转移支付、专项财政转移支付、民族优惠政策财政转移支付以及国家确定的其他方式，增加对民族自治地方的资金投入，用于加快民族自治地方经济发展和社会进步，逐步缩小与发达地区的差距。

（10）上级国家机关在投资、金融、税收等方面扶持民族自治地方改善农业、牧业、林业等生产条件和水利、交通、能源、通信等基础设施；扶持民族自治地方合理利用本地资源发展地方工业、乡镇企业、中小企业以及少数民族特需商品和传统手工业品的生产。

（11）上级国家机关应当组织、支持和鼓励经济发达地区与民族自治地方开展经济、技术协作和多层次、多方面的对口支援，帮助和促进民族自治地方经济、教育、科学技术、文化、卫生、体育事业的发展。

（12）国家在民族自治地方开发资源、进行建设的时候，应当照顾民族自治地方的利益，作出有利于民族自治地方经济建设的安排，照顾当地少数民族的生产和生活。国家采取措施，对输出自然资源的民族自治地方给予一定的利益补偿。

国家引导和鼓励经济发达地区的企业按照互惠互利的原则，到民族自治地方投资，开展多种形式的经济合作。

（13）上级国家机关应当把民族自治地方的重大生态平衡、环境保护的综合治理工程项目纳入国民经济和社会发展计划，统一部署。

民族自治地方为国家的生态平衡、环境保护作出贡献的，国家给予一定的利益补偿。

任何组织和个人在民族自治地方开发资源、进行建设的时候，要采取有效措施，保护和改善当地的生活环境和生态环境，防治污染和其他公害。

（14）上级国家机关隶属的在民族自治地方的企业、事业单位依照国家规定招收人员时，优先招收当地少数民族人员。

在民族自治地方的企业、事业单位，应当尊重当地自治机关的自治权、遵守当地自治条例、单行条例和地方性法规、规章，接受当地自治机关的监督。

（15）上级国家机关非经民族自治地方自治机关同意，不得改变民族自治地方所属企业的隶属关系。

（16）国家和上级人民政府应当从财政、金融、物资、技术、人才等方面加大对民族自治地方的贫困地区的扶持力度，帮助贫困人口尽快摆脱贫困状况，实现小康。

（17）上级国家机关帮助民族自治地方从当地民族中大量培养各级干部、各种专业人才和技术工人；根据民族自治地方的需要，采取多种形式调派适当数量的教师、医生、科学技术和经营人员，参加民族自治地方的工作，对他们的生活待遇给予适当照顾。

（18）国家加大对民族自治地方的教育投入，并采取特殊措施，帮助民族自治地方加速普及九年义务教育和发展其他教育事业，提高当地各民族人民的科学文化水平。

国家举办民族院校，在高等学校举办民族班、民族预科，专门或者主要招收少数民族学生，并且可以采取定向招生、定向分配的办法。高等学校和中等专业学校招收新生的时候，对少数民族考生适当放宽录取标准和条件。对人口特别少的少数民族考生给予特殊照顾，各级人民政府和学校应采取多种措施帮助家庭经济困难的少数民族学生完成学业。

国家在发达地区举办民族中学或者在普通中学中开设民族班，招收少数民族学生实施中等教育。

国家帮助民族自治地方培养和培训各民族教师。组织和鼓励各民族教师和符合任职条件的各民族毕业生到民族自治地方从事教育教学工作，并给予他们相应的优惠待遇。

（19）上级国家机关应当对各民族的干部和群众加强民族政策的教育，经常检查民族政策和有关法律的遵守和执行。

就上述内容而言，上级国家机关是实施的主体，民族自治地方是接受的主体，自治条例是下位法，法律位阶低于基本法。在自治条例中不能有要求上级国家机关如何作为的条款，也不能有上级国家机关应该作为的条款，自治条例不是一部向上级国家机关索取权利的法律。上级国家机关的职责只能由最高权力机关——全国人民代表大会来规定。

所以，根据上位法，建议在广西壮族自治区自治条例中，可以表述为：

自治机关有接受上级国家机关扶持帮助的权利，自主实施与落实上级国家机关扶持帮助的各项建设项目与事项，接受上级国家机关与社会的监督。

自治机关秉承公平、公正、透明的原则，分配、使用好上级国家机关通过财政转移支付、专项财政转移支付、民族优惠政策财政转移支付以及国家确定的其他方式投入的资金。

自治机关应自主承接、落实其他省、市对口支援的事项。

自治机关有要求上级国家机关履行帮助职责的权利，有向全国人民代表大会及其常务委员会和国务院申诉上级国家机关职责履行不力的权利。

参考文献

《世界各国宪法》编辑委员会编译:《世界各国宪法》,中国检察出版社2012年版。

孙谦、韩大元主编:《地方制度》,中国检察出版社2013年版。

全国政协文史和学习委员会编:《新疆五十年——包尔汉回忆录》,中国文史出版社2014年版。

沈志华编:《俄国解密档案:新疆问题》,新疆人民出版社2014年版。

陈冠任:《31个省、自治区和直辖市组建实录》,中共党史出版社2009年版。

[比]亨利·皮雷纳:《中世纪的城市》,商务印书馆1985年版。

刘明翰主编:《世界史(中世纪史)》,人民出版社1986年版。

《西洋中古史》袁传伟译,五南图书出版股份有限公司1989年版。

杨柏华、明轩:《资本主义国家政治制度》,世界知识出版社1984年版。

[美]贾恩弗兰科·波齐:《近代国家的发展》,商务印书馆

1997年版。

陈云生:《权利相对论》,人民出版社1994年版。

李宏图:《西欧近代民族主义思潮研究》,上海社会科学院出版社1997年版。

张文显:《二十世纪西方法哲学思潮研究》,法律出版社1996年版。

唐孝葵等主编:《地方立法比较研究》,中国民主法制出版社1992年版。

冯契主编:《社会科学争鸣大系》(政治学·法学卷),上海人民出版社1991年版。

周旺生:《立法论》,北京大学出版社1994年版。

[美]戴维·赫尔德:《民主的模式》,中央编译出版社1998年版。

[奥]凯尔森:《法与国家的一般理论》,中国大百科全书出版社1996年版。

蔡定剑:《国家监督制度》,中国法制出版社1991年版。

葛洪义:《法理学导论》,法律出版社1996年版。

崔文华:《权力的祭坛》,工人出版社1988年版。

林哲:《权力腐败与权力制约》,法律出版社1997年版。

沈宗灵:《现代西方法理学》,北京大学出版社1992年版。

[法]卢梭:《社会契约论》,商务印书馆1980年版。

[英]托马斯·霍布斯:《利维坦》,商务印书馆1985年版。

[英]梅因:《古代法》,商务印书馆1996年版。

[古希腊]亚里士多德:《政治学》,商务印书馆1997年版。

[古希腊]亚里士多德:《伦理学》,中国社会科学出版社1990

年版。

法学教材编辑部《西方法律思想史编写组》编:《西方法律思想资料选编》,北京大学出版社1983年版。

[美]罗尔斯:《正义论》,中国社会科学出版社1988年版。

[美]彼德·布劳:《社会生活中的交换与权力》,华夏出版社1988年版。

[英]哈特:《法律的概念》,中国大百科全书出版社1995年版。

蒋恩慈等主编:《当代国外社会科学流派丛书(法学)》,四川人民出版社1989年版。

[英]威廉·葛德文:《政治正义论》(两卷本),商务印书馆1980年版。

[德]黑格尔:《法哲学原理》,商务印书馆1961年版。

[美]科恩:《论民主》,商务印书馆1988年版。

[英]密尔:《论自由》,商务印书馆1959年版。

[法]狄骥:《宪法论》,商务印书馆1959年版。

[美]帕森斯:《现代社会的结构与过程》,光明日报出版社1988年版。

[美]塞缪尔·亨廷顿:《变动社会的政治秩序》,上海译文出版社1989年版。

[美]庞德:《法律史解释》,华夏出版社1989年版。

《潘恩选集》,马清槐译,商务印书馆1989年版。

[荷]马尔赛文:《成文宪法比较研究》,华夏出版社1987年版。

[德]马克斯·韦伯:《经济与社会》,商务印书馆1997年版。

莫纪宏:《宪政新论》,中国方正出版社1997年版。

林吕建:《权力错位与监控》，中国方正出版社1996年版。

张炜:《人民代表大会监督职能研究》，中国法制出版社1996年版。

金国坤:《依法行政》，中国政法大学出版社1992年版。

沈达明编著:《衡平法初论》，对外经济贸易大学出版社1997年版。

[意]朱塞佩·格罗索:《罗马法史》，中国政法大学出版社1994年版。

[英]阿克顿:《自由与权力》，侯健、范亚峰译，商务印书馆2001年版。

哈佛燕京学社主编:《公共理性与现代学术》，北京三联书店2000年版。

[德]黑格尔:《历史哲学》，王造时译，上海书店出版社1999年版。

[英]哈耶克:《自由秩序原理》，邓正来等译，北京三联书店1997年版。

[美]萨托利:《宪政新论》，冯克利、阎克文译，东方出版社1998年版。

[美]文森特·奥斯特罗姆:《复合共和制的政治理论》，毛寿龙译，上海三联书店1999年版。

[美]文森特·奥斯特罗姆:《美国联邦主义》，王建勋译，上海三联书店2003年版。

[德]恩斯特·卡西尔:《国家的神话》，范进等译，华夏出版社1999年版。

[英]以塞亚·柏林:《反潮流：观念史论文集》，冯克利译，译

林出版社2002年版。

[美]罗尔斯:《万民法》,载汪晖、陈燕谷主编:《文化与公共性》,北京三联书店1998年版。

[德]康德:《历史理性批判文集》,何兆武译,商务印书馆1997年版。

[美]弗朗西斯·福山:《历史的终结及最后之人》,黄胜强、许铭原译,中国社会科学出版社2003年版。

高全喜:《法律秩序与自由正义——哈耶克的法律与宪政思想》,北京大学出版社2003年版。

张文山:《自治权法论》,广西民族出版社1999年版。

张文山等:《自治权理论与自治条例研究》,法律出版社2005年版。

张文山:《突破传统思维的瓶颈——民族区域自治法配套立法问题研究》,法律出版社2007年版。

张文山:《通往自治的桥梁——自治条例与单行条例研究》,中央民族大学出版社2009年版。

全国人大常委会秘书处秘书组、国家民委政法司编:《中国民族区域自治法律法规通典》,中央民族大学出版社2002年版。

《内蒙古自治区人民代表大会志》,内蒙古出版集团内蒙古人民出版社2011年版。

《新疆人大志》,新疆人民出版社2004年版。

《西藏自治区人大志》,中国藏学出版社2011年版。

《广西通志人民代表大会志》,广西人民出版社2011年版。

杨侯第主编:《世界民族约法总览》,中国法制出版社1996年版。

[瑞典]埃里克·阿姆纳、斯蒂格·蒙丁主编:《趋向地方自治的新理念？——比较视角下的新近地方政府立法》，北京大学出版社2005年版。

毛公宁主编:《民族政策研究文丛》（第3辑），民族出版社2004年版。

李林:《立法理论与制度》，中国法制出版社2005年版。

陈伯礼:《授权立法研究》，法律出版社2000年版。

李步云、汪永清主编:《中国立法的基本理论和制度》，中国法制出版社1998年版。

许俊伦:《地方立法论》，中国民主法制出版社1997年版。

陈云生:《宪法人类学》，北京大学出版社2005年版。

[美]约翰·麦克里兰:《西方政治思想史》，彭淮栋译，海南出版社2003年版。

[奥]曼弗雷德·诺瓦克:《民权公约评注》，三联书店2003年版。

[德]哈贝马斯:《在事实与规范之间》，童世骏译，三联书店2003年版。

[意]彼德罗·彭梵得:《罗马法教科书》，中国政法大学出版1992年版。

梁慧星:《民法解释学》，中国政法大学出版社1995年版。

《牛津法律大辞典》，光明日报出版社1988年版。

[法]卢梭:《社会契约论》，商务印书馆1982年版。

[荷]克拉勃:《近代国家观念》，商务印书馆1983年版。

[法]孟德斯鸠:《论法的精神》，商务印书馆1982年版。

《中华人民共和国大事记1981～1984》，新华出版社1985年版。

全国人民代表大会民族委员会编:《中华人民共和国民族法律法规全书》,中国民主法制出版社2008年版。

王建学编:《近代中国地方自治法重述》,法律出版社2011年版。

胡春惠:《民初的地方主义与联省自治》,中国社会科学出版社2011年版。

郑永年:《中国的"行为联邦制":中央——地方关系的变革与动力》,东方出版社2013年版。

唐德刚:《从晚清到民国》,中国文史出版社2015年版。

[美]詹姆斯·M.布坎南、[美]戈登·塔洛克:《同意的计算——立宪民主的逻辑基础》,上海人民出版社2014年版。

[美]戈登·塔洛克:《公共选择》,商务印书馆2015年版。

广西壮族自治区人民代表大会常务委员会法制工作委员会编:《广西壮族自治区地方性法规汇编》。

内蒙古自治区人民代表大会常务委员会法制工作委员会编:《内蒙古自治区地方性法规汇编》,内蒙古人民出版社版。

宁夏回族自治区人大常务委员会办公厅编:《宁夏回族自治区地方性法规汇编》。

西藏自治区人民代表大会法制委员会编:《西藏自治区地方性法规汇编》。

延边朝鲜族自治州人大常委会办公室编:《延边朝鲜族自治州自治法规汇编》。

湖北省人民代表大会民族宗教侨务外事委员会办公室编:《湖北省民族法规汇编》。

湖南省民族事务委员会政法处编:《民族政法工作资料

选编》。

内蒙古自治区人大常委会民族侨务外事委员会办公室编：《民族法规汇编》。

长阳土家族自治县人大常委会民工委、长阳土家族自治县民族宗教事务局编：《长阳土家族自治县自治法规汇编》。

贵州省人民代表大会常务委员会办公厅编：《贵州省地方性法规汇编》。

恩施土家族苗族自治州民族事务委员会编：《民族工作文件汇编》。

后 记

岁月如梭，三度春秋一晃而逝，在书稿即将付梓之时，心情却是五味杂陈，有着几分欣慰，也有几分遗憾。一篇“后记”反反复复，不知从何处落笔。

民族法在法学研究领域中，属于“小众”关注的学科，是一个研究方向，非独立的法律部门。而自治区自治条例的研究，更是“小众”中的“小众”。所谓“小众”，主要是指介入研究的学者主要局限于民族院校与民族地区，并没有引起社会各界的关注与参与。如此“小众”的状况，是由其特殊的外部因素与内部因素双重制约的结果。所谓外部因素，是立法环境与时机诸因素，这不是由学者可以把控与左右的，对此只能是望之兴叹，静观其变。所谓内部因素，是立法过程中的诸因素，如立法指导原则，具体主持者的专业素修、立法技术、文本的结构与条款设计、涉及概念的界定等因素，这是学者研究的空间所在。

由于5个自治区的自治条例均尚未出台，我的研究路径只能是从各自治区的立法历程与形成的草案文本中探求，通过历史与文本的分析研究，来寻求为何近半个世纪的努力，几上几下，至今无一个自治区的草案文本能够进入立法程序的内部因素，找出问题，力图提出解决思路与方案，以期从学理上，能为自治区自治条例的制定贡献绵薄之力，尽一个学者的责任与义务。

此书的完成，是我近20多年来，对民族区域自治法律研究的学术生涯的总结。从20世纪80年代初，步入民族区域自治制度与法律研究的领域，到90年代末，提出了自治权理论的构想，在这一理论统领下，先后出版了《自治权法论》（广西民族出版社1999年版）、《自治权理论与自治条例研究》（法律出版社2005年版）、《突破传统思维的瓶颈——民族区域自治法配套立法问题研究》（法律出版社2007年版）、《通往自治的桥梁——自治条例与单行条例研究》（中央民族大学出版社2009年版）等著作；《中国自治区自治条例研究：历史与文本》书稿的出版，基本上完成了我对民族区域自治法律研究的预期目标，它是目前国内研究该问题最全面、资料采集最丰富的著作，这也是面世之际，我略感欣慰之处。

欣慰中的遗憾在于，未能按预期中的设想完成，但又很无奈，因为这是我无法把控的。广西壮族自治区起草自治条例肇始于1958年自治区成立之时；20世纪80年代初，5个自治区又先后启动了自治条例的立法活动，成立了由自治区主要领导担任组长的领导小组与由专家组成的起草小组，其间几上几下，历时20余年，结果都是无疾而终。虽然事业未竟，却也功业昭著，每个自治区都留下十几甚至二十几稿的条例草案文本与当时大量的立法调研资料。这些草案文本与资料为未来制定自治区自治条例奠定了坚实的基础，对此进行深入研究可以找到自治区自治条例未能制定的内部因素，应该是未来自治区自治条例立法再次启动的起点，是一个可以充分挖掘、利用的宝库。遗憾的是，除了广西，其他自治区不论是人大相关部门还是政府职能机关都以“保密”为由，拒不提供任何资料，获得草案文本与调研资料，真是比登天还难。虽然，目前我占有的自治区自治条例草案文本，是国内学者中最多的。但是，这些文本都是从民间获取的，尽管如此，费尽周折也无法获取任何有关新疆和西藏自治条例草案文本的资料。因此，书中关于新疆和西藏的条例草案文本分析是空白的。

令人费解的是，我的研究是国家社科基金的立项课题，是国家经费支持允许研究的项目，各个地方国家机关理应有提供相关资料的义务，以协助国家立项的研究课题完成，实际上却是处处碰壁。其实，形成的草案文本，只是一个工作过程的记录，在研究者眼里它是“宝藏”。由于没有进入正式程序，草案也就没有形成文件（只有广西第19稿形成了正式文件，档案馆予以收存），没有设密等级，档案馆没有存档，无法通过档案馆查阅。由于时断时续历时20余年，早期参与的人员大多已经作古，中、后期参与的人员也因工作调动、退休无法联系或已是耄耋之年，了解此事的人已寥寥无几。看着想要的资料静静地躺在那里，就是拿不到，这对一个研究者而言，是一个无奈的现实。

宁夏大学李自然教授和内蒙古警察学院武建军教授不但无私地为我提供了所需的资料，还给我的研究提出了宝贵的建议，在此表示感谢。新疆乌鲁木齐的何玉斌律师是通过邮件交流相识的，他真诚热情，对新疆的历史、民情很有见地，是一个值得交往与信赖的朋友，他全程陪同我在乌鲁木齐调研，为我详细介绍新疆的情况，对我深入了解新疆现状有极大的帮助，在此，对他表示深深的敬意。

本书能够顺利出版，是得到广西大学中国—东盟研究院资助的结果，在此深表感谢。

张文山

2017年11月于广西大学

图书在版编目(CIP)数据

中国自治区自治条例研究：历史与文本 / 张文山著
. -- 北京：法律出版社，2018
ISBN 978-7-5197-2068-1

Ⅰ. ①中… Ⅱ. ①张… Ⅲ. ①民族区域自治法－研究
－中国 Ⅳ. ①D921.84

中国版本图书馆CIP数据核字(2018)第049654号

中国自治区自治条例研究：历史与文本
ZHONGGUO ZIZHIQU ZIZHITIAOLI YANJIU:
LISHI YU WENBEN

张文山 著

责任编辑 韩满春
装帧设计 李 瞻

出版 法律出版社
总发行 中国法律图书有限公司
经销 新华书店
印刷 三河市龙大印装有限公司
责任校对 杨锦华
责任印制 陶 松

编辑统筹 学术·对外出版分社
开本 A5
印张 14
字数 297千
版本 2018年6月第1版
印次 2018年6月第1次印刷

法律出版社 / 北京市丰台区莲花池西里7号(100073)
网址 / www.lawpress.com.cn
投稿邮箱 / info@lawpress.com.cn
举报维权邮箱 / jbwq@lawpress.com.cn
销售热线 / 010-63939792
咨询电话 / 010-63939796

中国法律图书有限公司 / 北京市丰台区莲花池西里7号(100073)
全国各地中法图分、子公司销售电话：
统一销售客服 / 400-660-6393
第一法律书店 / 010-63939781/9782　西安分公司 / 029-85330678　重庆分公司 / 023-67453036
上海分公司 / 021-62071639/1636　深圳分公司 / 0755-83072995

书号： ISBN 978-7-5197-2068-1
定价： 60.00元
(如有缺页或倒装，中国法律图书有限公司负责退换)